Gursky · Thöne | 20 Probleme aus dem Eigentümer-Besitzer-Verhältnis

20 Probleme aus dem Eigentümer-Besitzer-Verhältnis

von

Dr. Karl-Heinz Gursky †

em. Professor an der Universität Osnabrück

seit der 10. Auflage fortgeführt von

Dr. Meik Thöne, M.Jur. (Oxford)

Juniorprofessor (Tenure Track) an der Universität Potsdam

10. überarbeitete Auflage 2024

Verlag Franz Vahlen

Zitiervorschlag: Gursky/Thöne 20 Probleme EBV S.

www.vahlen.de

ISBN 978 3 8006 7161 8

Wilhelmstraße 9, 80801 München
Druck und Bindung: Beltz Grafische Betriebe GmbH
Am Fliegerhorst 8, 99947 Bad Langensalza

Satz: R. John + W. John GbR, Köln
Umschlag: Martina Busch, Grafikdesign, Homburg Saar

Gedruckt auf säurefreiem, alterungsbeständigem Papier
(hergestellt aus chlorfrei gebleichtem Zellstoff)

Vorwort

Es ist eine große Ehre und Freude zugleich, ein Buch von Prof. Dr. Karl-Heinz Gursky fortzuführen, mit dem man selbst während des eigenen Studiums gearbeitet und gelernt hat. Anknüpfend an die besondere Leistung des renommierten Vorgängers setzt die Neuauflage die bisherige Tradition fort und ist auch weiterhin – wie die Reihe der EXAMENSWICHTIGEN KLAUSURPROBLEME insgesamt – als detaillierte Lernhilfe konzipiert.

Sie will über eine Auswahl der wichtigsten und bekanntesten und deshalb in Hausarbeiten und Klausuren immer wieder vorkommenden Streitfragen aus dem Bereich des Eigentümer-Besitzer-Verhältnisses intensiv informieren. Die zu diesen Problemen vertretenen Auffassungen werden jeweils mit ihren wesentlichen Argumenten dargestellt; verschiedentlich werden darüber hinaus weitere Argumente geliefert, die in der bisherigen Diskussion nicht auftauchen, die aber zur Unterstützung der betreffenden dogmatischen Position geeignet erscheinen. Die Aufgabe, die Fülle der Gesichtspunkte gegeneinander abzuwägen und eine eigene Stellungnahme zu entwickeln, wird dem studentischen Leser dagegen bewusst nicht abgenommen (s. hierzu auch S. 1 f.).

In der Neuauflage wurde die Anzahl der Nachweise reduziert. Auch wenn sie (weiterhin) über den Rahmen der in Kommentierungen aufgezeigten Fundstellen meist hinausgehen werden, wurden, adressatengerecht, einige Kürzungen vorgenommen. Stattdessen wurde versucht, didaktisch sinnvolle Nachweise aufzunehmen und damit der Fokus auf die Gesichtspunkte der Übersichtlichkeit und Nachvollziehbarkeit verschoben. Sofern es für das Gesamtverständnis sinnvoll erschien, wurden ältere Nachweise beibehalten, andernfalls wurden überkommene Argumentationslinien gestrichen; dies insbesondere, wenn sie auf Regelungen vor Inkrafttreten des SchModG rekurrierten.

Abschließend möchte ich meinem gesamten Lehrstuhlteam und ganz besonders Levin Baake und Joel C. Merten danken, die mich im Rahmen der Überarbeitung dieses Werks nach besten Kräften unterstützt haben.

Potsdam, im Juli 2023 — Meik Thöne

Inhaltsverzeichnis

Abkürzungsverzeichnis

aA	anderer Ansicht
Abs.	Absatz
abw.	abweichend
AcP	Archiv für die civilistische Praxis
aE	am Ende
aF	alte Fassung
Anm.	Anmerkung
Arg.	Argument
AT	Allgemeiner Teil
Aufl.	Auflage
Bay	Bayern
BayObLGZ	Sammlung von Entscheidungen des Bayerischen Obersten Landesgerichts in Zivilsachen
BB	Der Betriebs-Berater (Zeitschrift)
Bd.	Band
Bearb.	Bearbeitung
BeckRS	Beck-Rechtsprechung (Rechtsprechungsdatenbank in beck-online)
BGB	Bürgerliches Gesetzbuch
BGH	Bundesgerichtshof
BGHZ	Entscheidungen des Bundesgerichtshofs
BlGBW	Blätter für Grundstücks-, Bau- und Wohnungsrecht (Zeitschrift)
BT-Drs.	Bundestags-Drucksache
BürgerlR	Bürgerliches Recht
bzw.	beziehungsweise
DB	Der Betrieb (Zeitschrift)
DGWR	Deutsches Gemein- und Wirtschaftsrecht (Zeitschrift)
dh	das heißt
DJ	Deutsche Justiz (Zeitschrift)
DNotZ	Deutsche Notar-Zeitschrift (Zeitschrift)
DRW	Deutsches Recht Wochenausgabe
EK	Examenskurs
EBV	Eigentümer-Besitzer-Verhältnis
Einf.	Einführung
Einl.	Einleitung
f., ff.	folgend, folgende
FG	Festgabe
Fn.	Fußnote
FS	Festschrift
gem.	gemäß
GoA	Geschäftsführung ohne Auftrag
Gruchot	Beiträge zur Erläuterung des Deutschen Rechts (begründet von Gruchot, zit. nach Band und Seite)
GS	Gedächtnisschrift
Halbbd.	Halbband
Hess	Hessen
hM	herrschende Meinung
HRR	Höchstrichterliche Rechtsprechung (Zeitschrift)

Hrsg. . . . . Herausgeber
Hs. . . . . Halbsatz

iErg . . . . im Ergebnis
InsO . . . . Insolvenzordnung
iSd . . . . im Sinne der (bzw. des)
iSv . . . . im Sinne von
iVm . . . . in Verbindung mit

JA . . . . Juristische Arbeitsblätter (Zeitschrift)
JAG . . . . Juristenausbildungsgesetz
JAPO . . . . Juristen-Ausbildungs- und Prüfungsordnung
JherJb . . . . Jherings Jahrbücher der Dogmatik des Bürgerlichen Rechts
JR . . . . Juristische Rundschau (Zeitschrift)
JURA . . . . Juristische Ausbildung (Zeitschrift)
JurBüro . . . . Juristisches Büro (Zeitschrift)
JuS . . . . Juristische Schulung (Zeitschrift)
Justiz . . . . Die Justiz (Zeitschrift)
JW . . . . Juristische Wochenschrift (Zeitschrift)
JZ . . . . Juristenzeitung (Zeitschrift)

KG . . . . Kammergericht
KK . . . . Klausurenkurs
KTS . . . . Konkurs-, Treuhand- und Schiedsgerichtswesen (Zeitschrift)

LG . . . . Landgericht
LM . . . . Lindenmaier-Möhring, Kommentierte BGH-Rechtsprechung
LZ . . . . Leipziger Zeitschrift (Zeitschrift)

MDR . . . . Monatsschrift für Deutsches Recht (Zeitschrift)
Mot. . . . . Motive zum Bürgerlichen Gesetzbuch
mwN . . . . mit weiteren Nachweisen
mzustAnm . . . . . mit zustimmender Anmerkung

NJW . . . . Neue Juristische Wochenschrift (Zeitschrift)
NJW-RR . . . . . . NJW-Rechtsprechungsreport
Nr. . . . . Nummer
NZM . . . . Neue Zeitschrift für Miet- und Wohnungsrecht

OGH . . . . Oberster Gerichtshof für die britische Zone
OGHZ . . . . Entscheidungen des Obersten Gerichtshofs für die Britische Zone in Zivilsachen
OLG . . . . Oberlandesgericht
OLGR . . . . OLG-Report

Prot. . . . . Protokolle zum Bürgerlichen Gesetzbuch

RdL . . . . Recht der Landwirtschaft (Zeitschrift)
Rn. . . . . Randnummer
RG . . . . Reichsgericht
RGRK . . . . Reichsgerichtsräte-Kommentar
RGZ . . . . Entscheidungen des Reichsgerichts in Zivilsachen

S. . . . . Seite, Satz
s. . . . . siehe
SächsArch . . . . . Sächsisches Archiv für bürgerliches Recht
SchuldR . . . . Schuldrecht
SeuffArch . . . . . . Seufferts Archiv für Entscheidungen der Obersten Gerichte in den deutschen Staaten

SachenR .... Sachenrecht
stRspr .... ständige Rechtsprechung

VersR .... Versicherungsrecht (Zeitschrift)
vgl. .... vergleiche

WarnR .... Rechtsprechung des Reichsgerichts, herausgegeben von Warneyer
WM .... Wertpapiermitteilungen (Zeitschrift)
WuM .... Wohnungswirtschaft und Mietrecht (Zeitschrift)

ZHR .... Zeitschrift für das gesamte Handels- und Wirtschaftsrecht
ZIP .... Zeitschrift für Wirtschaftsrecht und Insolvenzpraxis
ZJS .... Zeitschrift für das Juristische Studium
ZPO .... Zivilprozessordnung
zust. .... zustimmend
ZZP .... Zeitschrift für Zivilprozess

Literaturverzeichnis

Baur, F./Stürner, R., Lehrbuch des Sachenrechts, 18. Aufl. 2009 (zit.: Baur/Stürner SachenR)

Biermann, J., Sachenrecht des BGB, 3. Aufl. 1914 (zit.: Biermann SachenR)

Brehm, W./Berger, C., Sachenrecht, 4. Aufl. 2022 (zit.: Brehm/Berger SachenR)

Czeguhn, I./Ahrens, C., Fallsammlung zum Sachenrecht, 2. Aufl. 2011 (zit.: Czeguhn/Ahrens SachenR)

Diederichsen, U., Der Allgemeine Teil des Bürgerlichen Gesetzbuches für Studienanfänger, 5. Aufl. 1984 (zit.: Diederichsen BGB AT)

Dubischar, R., Kommentar zum Bürgerlichen Gesetzbuch, Reihe Alternativkommentare, Bd. 4 Sachenrecht, 1983 (zit.: AK-BGB/Bearbeiter)

Eckert, J., Sachenrecht, 4. Aufl. 2005 (zit.: Eckert SachenR)

Eichler, H., Institutionen des Sachenrechts, Bd. II, Halbbd. 1, 1957 (zit.: Eichler Institutionen)

Emmerich, V., Das Verhältnis der Nebenfolgen der Vindikation zu anderen Ansprüchen, 1966 (zit.: Emmerich Nebenfolgen der Vindikation)

Enneccerus, L./Lehmann, H., Lehrbuch des Bürgerlichen Rechts SchuldR Bd. 2, Recht der Schuldverhältnisse, 15. Aufl. 1958 (zit.: Enneccerus/Lehmann SchuldR 2)

Erman, W., Kommentar zum BGB, 16. Aufl. 2020 (zit.: Erman/Bearbeiter)

Falk, U./Schneider, B., Klausurenkurs im Bürgerlichen Recht II, 3. Aufl. 2021 (zit.: Falk/Schneider Klausurenkurs II)

Fikentscher, W./Heinemann, A., Schuldrecht, 12. Aufl. 2022 (zit.: Fikentscher/Heinemann SchuldR)

Gerhardt, W., Mobiliarsachenrecht, Besitz-Eigentum-Pfandrecht, 5. Aufl. 2000 (zit.: Gerhardt MobiliarsachenR)

Gernhuber, J., Bürgerliches Recht, 3. Aufl. 1991 (zit.: Gernhuber BürgerlR)

Gieseler, D./Berthold, B., Examinatorium Sachenrecht, 3. Aufl. 2020 (zit.: Gieseler/Berthold SachenR)

Gottwald, P., Prüfe dein Wissen, Bd. 4, Sachenrecht, 17. Aufl. 2021 (zit.: Gottwald PdW SachenR)

Grüneberg, C., Kommentar zum Bürgerlichen Gesetzbuch, 82. Aufl. 2023 (zit.: Grüneberg/Bearbeiter)

Grunewald, B., Bürgerliches Recht, 9. Aufl. 2014 (zit.: Grunewald BürgerlR)

Gsell, B./Krüger, W./Lorenz, S./Reymann, C., beck-online Großkommentar (zit.: BeckOGK/Bearbeiter)

Gursky, K.-H., Klausurenkurs im Sachenrecht, Fälle und Lösungen, 12. Aufl. 2008 (zit.: Gursky Klausurenkurs SachenR)

Habersack, M., Examens-Repetitorium Sachenrecht, 9. Aufl. 2020 (zit.: Habersack SachenR)

Hau, W./Poseck, R., Beck'scher Online-Kommentar BGB, 66. Ed. 1.5.2023 (zit.: BeckOK BGB/Bearbeiter)

Harms, W., Sachenrecht, Wiederholungs- und Vertiefungskurs in den Kerngebieten des Rechts, 4. Aufl. 1983 (zit.: Harms SachenR)

Heck, P., Grundriß des Sachenrechts, Nachdruck der Ausgabe von 1930, 1960 (zit.: Heck SachenR)

Jacoby, F./v. Hinden, M., Studienkommentar BGB, 18. Aufl. 2022 (zit.: Jacoby/v. Hinden)

Jauernig, O., Bürgerliches Gesetzbuch, Kommentar, 18. Aufl. 2021 (zit.: Jauernig/Bearbeiter)

Köbl, U., Das Eigentümer-Besitzer-Verhältnis im Anspruchssystem des BGB, 1971 (zit.: Köbl EBV)

Koch, J./Löhnig, M., Fälle zum Sachenrecht, 7. Aufl. 2022 (zit.: Koch/Löhnig Fälle SachenR)

Koppensteiner, H.-G./Kramer, E. A., Ungerechtfertigte Bereicherung, 2. Aufl. 1988 (zit.: Koppensteiner/Kramer Ungerechtfertigte Bereicherung)

Krause, W. E., Die Haftung des Besitzers nach den §§ 989–993, 1965 (zit.: Krause Haftung)

Lange, Heinrich, Sachenrecht des BGB, 1967 (zit.: Lange SachenR)

Lange, Hermann/Schiemann, G., Fälle zum Sachenrecht, 6. Aufl. 2008 (zit.: Lange/Schiemann Fälle SachenR)

Larenz, K., Lehrbuch des Schuldrechts, Bd. 2, Halbbd. 1, 13. Aufl. 1986 (zit.: Larenz SchuldR BT II/1)

Larenz, K./Canaris, C.-W., Lehrbuch des Schuldrechts, Bd. 2, Halbbd. 2, 13. Aufl. 1994 (zit.: Larenz/Canaris SchuldR BT II/2)

Lüke, W., Sachenrecht, 4. Aufl. 2018 (zit.: Lüke SachenR)

Medicus, D./Petersen, J., Bürgerliches Recht. Eine nach Anspruchsgrundlagen geordnete Darstellung zur Examensvorbereitung, 28. Aufl. 2021 (zit.: Medicus/Petersen BürgerlR)

Müller, K./Gruber, U. P., Sachenrecht, 2016 (zit.: Müller/Gruber SachenR)

Musielak, H.-J./Mayer, C., Examenskurs BGB, 4. Aufl. 2019 (zit.: Musielak/Mayer EK BGB)

Neuner, J., Sachenrecht (Examinatorium), 6. Aufl. 2020 (zit.: Neuner SachenR)

Pinger, Funktion und dogmatische Einordnung des Eigentümer-Besitzer-Verhältnisses, 1973 (zit.: Pinger EBV)

Planck, G. K. G., Planck's Kommentar zum Bürgerlichen Gesetzbuch, Sachenrecht, 5. Aufl., 1. Hälfte 1933, 2. Hälfte 1938 (zit.: Planck/Bearbeiter)

Prütting, H., Sachenrecht, 37. Aufl. 2020 (zit.: Prütting SachenR)

Prütting, H./Wegen, G./Weinreich, G., BGB, Kommentar, 17. Aufl. 2022 (zit.: Prütting/Wegen/Weinrich/Bearbeiter)

Reichsgerichtsrätekommentar, Das Bürgerliche Gesetzbuch, Kommentar herausgegeben von Reichsgerichtsräten und Bundesrichtern, 12. Aufl. 1975 ff. (zit.: RGRK/Bearbeiter)

Reuter, D./Martinek, M., Ungerechtfertigte Bereicherung, Teilband 2, 2. Aufl. 2016 (zit.: Reuter/Martinek Ungerechtfertigte Bereicherung)

Ring, G./Grziwotz, H./Schmidt-Räntsch, J., Nomos Kommentar BGB, Bd. III, Sachenrecht, 5. Aufl. 2022 (zit.: NK-BGB/Bearbeiter)

Säcker, F. J./Rixecker, R./Oetker, H./Limperg, B., Münchener Kommentar zum BGB, 9. Aufl. 2021–2023 (zit.: MüKoBGB/Bearbeiter)

Schapp, J./Schur, W., Sachenrecht, 4. Aufl. 2010 (zit.: Schapp/Schur SachenR)

Schellhammer, K., Sachenrecht nach Anspruchsgrundlagen, 6. Aufl. 2021 (zit.: Schellhammer SachenR)

Schmidt, Rudolf, Bürgerliches Recht, Bd. III, Sachenrecht, 2. Aufl. 1954 (zit.: Schmidt BürgerlR III)

Schmoeckel, M./Rückert, J./Zimmermann, R., Historisch-kritischer Kommentar zum BGB, Bd. III, 2. Teilb.: §§ 657–853, 2013 (zit.: HKK/Bearbeiter)

Schreiber, C., Sachenrecht, 8. Aufl. 2022 (zit.: Schreiber SachenR)

Schulze, R./Dörner, H./Ebert, I./Hoeren, T./Kemper, R./Saenger, I./Scheuch, A./Schreiber, K./Schulte-Nölke, H./Staudinger, A./Wiese, V., BGB Handkommentar, 11. Aufl. 2022 (zit.: HK-BGB/Bearbeiter)

Soergel, H.T., Bürgerliches Gesetzbuch, Kommentar begründet von Soergel, H.T., 14. Aufl. im Erscheinen (Bd. 23/Sachenrecht 2, §§ 985–1017, ErbbVO) (zit.: Soergel/Bearbeiter)

Staudinger, J. v., Staudingers Kommentar zum Bürgerlichen Gesetzbuch, Bd. Eigentum 3, §§ 985–1011, Neubearb. 2013 (zit.: Staudinger/Bearbeiter)

Vieweg, K./Röthel, A., Fälle zum Sachenrecht, 5. Aufl. 2021 (zit.: Vieweg/Röthel SachenR)

Vieweg, K./Lorz, S., Sachenrecht, 9. Aufl. 2022 (zit.: Vieweg/Lorz SachenR)

Weber, R., Sachenrecht I, Bewegliche Sachen, 4. Aufl. 2016 (zit.: Weber SachenR I)

Wellenhofer, M., Sachenrecht, 37. Aufl. 2022 (zit.: Wellenhofer SachenR)

Westermann, H., Sachenrecht, 5. Aufl. 1966 (zit.: Westermann SachenR)

Westermann, H. P./Gursky, K.-H./Eickmann, D., Sachenrecht, 8. Aufl. 2011 (zit.: Westermann/Gursky/Eickmann SachenR)

Westermann, H. P./Staudinger, A., BGB-Sachenrecht, 13. Aufl. 2017 (zit.: Westermann/Staudinger SachenR)

Westermann, H./Pinger, W., Sachenrecht Bd. I, Grundlagen und Recht der beweglichen Sachen, 6. Aufl. 1990 (zit.: Westermann/Pinger SachenR)

Wieling, H. J., Sachenrecht, Bd. I, Sachen, Besitz und Rechte an beweglichen Sachen, 2. Aufl. 2006 (zit.: Wieling SachenR I)

Wieling, H. J./Finkenauer, T., Sachenrecht, 6. Aufl. 2020 (zit.: Wieling/Finkenauer SachenR)

Wilhelm, J., Sachenrecht, 7. Aufl. 2021 (zit.: Wilhelm SachenR)

Wolf, E., Lehrbuch des Sachenrechts, 2. Aufl. 1979 (zit.: E. Wolf SachenR)

Wolf, M., Sachenrecht, 23. Aufl. 2007 (zit.: M. Wolf SachenR)

Wolff, M./Raiser, L., Lehrbuch des bürgerlichen Rechts, Bd. III, Sachenrecht, 10. Bearb. 1957 (zit.: Wolff/Raiser SachenR)

A. Didaktische Vorbemerkungen

Rechtswissenschaft ist Überzeugungsarbeit. Denn in den Fällen, in denen das Gesetz unklar bleibt oder bewusst offen gestaltet ist, verbleibt mangels naturwissenschaftlicher bzw. empirischer Nachweisbarkeit lediglich das Argument als Rechtfertigung der juristischen Erkenntnis (vgl. § 313 I Nr. 6, III ZPO). Die Klärung einzelner (Zweifels-)Fragen erfolgt dabei nicht gesondert, sondern regelmäßig eingebettet in die Bewertung eines (Lebens-)Sachverhalts und typischerweise geprägt durch die Gegenüberstellung divergierender Ansichten (die der Rechtsprechung, der Literatur oder den Schriftsätzen der Prozessparteien entnommen werden (können)).

Doch ist es – namentlich im gutachtengeprägten Studium – keinesfalls erforderlich, jede einzelne Ansicht zu kennen und in die eigene Argumentation einfließen zu lassen. Vielmehr muss das Vorhaben, jeden Streitstand und jedes Prüfungsschema umfassend zu verinnerlichen, von vornherein als aussichtslos beschrieben werden. Statt sich in Einzelheiten zu verlieren, empfiehlt sich die Besinnung auf die jeweils grundlegenden Prinzipien und die das Recht(sgebiet) prägenden Wertungen (s. insofern bspw. Thöne JuS 2021, 809 ff.).

Dies spiegelt sich auch im Rahmen des Gutachtens wider. Zum einen sollte es unterlassen werden, einen Streitstand abstrakt darzustellen oder einzelne Meinungen unkoordiniert nebeneinanderzustellen. Vielmehr sollte der Versuch unternommen werden, die jeweilige Fragestellung – ob sie zu einer dogmatischen Kontroverse und damit einem Meinungsstreit führt oder nicht – an den tradierten Auslegungscanones auszurichten (Wortlaut, Systematik, Historie, Genese, Zweck – vgl. dazu Larenz, Methodenlehre der Rechtswissenschaft, 6. Aufl. 1991, S. 312 ff.; Rüthers/Fischer/Birk, Rechtstheorie, 12. Aufl. 2021, § 22) und in der Folge einer methodengerechten und damit vertretbaren Lösung zuzuführen (vgl. § 16 I 3, II 2 BayJAPO). Allzu häufig wird, im Streben nach Sicherheit (durch die Wiedergabe von Bekanntem), der Versuchung nachgegeben, erlerntes Wissen isoliert und mitunter beinahe mechanisch wiederzugeben, ohne zu verdeutlichen, welche Relevanz dieses für den vorliegenden Sachverhalt besitzt. Ein solcher „meinungsbezogener" Aufbau führt häufig zu Redundanzen, wenn zuerst die jeweils vertretenen Ansichten dargestellt und sodann die insoweit bereits vorgebrachten Argumente im Rahmen der Streitentscheidung gegeneinander abgewogen werden („Dies ist umstritten. Hierzu wird (Meinung 1) vertreten. Danach … Daneben wird (Meinung 2) vertreten. Diese zeichnet sich dadurch aus, dass … Die besseren Argumente sprechen für (Meinung 2). Dieser ist zu folgen" – s. hierzu Kerbein JuS 2002, 353 (354 f.)). Insofern ist es vorzugswürdig, sich von den Ansichten als solchen zu lösen und stattdessen, die „in ihrem Namen vorgebrachten" Argumente in die konkrete Gesetzesauslegung einfließen zu lassen („Fraglich ist, ob vorliegend tatsächlich eine „Verwendung" iSd § 994 BGB vorliegt. Dafür spricht zunächst … Es ist jedoch ebenso zu berücksichtigen, dass … Letztlich ist mit Blick auf den Normtext und die Gesetzessystematik aber anzunehmen, dass …").

Zum anderen sollten Theorien und Ansichten, die für die Lösung des konkreten Falls irrelevant sind, in der Falllösung keine Erwähnung finden. Hinzu kommt, dass ein Meinungsstreit nicht immer aufzulösen bzw. zu entscheiden ist; wenn sämtliche Ansichten zum gleichen Ergebnis führen, muss man sich nicht für eine Meinung entscheiden, sondern kann sich darauf beschränken, die Argumente, die für und gegen die jeweiligen Ansichten sprechen, kurz vorzustellen, um unmittelbar anschließend festzustellen, dass alle Meinungen, die im Rahmen einer abstrakten Kontroverse vorgebracht werden, im konkreten Sachverhalt zur gleichen Schlussfolgerung gelangen („Nach sämtlichen Ansichten ist anzunehmen, dass …"). Ein solches Vorgehen ist Ausdruck juristischer Souveränität und demonstriert Verständnis und Problembewusstsein (vgl. insoweit § 6 II 1 HessJAG: Die staatliche Pflichtfachprüfung ist vorwiegend Verständnisprüfung).

Dieses Buch soll helfen, die wesentlichen, sich aus dem Eigentümer-Besitzer-Verhältnis ergebenden Probleme und die hierzu jeweils vorgetragenen Lösungsansätze („Theorien") zu verstehen, um so die Grundlage für eigene juristische Argumentationen zu schaffen. Das bedeutet nicht, dass sämtliche Argumente auswendig zu lernen sind, eine Auseinandersetzung mit ihnen kann aber dabei helfen, zum jeweiligen dogmatischen Kern des Streits vorzudringen und die spezifischen, hinter der Kontroverse stehenden Interessen nachzuvollziehen. – Daneben können die aufgeführten Literaturnachweise selbstverständlich auch als „Fundgrube" für Hausarbeiten und wissenschaftliche Auseinandersetzungen dienen. Es bedarf gewiss keiner weiteren Erläuterung, dass sich die Bearbeitungstiefe bei diesen Formaten von der im Rahmen einer Klausur geforderten unterscheidet.

Schließlich ist anzumerken, dass in diesem Buch weitgehend darauf verzichtet wurde, die jeweils herrschende Meinung (hM) zu kennzeichen. Einerseits weil es mitunter sehr schwierig sein kann, eine hM zu identifizieren, andererseits aber vor allem deshalb, weil die Berufung auf die hM kein Argument ersetzt und insofern keine falschen „Anreize" gesetzt werden sollen (Pilniok JuS 2009, 394 ff.).

S. weiterführend: Bialluch/Wernert JuS 2018, 326 (328 ff.); Eiden Ad Legendum 2012, 290 (292 ff.); Kerbein JuS 2002, 353 ff.; Pieper/Stenmans Ad Legendum 2011, 176 ff.; allgemeiner Beck JURA 2012, 61 ff.; Bock/Hülskötter JURA 2020, 1074 ff.; Früh JuS 2021, 905 ff.

B. Herausgabeanspruch nach § 985 BGB und Recht zum Besitz

1. Problem
Ist der Herausgabeanspruch nach § 985 BGB neben vertraglichen Herausgabeansprüchen anwendbar?

Ausgangsfall:

A vermietet sein Auto an B. Kann A nach Ablauf des Mietvertrages das Auto auch nach § 985 BGB herausverlangen?

Ausgangspunkt:

Die hier aufgeworfene Frage reicht an die Wurzeln unseres Privatrechtssystems heran. Die unterschiedlichen Bewertungen des Eigentums und des Verhältnisses von sachen- und schuldrechtlicher Ordnung führen zu abweichenden Ansichten (hinsichtlich der Beziehung zwischen vindikatorischem und vertraglichen Herausgabeansprüchen). Dabei mag der Theorienstreit bei oberflächlicher Betrachtungsweise ohne große praktische Konsequenzen sein, seine Tragweite zeigt sich jedoch in den Fällen, in denen der berechtigte Besitzer die Sache an einen Dritten weitergibt (s. Beispiel 2). Daneben gewinnt die Frage besondere Bedeutung für das Problem Nr. 8 (Anwendung der §§ 987 ff. BGB auf den nicht-mehr-berechtigten Besitzer).

I. (hier sog.) **Lehre vom Vorrang des Vertragsverhältnisses**

Der Eigentumsherausgabeanspruch ist gegenüber Rückgabeansprüchen aus vertraglichen und gesetzlichen Schuldverhältnissen subsidiär. Hatte der Besitzer (als Mieter, Pächter, Geschäftsführer usw.) gegenüber dem Eigentümer aus dem jeweiligen Schuldverhältnis ein Recht zum Besitz erworben, so kann der Eigentümer die Herausgabe der Sache nach Zeitablauf, Rücktritt oder Kündigung nur aus diesem besonderen Schuldverhältnis verlangen. Der Eigentumsherausgabeanspruch steht ihm nicht zu. Das Gleiche gilt, wenn der Vertragspartner des Eigentümers die Sache befugtermaßen an einen Dritten übergibt. Auch gegenüber diesem entfernteren Besitzer hat der Eigentümer nach Wegfall der Besitzberechtigung keinen Vindikationsanspruch; er ist vielmehr auch dann auf seine vertraglichen Ansprüche gegen seinen Vertragspartner beschränkt.

Vertreten von:
Die Ansicht geht in erster Linie auf Siber, Der Rechtszwang im Schuldverhältnis, 1903, S. 114 f., 125 ff., 130 f.; Siber, Die Passivlegitimation bei der rei vindicatio, 1907, S. 227, 249, 252; Siber JherJb 89 (1941), 1 (6, 10 f.) und Raiser FS M. Wolff, 1952, 123 (140); Raiser JZ 1958, 681 (683 f.); Raiser JZ 1961, 529 ff. bzw. Wolff/Raiser SachenR § 84 I 2 zurück; ebenso Baur/Stürner SachenR § 11 Rn. 30, 33; v. Caemmerer FS Boehmer, 1954, 145 (154) Fn. 42; Finkenauer JuS 1998, 986; Krause Haftung

S. 86 ff.; Münich, Untersuchungen zum Verhältnis des Vindikationsanspruchs zu den übrigen Herausgabeansprüchen des bürgerlichen Rechts, 1964, S. 61 f.; Richardi JA 1975, 245 f.; Schwerdtner JuS 1970, 64 ff.; Wieling SachenR I § 12 I 3b, c; zum Verhältnis zum Bereicherungsrecht Waltjen AcP 175 (1975), 109 (110 f., 120 f.).

1. Argument
Aus dem § 986 BGB ist zu ersehen, dass das Gesetz den jeweiligen Eigentümer, der sich gegenüber dem Besitzer schuldrechtlich gebunden hat, zugunsten des Besitzers beschränkt. Dementsprechend muss der Eigentümer die für das schuldrechtliche Rechtsverhältnis geltenden besonderen Abwicklungsregeln respektieren (Wolff/Raiser SachenR § 84 I 2 Fn. 3). Der Kern der Raiserschen Lehre liegt also darin, dass der Eigentümer durch schuldrechtliche Vereinbarungen auch seine Rechtsstellung als Eigentümer verändern kann. Der Inhalt des absoluten Eigentums wird durch die Bestellung eines relativen Besitzrechts so weit gemindert, dass der dingliche hinter den schuldrechtlichen Herausgabeanspruch zurücktritt.

2. Argument
Gerade weil das Schuldverhältnis einen Organismus darstellt, der die Einzelpflichten überdauert, erscheint es sachgemäßer, auch nach Ablauf des (bislang) zum Besitz berechtigenden Schuldverhältnisses nur die Abwicklungsregeln der Sonderverbindung anzuwenden (Raiser).

3. Argument
Ein praktisches Bedürfnis für die Anspruchskonkurrenz ist nicht ersichtlich. Bei den Folgeansprüchen der §§ 987 ff. BGB führt die Anspruchskonkurrenz (s. Theorie II) sogar zu erheblichen Verwirrungen (Wolff/Raiser SachenR § 84 IV 1 Fn. 16). Die Lehre vom Vorrang des Vertragsverhältnisses findet demgegenüber für eine Vielzahl der Probleme des Eigentümer-Besitzer-Verhältnisses eine klare und einheitliche Lösung (so zB für den nicht-mehr-berechtigten Besitzer, Problem Nr. 8, oder im Fall des Fremdbesitzerexzesses, Problem Nr. 11).

4. Argument
Der Eigentumsherausgabeanspruch reicht (inhaltlich) nicht so weit wie die schuldrechtlichen Herausgabeansprüche: Er ist im Gegensatz zu den Letzteren nämlich nicht auf (Rück-)Verschaffung des Besitzes, sondern nur auf Auskehrung (des jeweils vorhandenen Besitzes) gerichtet (Siber JherJb 89 (1941), 1 (17)). Dieser Umstand spricht für eine Subsidiarität der Vindikation.

5. Argument
Gemäß § 1055 I BGB muss der Nießbraucher dem Eigentümer die Sache nach der Beendigung des Nießbrauchs zurückgeben. Diese Regelung wäre überflüssig, wenn sich eine entsprechende Verpflichtung bereits aus § 985 BGB ergäbe (Krause).

6. Argument (gegen Theorie II, Arg. 1)
§ 986 BGB ist Ausdruck des Prinzips, dass das speziellere Rechtsverhältnis das allgemeinere verdrängt. Dieser Grundsatz muss auch im Abwicklungsstadium Geltung behalten und führt zur Subsidiarität der Vindikation (Wieling).

Untergliederung: Umstritten ist unter den Anhängern der Lehre vom Vorrang des Vertragsverhältnisses jedoch, ob der Vindikationsanspruch *auch* gegenüber der Leistungskondiktion subsidiär ist.

Meinung A
Falls der Eigentümer den Besitz der Sache aufgrund eines nichtigen oder später erfolgreich angefochtenen Schuldverhältnisses übertragen hat, ist der Vindikationsanspruch neben der Leistungskondiktion gegeben.

Vertreten von:
Soergel/Mühl, 12. Aufl. 1990, BGB vor §§ 985 ff. Rn. 6, § 985 Rn. 25.

Ohne nähere Argumentation. Die Begründung könnte jedoch wie folgt aussehen: Die Eigentumsbeschränkung, die im Ausschluss des Vindikationsanspruchs liegt, beruht auf der vom Eigentümer eingegangenen schuldrechtlichen Bindung. Diese besteht aber nur, wenn der Eigentümer durch einen *wirksamen* Vertrag ein obligatorisches Besitzrecht begründet hat. Die Konstellationen der beendeten obligatorischen Besitzberechtigung einerseits und der Besitzüberlassung aufgrund unwirksamen Schuldvertrages andererseits sind mithin nicht vergleichbar.

Meinung B
Der Vindikationsanspruch wird durch die Leistungskondiktion verdrängt.

Vertreten von:
Bälz, Eingriffsschutz und Opfersicherung im Haftungssystem des Zivilrechts (I), 1970; Bälz, Zum Strukturwandel des Systems zivilrechtlicher Haftung, 1991, S. 13 ff., 54 ff.; Bälz JZ 1992, 57 (65); Bälz FS Gernhuber, 1993, 3 (44 f.); Waltjen AcP 175 (1975), 109 (110 ff., 120); Honsell JZ 1975, 439 (441); Münich, Untersuchungen zum Verhältnis des Vindikationsanspruchs zu den übrigen Herausgabeansprüchen des bürgerlichen Rechts, 1964, S. 25, 71; Wieling SachenR I § 12 I 3c; Wieling/Finkenauer SachenR § 12 Rn. 15, 50; wohl auch v. Caemmerer FS Boehmer, 1954, 145 (154) Fn. 42.

1. Argument
Auch die Leistungskondiktion ist gegenüber der Vindikation das speziellere Rückabwicklungsverhältnis.

2. Argument
Die Vindikation ist nur eine besondere Ausprägung der Eingriffskondiktion. Damit kommt hier der Gesichtspunkt des Vorrangs der Leistungskondiktion vor der Eingriffskondiktion zum Tragen (Bälz).

Meinung C
Grundsätzlich besteht bei doppelnichtigen Veräußerungsgeschäften Anspruchskonkurrenz zwischen Vindikation und Leistungskondiktion. Ein Vorrang der Leistungskondiktion ist nur in Ausnahmefällen anzunehmen, in denen sich andernfalls untragbare Wertungswidersprüche ergeben würden. Dies ist namentlich dann zu bejahen, wenn der Nichtigkeitsgrund ausschließlich den Erwerber schützen soll.

Vertreten von:
Canaris JZ 1992, 1114 (1116); Larenz/Canaris SchuldR II 2 § 74 I 1c, d.

Diese Auffassung entspricht im Wesentlichen der differenzierenden Auffassung vom Vorrang der Leistungskondiktion gegenüber den Nebenfolgen der Vindikation (s. Problem Nr. 9), nimmt aber im Gegensatz zu Letzterer in den Ausnahmefällen auch eine Verdrängung der Vindikation selbst an.

II. (hier sog.) **Anspruchskonkurrenztheorie**

Der § 985 BGB ist zugunsten des Eigentümers immer anwendbar, wenn diesem ein nichtberechtigter Besitzer gegenübersteht. Dies gilt auch dann, wenn der Eigentümer sich vorher vertraglich gegenüber dem Anspruchsgegner (oder bei Dreipersonenverhältnissen gegenüber dem Vertragspartner des Anspruchsgegners) gebunden hatte, das Besitzrecht des Anspruchsgegners nun aber nicht mehr besteht.

Vertreten von:
BGHZ 34, 122 (123 f.) = NJW 1961, 499; BGHZ 79, 232 (235) = NJW 1981, 865; BGHZ 85, 11 (12 f.) = NJW 1982, 2304; BGH NJW 1977, 31 (34); JZ 1980, 767; NJW 1985, 141; 1991, 2894 (2895); BeckOGK/Spohnheimer, 1.5.2023, BGB § 985 Rn. 36 ff.; BeckOK BGB/Fritzsche § 985 Rn. 56 f.; Berg JuS 1971, 522; Beuthien JuS 1987, 841 (846) Fn. 66; Blanke JuS 1968, 263 (265) Fn. 13; Brehm/Berger SachenR Rn. 7.52; Diederichsen, Das Recht zum Besitz aus Schuldverhältnissen, 1965, S. 154 f.; Eckert SachenR Rn. 140; Eichler Institutionen SachenR II 1 S. 189 Fn. 7, 8; Emmerich Nebenfolgen der Vindikation S. 24 ff., 36 ff., 42; Erman/Ebbing BGB § 985 Rn. 27 ff.; Fikentscher/Heinemann SchuldR Rn. 1550; Firsching AcP 162 (1963), 440 (451); Georgiades, Die Anspruchskonkurrenz im Zivilrecht und Zivilprozessrecht, 1968, S. 232; Grüneberg/Herrler BGB § 985 Rn. 1; Grunewald BürgerlR § 22 Rn. 4; Habersack SachenR Rn. 76; HK-BGB/Schulte-Nölke § 985 Rn. 4; Jauernig/Berger BGB § 985 Rn. 12; Kindl JA 1996, 265 (266); Köbl EBV S. 128 ff., 334 ff.; Medicus/Petersen BürgerlR Rn. 593; Michalski FS Gitter, 1995, 577 (581 f.); Müller/Gruber SachenR Rn. 583; Müller-Laube AcP 183 (1983), 215 (225 ff.); MüKoBGB/Bieber § 546 Rn. 1; MüKoBGB/Baldus § 985 Rn. 138 ff.; Neuner SachenR Rn. 96 mit 189; NK-BGB/Schanbacher § 985 Rn. 48; Prütting SachenR Rn. 523; Reuter/Martinek Ungerechtfertigte Bereicherung S. 485 ff.; RGRK/Pikart BGB § 985 Rn. 7; H. Roth JuS 1997, 518 (522); Schapp/Schur SachenR Rn. 88, 99; Schirmer JuS 1983, 265 (266); Schreiber SachenR Rn. 210, 226; K. Schreiber JURA 1992, 356 (357); Serick, Eigentumsvorbehalt und Sicherungsübertragung, Bd. I: Der einfache Eigentumsvorbehalt, 1963, S. 139 f.; Soergel/Thöne BGB § 985 Rn. 6; Stadler, Gestaltungsfreiheit und Verkehrsschutz durch Abstraktion, 1996, S. 227 f.; Staudinger/Gursky, 2013, BGB § 985 Rn. 32 ff.; Staudinger/Thole, 2019, BGB § 985 Rn. 82 ff.; Staudinger/Rolfs, 2021, BGB § 546 Rn. 55, 84; Verse, Verwendungen im Eigentümer-Besitzer-Verhältnis, 1999, S. 4 f. Fn. 20; Weitnauer DNotZ 1966, 764 (765); Westermann/Gursky/Eickmann SachenR § 29 Rn. 9; E. Wolf SachenR S. 145; Wellenhofer SachenR § 21 Rn. 35 f.; Zeuner FS Felgentraeger, 1969, 423 (429).

1. Argument
§ 986 BGB bringt deutlich zum Ausdruck, dass der Anspruch aus § 985 BGB nur für die Dauer des fremden Besitzrechts ausgeschlossen sein soll (BGHZ 34, 122 (123 f.) = NJW 1961, 499). Die Lehre vom Vorrang des Vertragsverhältnisses ist deshalb schon mit dem Wortlaut des § 986 („berechtigt ist“) nicht zu vereinbaren.

2. Argument
§ 986 BGB gewährt dem aus § 985 BGB in Anspruch genommenen Besitzer die gleiche Verteidigungsposition, die er gegenüber dem Herausgabeanspruch aus dem Vertragsverhältnis hätte. Das ergibt aber nur dann Sinn, wenn der Eigentumsherausgabeanspruch nicht von vornherein und endgültig durch den vertraglichen Rückgabeanspruch verdrängt wird, sondern beide Ansprüche grundsätzlich nebeneinander bestehen können.

3. Argument
Auch bei Bestehen eines parallelen schuldrechtlichen Herausgabeanspruchs, bringt die Vindikation dem Eigentümer einen wichtigen Vorteil: Der Rechtskraft des auf § 985 BGB gestützten Herausgabeurteils sind nach § 325 ZPO auch Dritte unterworfen, denen die Sache nach der Rechtshängigkeit übergeben wird, sodass die Möglichkeit der Titelumschreibung besteht (§ 727 ZPO). Nach hM sind die §§ 325, 727 ZPO bei schuldrechtlichen Herausgabeklagen aber nicht anwendbar, weil diese Ansprüche nur Personen betreffen, die an dem Rechtsverhältnis beteiligt sind (Relativität des Schuldverhältnisses). Es gibt keinen vernünftigen Grund, dem Eigentümer den Vorteil der Rechtskrafterstreckung zu versagen (Zeuner).

4. Argument
In Dreiecksverhältnissen richten sich die schuldrechtlichen Herausgabeansprüche ausschließlich gegen den Vertragspartner, nicht aber gegen den unmittelbaren Besitzer. Da die Sonderregelungen der §§ 546 II, 604 IV BGB damit begründet werden, dass Vermieter oder Verleiher oft nicht gleichzeitig Eigentümer seien, liegt dem Gesetz offenbar die Vorstellung zugrunde, dem Eigentümer stehe in echten Dreiecksverhältnissen die Vindikation zu (Emmerich, Köbl).

5. Argument
Die Lehre vom Vorrang des Vertragsverhältnisses bedeutet in Dreipersonenverhältnissen eine Rückabwicklung über Dreieck: Dem Eigentümer steht nur ein schuldrechtlicher Rückverschaffungsanspruch gegen seinen Vertragspartner und diesem wiederum ein entsprechender (aber möglicherweise noch nicht fälliger oder einredebehafteter) Anspruch gegen den gegenwärtigen unmittelbaren Besitzer zu. Diese Lösung führt jedenfalls dann zu einer schwer erträglichen Schlechterstellung des Eigentümers, wenn gegen den Zwischenmann nach Ablauf seiner Besitzberechtigung das Insolvenzverfahren eröffnet wird und er in diesem Zeitpunkt weder seinen eigenen Herausgabeanspruch gegen den unmittelbaren Besitzer durchgesetzt noch diesen Anspruch an den Eigentümer abgetreten hat. Der Eigentümer kann seine Sache in diesem Fall nur wiedererlangen, wenn der Insolvenzverwalter des Zwischenmanns dessen Herausgabeanspruch durchsetzt und dem Eigentümer so das Aussonderungsrecht (§ 47 InsO) verschafft.

6. Argument
Die Abwicklung über Dreieck stellt den Eigentümer aber auch dann praktisch rechtlos, wenn sein Vertragspartner (außerhalb der Insolvenz) nicht bereit ist, das Zurückbehaltungsrecht des gegenwärtigen unrechtmäßigen Besitzers durch Erfüllung von dessen Gegenforderung zu beseitigen. Hier könnte der Eigentümer unter Umständen zwar den Herausgabeanspruch seines Vertragspartners pfänden und sich überweisen lassen (§§ 886, 829, 835 II Var. 1 ZPO). Aber auch dann bekäme er nach der Lehre

vom Vorrang des Vertragsverhältnisses den Besitz der Sache nur zurück, wenn er diese beim gegenwärtigen unrechtmäßigen unmittelbaren Besitzer „auslöst", dh dessen durch das Zurückbehaltungsrecht gesicherten Gegenanspruch gegen den Vertragspartner des Eigentümers erfüllt; der Umfang dieses Gegenanspruchs kann aber durchaus den Wert der herausverlangten Sache übersteigen. Auf diese Weise wird der vom Gesetzgeber gewollte absolute Klageschutz des Eigentums faktisch ausgehöhlt.

7. Argument
Im Zweipersonenverhältnis – dh das beendete Vertragsverhältnis bestand unmittelbar zwischen Eigentümer und Besitzer – gibt es überhaupt keinen Anlass, die Vindikation auszuschließen. Sie kann das jeweilige obligatorische Abwicklungsverhältnis, welches regelmäßig eine weitergehende Rückverschaffungspflicht enthält, gar nicht stören.

8. Argument
Der Ausschluss der Vindikation durch das schuldrechtliche Abwicklungsverhältnis lässt sich nicht damit begründen, dass die Regelung der vindikatorischen Nebenfolgen die schuldrechtliche Abwicklungsordnung stören könnte. Selbst wenn die §§ 987 ff. BGB gegenüber der schuldrechtlichen Abwicklungsregelung zurücktreten müssten, brauchte die Konkurrenzentscheidung für die Vindikation selbst nicht notwendigerweise genauso ausfallen.

9. Argument (gegen Theorie I, Meinung B)
Die einzig konsequente Spielart der Lehre vom Vorrang des Vertragsverhältnisses ist ihre Erstreckung auf die Leistungskondiktion. Die Verdrängung durch die konkurrierende Leistungskondiktion lässt aber der Vindikation kaum noch einen sinnvollen Anwendungsbereich. Die Vindikation käme dann nämlich nur noch bei unfreiwilligem Besitzverlust in Betracht (Raiser JZ 1961, 529 (531) Fn. 8), und in diesen Fällen hilft bereits § 1007 II BGB ungeachtet etwaigen Eigentums bzw. bei Grundstücken, bei denen ein „zufälliger" Besitzverlust kaum denkbar ist, § 861 BGB.

10. Argument (gegen Theorie I, Meinung B)
Der Umstand, dass der Eigentümer den Besitz der Sache selbst an einen Vertragspartner geleistet hat, schließt es ausweislich des § 986 I 2 BGB nicht aus, dass er die fragliche Sache später bei einem Dritten vindiziert, an den sie von dem Vertragspartner unbefugt weitergegeben worden ist. Und zwar kann er sogar Herausgabe an sich selbst verlangen, wenn das Besitzrecht seines Vertragspartners in der Zwischenzeit erloschen ist (vgl. Staudinger/Thole, 2019, BGB § 986 Rn. 96). Dann muss er die gleiche Vindikationsmöglichkeit aber auch haben, wenn das Vertragsverhältnis mit dem Zwischenmann von vornherein unwirksam ist: Wegen der Rückgabepflicht aus § 812 I 1 Var. 1 BGB war hier der Zwischenmann dem Eigentümer gegenüber schließlich nie zu einer Weitergabe der Sache befugt.

11. Argument (gegen Theorie I, Arg. 5)
§ 1055 BGB ist kein brauchbares Indiz für einen grundsätzlichen Ausschluss der Vindikation durch Sonderverbindungen. Auch wenn der Nießbraucher schon aus § 985 BGB herausgabepflichtig ist, ist § 1055 BGB nicht überflüssig, weil sie eine über die bloße Besitzauskehrung hinausgehende Rückverschaffungspflicht statuiert (Rückgabe im Zustand ordnungsgemäßer Bewirtschaftung, vgl. §§ 1036 II, 1037 I, 1041, 1050 BGB und ferner Staudinger/Heinze, 2021, BGB § 1055 Rn. 4 ff.).

Fallbeispiele:

1. Die Lösung des Ausgangsbeispiels nach der „Lehre vom Vorrang des Vertragsverhältnisses" ergibt, dass A das Auto von B nur nach § 546 I BGB zurückverlangen kann. § 985 BGB ist unanwendbar. Nach der „Anspruchskonkurrenztheorie" kann A die Ansprüche aus den §§ 546 I und 985 BGB nebeneinander geltend machen.

2. Der A hat eine alte Kutsche geerbt. Da er diese selbst zunächst nicht unterbringen kann, gibt er sie bei dem Bauern B für ein Jahr in Verwahrung; als Entgelt zahlt er eine einmalige Summe von 300 EUR. Nach kurzer Zeit wird das Dach der Scheune, in der B die Kutsche aufbewahrt, bei einem Sturm abgedeckt. B gibt die Kutsche daraufhin bei seinem Nachbarn C in Verwahrung, nachdem er das Einverständnis des A telefonisch eingeholt hat. Als A nach weiteren neun Monaten die Kutsche bei C abholen will, erklärt dieser, er sei nur gegen Zahlung von 450 EUR herausgabebereit. Er verweist darauf, dass B ihm für die Aufbewahrung der Kutsche ein Entgelt von 50 EUR monatlich versprochen, aber bisher noch nicht bezahlt habe.

Hier müsste die „Lehre vom Vorrang des Vertragsverhältnisses" die Anwendung des § 985 BGB ablehnen, weil er den Besitz der Kutsche selbst im Rahmen eines wirksamen Schuldvertrages weggegeben und sein Vertragspartner B den Besitz befugtermaßen an C weiterübertragen hat. Ein schuldrechtlicher Rückgabeanspruch steht dem A gegenüber C nicht zu; die Sonderregelungen der §§ 546 II, 604 IV, 695 S. 1 BGB greifen nicht ein. A kann somit nicht direkt gegen C vorgehen, es sei denn, er ließe sich den schuldrechtlichen Herausgabeanspruch des B gegen C abtreten. Aber auch dann könnte ihm C gem. § 404 BGB das Zurückbehaltungsrecht aus § 273 BGB wegen der gegen B gerichteten Entgeltforderung entgegenhalten. Die „Anspruchskonkurrenztheorie" lässt die Anwendung des § 985 BGB hingegen zu. Da mittlerweile die vereinbarte Laufzeit des Verwahrungsvertrages zwischen A und B abgelaufen ist, ist auch das aus der Rechtsstellung des B abgeleitete Besitzrecht des Unterverwahrers C entfallen (§ 986 I 1 Var. 2 BGB). Da C mithin nicht mehr zum Besitz berechtigt ist, muss er die Kutsche dem A herausgeben. Die zwischen B und C getroffene Vergütungsabrede bindet ihn nicht.

S. ergänzend Neuner SachenR Fall 6; Lange/Schiemann Fälle SachenR Fall 16.

2. Problem
Ist eine selbstständige Abtretung des Herausgabeanspruchs aus § 985 BGB möglich?

Ausgangsfall:

Dem Eigentümer E wurde ein Lkw gestohlen. Später erfährt er, dass sich der Lkw nunmehr bei C befindet. Da E sein Speditionsgeschäft jedoch bereits aufgelöst hat, vermietet er den Lkw an B und tritt ihm den Eigentümerherausgabeanspruch ab. Kann B von C Herausgabe des Lkw verlangen?

I. Abtretungstheorie

Der Anspruch aus § 985 BGB ist selbstständig abtretbar, ohne dass auch das Eigentum mit übertragen werden muss. Der Zedent will den Zessionar nicht zum Eigentümer machen, sondern ihn nur in die Lage versetzen, den Besitz vom Dritten zu erlangen.

Vertreten von:
Diese Ansicht war bis zum Inkrafttreten des BGB herrschend, vgl. Stampe AcP 80 (1893), 305 (310 ff.); Mot. III 399 sowie den Überblick bei MüKoBGB/Oechsler § 931 Rn. 11, und wurde in der Folgezeit unter anderem vertreten von (Auswahl): RG JW 1932, 1206 (1207); Biermann SachenR § 985 Anm. 1c; Dernburg, Das bürgerliche Recht des Deutschen Reiches und Preußens, Bd. III, 4. Aufl. 1904, § 119, 1; Endemann, Lehrbuch des bürgerlichen Rechts, Bd. II, 1, 8./9. Aufl. 1905, § 90, 1; Erman/Peters, 1. Aufl. 1952, BGB § 985 Anm. 3; Horstmann, Untersuchungen über die Anwendbarkeit schuldrechtlicher Normen auf dingliche Ansprüche, 1938, S. 58 ff.; Kretzschmar, Sachenrecht des BGB, 1906, § 985 Anm. 4; RGRK/Johannsen, 11. Aufl. 1959, BGB § 985 Anm. 25; Schmidt BürgerlR III § 26 I 4; Staudinger/Berg, 11. Aufl. 1956, BGB § 985 Rn. 9.

Unter den Anhängern dieser Theorie ist bzw. war streitig, ob die Abtretung auch gegen alle künftigen Besitzer wirkt (Totalabtretung) oder ob nur der Herausgabeanspruch gegen den aktuellen Besitzer abgetreten werden kann. Im letzteren Sinne entschieden das RG, Heck SachenR S. 493 ff.; Oertmann AcP 113 (1915), 51 (63); Raape JherJb 71 (1922), 97 (120).

Im neueren Schrifttum finden sich kaum noch Anhänger dieser Theorie, s. aber M. Wolf SachenR, 23. Aufl. 2007, Rn. 301; Wilhelm SachenR Rn. 1184 (abtretbar im Rahmen von § 931 BGB oder bei gleichzeitiger Einräumung eines Besitzrechts).

1. Argument
Die Verfasser des BGB gingen (ausweislich von Mot. III 399 f.) von der Abtretbarkeit des dinglichen Herausgabeanspruchs aus.

2. Argument
Aus den §§ 255, 931, 1032 BGB lässt sich schließen, dass die Abtretbarkeit des dinglichen Herausgabeanspruchs in diesen Normen als selbstverständlich vorausgesetzt wird.

3. Argument
Die Interessen des Zessionars erfordern eine Abtretbarkeit, denn er kann sich dann unabhängig vom guten Willen des Eigentümers in den Besitz der Sache setzen.

4. Argument
Die Interessen der Gläubiger des Eigentümers sprechen (ebenfalls) für eine Abtretbarkeit des Vindikationsanspruchs. Denn von ihr hängt die Pfändbarkeit des Anspruchs ab, vgl. § 1274 II BGB und insbesondere § 851 I ZPO.

5. Argument
Ohne Abtretbarkeit des Herausgabeanspruchs könnte der Eigentümer seine Sachen nur beschränkt verwerten. Dazu ein Beispiel nach Heck (SachenR S. 495): A verkauft sein Grundstück an B. Weil C noch im Grundbuch steht, kann er es nicht übereignen. A benötigt den Kaufpreis und will deshalb alles tun, um B zu sichern. B ist erst abgesichert, wenn A ihm das Grundstück auflässt und sowohl Herausgabe- als auch Berichtigungsanspruch mit voller Wirkung abtritt und C davon Kenntnis erlangt hat.

II. Ermächtigungstheorie

Der Herausgabeanspruch ist – nach ganz überwiegender Auffassung – nicht selbstständig (dh ohne Übertragung des Eigentums) abtretbar. Zulässig ist aber eine Ermächtigung zur Geltendmachung des Anspruchs. Danach verbleibt der Anspruch (der Zuständigkeit nach) beim Eigentümer, der Ermächtigte kann ihn jedoch im eigenen Namen geltend machen. Diese sog. Ausübungsermächtigung stellt sich prozessual als gewillkürte Prozessstandschaft und materiell-rechtlich als Einziehungsermächtigung analog § 185 BGB dar. – Die versuchte Abtretung wird man regelmäßig in eine solche Ermächtigung umdeuten können (vgl. § 140 BGB – im Einzelfall mag sie sich aber auch als Übereignung erweisen, vgl. §§ 133, 157 BGB).

Vertreten von:
BGHZ 111, 364 (369) = NJW 1990, 2159; BGHZ 155, 329 (339) – NJW 2003, 3127; BGH WM 1995, 1848 (1855); NJW-RR 2013, 1168 Rn. 7; zurückhaltender WM 1964, 426 (427); Baur/Stürner SachenR § 11 Rn. 44; BeckOGK/Spohnheimer, 1.5.2023, BGB § 985 Rn. 32 ff.; BeckOK BGB/Fritzsche § 985 Rn. 22; BeckOK BGB/Kindl § 931 Rn. 6; Bielefeld ZfPW 2021, 457 (471 ff.); Grunewald BürgerlR § 22 Rn. 1; Habersack SachenR Rn. 70, 98; HK-BGB/Schulte-Nölke § 985 Rn. 3; Jauernig/Berger BGB § 985 Rn. 10; Grüneberg/Herrler BGB § 985 Rn. 1; Kensy JuS 2015, 501; Mager AcP 193 (1993), 68 (74); Medicus/Petersen BürgerlR Rn. 445; Meier/Jocham JuS 2017, 1155 (1157); MüKoBGB/Baldus vor § 985 Rn. 76 ff.; MüKoBGB/Kieninger § 413 Rn. 4; MüKoBGB/Oechsler § 931 Rn. 11; Neuner SachenR Rn. 108; NK-BGB/Meller-Hannich § 931 Rn. 10; NK-BGB/Schanbacher § 985 Rn. 2; Prütting SachenR Rn. 522; Schapp/Schur SachenR Rn. 98; Schreiber SachenR Rn. 203; Soergel/Thöne BGB § 985 Rn. 4; Staudinger/Thole, 2019, BGB § 985 Rn. 4; Staudinger/Heinze, 2021, BGB § 931 Rn. 13 ff.; Westermann/Gursky/Eickmann SachenR § 29 Rn. 5; Wellenhofer SachenR § 21 Rn. 7; O. Werner JuS 1987, 855 (856 ff.); Wieling SachenR I §§ 1 I 3, 9 IV 1 u. 4, 12 I 2e; Wolff/Raiser SachenR § 84 VI 3; mit Einschränkungen Brehm/Berger SachenR Rn. 7.18, 27.33; RGRK/Pikart BGB § 985 Rn. 4, 42; ebenso schon früh Sohm, Der Gegenstand, 1905, S. 30; v. Tuhr, Allgemeiner Teil des BGB,

Bd. 1, 1910, S. 267 (wo allerdings eine Ermächtigung abgelehnt und durch eine unwiderrufliche Vollmacht ersetzt wird).

1. Argument
Der Vindikationsanspruch ist keine selbstständige Folgeerscheinung des Eigentums, sondern das unentbehrliche Mittel zur Verwirklichung der im Eigentumsrecht liegenden Herrschaftszuweisung. Er ist damit der Sache nach nichts anderes als das Eigentum selbst in einer speziellen Funktion; nämlich in der Abwehr eines konkreten Dritten (Gernhuber BürgerlR § 23 I 1). Schon deshalb ist der Eigentumsherausgabeanspruch mit dem Eigentum untrennbar verbunden und kann nicht isoliert abgetreten werden.

2. Argument
Durch eine Zession des Vindikationsanspruchs würde ein nacktes Recht entstehen, welches der Eigentümer kaum noch durchsetzen kann; dies erscheint wenig sinnvoll (vgl. zum Ganzen, Klose, Das Eigentum als nundum ius im Bürgerlichen Recht, 2016). Aber auch der durch die Abtretung vom Eigentum abgespaltene Vindikationsanspruch wäre für den Zessionar weitgehend wertlos, da er vom Fortbestand des Eigentums des Zedenten abhängig bliebe.

3. Argument (gegen Theorie I, Arg. 2)
Die §§ 255 und 931 BGB sprechen nicht für die Abtretbarkeit des Anspruchs, da in diesen Fällen gerade eine Eigentumsübertragung stattfindet, sodass eine Trennung von Eigentum und Eigentumsherausgabeanspruch (gerade) nicht vorliegt. Speziell für den § 931 BGB gilt weiterhin, dass nicht der Herausgabeanspruch aus § 985 BGB, sondern der Herausgabeanspruch aus dem Besitzmittlungsverhältnis abgetreten wird.

4. Argument
Wäre eine Abtretung des Vindikationsanspruchs möglich (und für die Übereignung nach § 931 BGB erforderlich), wäre die Anordnung der Einwendungserstreckung auf den Erwerber in § 986 II BGB überflüssig. Diese Rechtsfolge würde sich dann nämlich schon aus den §§ 413, 404 BGB ergeben (vgl. Medicus/Petersen).

5. Argument (gegen Theorie I, Arg. 3 u. 5)
Den praktischen Bedürfnissen der Geltendmachung des Anspruchs durch den Nichteigentümer wird mit einer Ermächtigung in vollem Umfang Rechnung getragen.

6. Argument (gegen Theorie I, Arg. 4)
Es stimmt zwar, dass ein dringendes Bedürfnis für eine Pfändung des Vindikationsanspruchs bestehen kann; diese ist grundsätzlich an die Abtretbarkeit des betroffenen Anspruchs geknüpft (§ 851 I ZPO), doch zwingt dies nicht dazu, die Abtretung des Anspruchs zuzulassen, weil die zulässige Einziehungsermächtigung einer Überlassung der (Rechts-)Ausübung iSv § 857 III ZPO gleichgestellt und so die Pfändung des Eigentumsherausgabeanspruchs ermöglicht werden kann (hM, vgl. Staudinger/Thole, 2019, BGB § 985 Rn. 39; anders Jauernig/Berger BGB § 985 Rn. 10).

Fallbeispiele:

1. Im Ausgangsfall ist nach der „Abtretungstheorie“ die Abtretung des Eigentumsherausgabeanspruchs zulässig, sodass B von C den Lkw nach § 985 BGB heraus-

verlangen kann. Nach der „Ermächtigungstheorie" ist die Abtretung hingegen unzulässig. Allerdings könnte die unwirksame Abtretung in eine Ermächtigung zur Geltendmachung des Vindikationsanspruchs (im eigenen Namen) umgedeutet werden (zudem können konkurrierende schuldrechtliche Herausgabeansprüche, zB aus den §§ 812, 823 BGB, abgetreten werden).

2. Abwandlung: Wie Ausgangsfall, jedoch stiehlt nun der D dem B den Lkw. Kann E den Lkw von D nach § 985 BGB herausverlangen?

Nach der „Abtretungstheorie" ist der Anspruch aus § 985 BGB auf B übergegangen, sodass dem E kein Herausgabeanspruch mehr zusteht. Die „Ermächtigungstheorie" lässt dagegen nur eine Abtretung schuldrechtlicher Herausgabeansprüche zu, sodass der dingliche Anspruch dem E weiterhin verbleibt. Da eine etwaige Ausübungsermächtigung der Geltendmachung des Anspruchs durch den Eigentümer nicht entgegensteht (vgl. § 137 S. 1 BGB (str.)), kann E gegen D vorgehen; im Einzelfall – dh abhängig von der Abrede zwischen E und B und mit Blick auf die Entstehung einer Gesamtgläubigerschaft bzw. einer zumindest gesamtgläubigerschaftsähnlichen Situation – kann die Abtretung der Ansprüche an B von der Zustimmung des Schuldners abhängig oder der Inhalt der Vindikation auf die Herausgabe an den Zessionar der konkurrierenden schuldrechtlichen Ansprüche beschränkt sein (arg. § 986 I 2 BGB – vgl. dazu Staudinger/Thole BGB § 985 Rn. 10).

S. ergänzend Jauß ZJS 2021, 311; Wimmer-Leonhardt JuS 2010, 136.

3. Problem
Kann der Eigentümer vom mittelbaren Besitzer die Herausgabe der Sache fordern?

Ausgangsfall:

E liefert dem B für dessen neues Hotel das gesamte Mobiliar und behält sich das Eigentum bis zur Zahlung vor. Als B mit der Zahlung des Kaufpreises in Verzug gerät, tritt E vom Kaufvertrag berechtigtermaßen zurück. Nunmehr verpachtet B das Hotel samt Einrichtung an U. Anschließend verlangt E von B Herausgabe des Mobiliars (nach BGHZ 53, 29 = NJW 1970, 241).

Ausgangspunkt:

Es entspricht heute allgemeiner Meinung, dass auch der mittelbare Besitzer aus § 985 BGB in Anspruch genommen werden kann. Streit besteht jedoch darüber, ob der mittelbare Besitzer nur die Übertragung des mittelbaren Besitzes durch Abtretung seines Herausgabeanspruchs gegen den unmittelbaren Besitzer schuldet (vgl. § 870 BGB) oder ob der Eigentümer allgemein Herausgabe verlangen kann.

Lässt man den Herausgabeanspruch zu, so kann sich die weitere Frage ergeben, ob der Eigentümer gegenüber einem mittelbaren Besitzer, der das Herausgabeverlangen des Eigentümers mangels eines eigenen fälligen Herausgabeanspruchs gegen den Besitzmittler (unmittelbarer Besitzer) nicht erfüllen kann, nach § 281 BGB vorgehen und damit statt der Herausgabe Schadensersatz verlangen darf (s. dazu Theorie II, Arg. 4, und allgemein Problem Nr. 6).

Historischer Exkurs: Früher wurde vereinzelt bestritten, dass der Vindikationsanspruch sowohl gegenüber dem unmittelbaren als auch gegenüber dem mittelbaren Besitzer geltend gemacht werden kann. Hauptvertreter der Theorie, dass der Herausgabeanspruch aus § 985 BGB ausschließlich gegen den unmittelbaren Besitzer gerichtet werden könne, war Wendt (AcP 87 (1897), 40 ff. u. Verhandlungen des 24. DJT III, S. 33 ff. m. zahlr. Argumenten). Diese Theorie hat sich jedoch zu Recht nicht durchgesetzt, da sie weder mit der Absicht des Gesetzgebers zu vereinbaren ist (vgl. die Begründung bei Planck/Brodmann BGB § 985 Anm. 1b) noch eine praxisgerechte Lösung bieten kann (der Eigentümer müsste zunächst feststellen, wo sich die Sache befindet).

I. (hier sog.) **Übertragungstheorie**

Die Herausgabe der Sache kann der Eigentümer nur von dem (unrechtmäßigen) unmittelbaren Besitzer verlangen. Gegen den mittelbaren Besitzer kann er nur auf Übertragung des mittelbaren Besitzes, dh Abtretung des dem mittelbaren Besitz zugrunde liegenden Herausgabeanspruchs (§ 870 BGB), klagen.

Vertreten von:
BGHZ 12, 380 (397) = NJW 1954, 918 (implizit); Gernhuber BürgerlR § 23 III 2a; Hedemann, Sachenrecht des Bürgerlichen Gesetzbuches, 3. Aufl. 1960, § 29 II 3b; Lüke SachenR Rn. 275; Planck/Brodmann BGB § 985 Anm. 1b ß; wohl auch E. Wolf SachenR, 2. Aufl. 1978, S. 143 f.

1. Argument
Sämtliche dinglichen Ansprüche richten sich auf die Beseitigung des bestehenden, dem Inhalt des dinglichen Rechts widersprechenden Zustandes. Der Anspruchsgegner ist danach (dinglich) verpflichtet, die Herrschaftsposition aufzugeben, die er sich (faktisch) einverleibt hat, obwohl sie dem Inhaber des dinglichen Rechts zusteht. Dementsprechend ist der Gegner des Vindikationsanspruchs immer nur zur „Auskehr“ (= Abgabe) des Besitzes verpflichtet, den er auch innehat. Dies muss auch für den Vindikationsanspruch gelten, der sich gegen einen (unrechtmäßigen) mittelbaren Besitzer richtet. Durch eine Verurteilung des mittelbaren Besitzers zur Herausgabe der Sache (im Sinne einer Übertragung des unmittelbaren Besitzes) würde dieser aber zu einer weitergehenden und über das „dingliche Gebot“ hinausgehenden Leistung, nämlich zur Rückverschaffung des unmittelbaren Besitzes, verpflichtet.

2. Argument
Wollte man einen mittelbaren Besitzer, der sich auf Jahre schuldrechtlich gegenüber dem unmittelbaren Besitzer gebunden hat, zur Herausgabe verurteilen, so würde man von ihm etwas rechtlich Unmögliches verlangen (Planck/Brodmann BGB § 985 Anm. 1b ß).

II. (hier sog.) **Herausgabetheorie**

Der Eigentümer kann gegen den mittelbaren Besitzer sowohl auf Herausgabe der Sache (Vollstreckung nach § 886 ZPO bzw bei Beendigung des Besitzmittlungsverhältnisses nach den §§ 883 oder 885 ZPO) als auch auf Übertragung des mittelbaren Besitzes durch Zession des diesem zugrunde liegenden Herausgabeanspruchs (Vollstreckung gem. § 894 ZPO) klagen.

Vertreten von:
Baur/Stürner SachenR § 11 Rn. 41 f.; BeckOK BGB/Fritzsche § 985 Rn. 18; Brehm/Berger SachenR Rn. 7.33 (Verurteilung zur Herausgabe, hilfsweise zur Abtretung); Derleder NJW 1970, 929 (931); Eichler Institutionen S. 193; Erman/Ebbing BGB § 985 Rn. 22; Gottwald PdW SachenR 93; Grüneberg/Herrler BGB § 985 Rn. 9; Grunewald BürgerlR § 22 Rn. 3; Gursky Klausurenkurs SachenR Rn. 164; Habersack SachenR Rn. 75, 95; Jacoby/v. Hinden BGB § 985 Rn. 4; Jauernig/Berger BGB § 985 Rn. 5; Kindl JA 1996, 23 (27); Kühne JZ 1970, 189 ff.; Lange SachenR § 11 A I 4 (Abtretung, hilfsweise Herausgabe); Müller/Gruber SachenR Rn. 568 f.; MüKoBGB/Baldus § 985 Rn. 32 f.; Musielak/Mayer EK BGB Rn. 654; Neuner SachenR Rn. 107; Pinger EBV S. 202; Prütting SachenR Rn. 521; Schapp/Schur SachenR Rn. 84; K. Schmidt ZZP 87 (1974), 49 (64 f.); Schreiber SachenR Rn. 206; K. Schreiber JURA 1992, 356 (357); Soergel/Thöne BGB § 985 Rn. 18 f.; Staudinger/Thole, 2019, BGB § 985 Rn. 186 ff.; E. Schwerdtner, Verzug im Sachenrecht, 1973, S. 142 ff.; Westermann/Gursky/Eickmann SachenR § 29 Rn. 23 ff.; Wieling SachenR I § 12 I 2c; Wilhelm SachenR Rn. 1214; Wellenhofer SachenR § 21 Rn. 19; Wolff/Raiser SachenR § 84 III 2; wohl auch Vieweg/Lorz SachenR § 7 Rn. 30.

1. Argument
Die Verurteilung zur Herausgabe entspricht dem Gesetzeswortlaut.

2. Argument
Die Zulassung der allgemein gefassten Herausgabeklage gegen den mittelbaren Besitzer hat für den Eigentümer den Vorteil, dass die Vollstreckungsmöglichkeit nicht vom Fortbestehen oder der Beendigung des Besitzmittlungsverhältnisses abhängt: Solange das Besitzmittlungsverhältnis noch besteht, kann gem. § 886 ZPO vollstreckt werden (Pfändung des Herausgabeanspruchs); wenn das Besitzmittlungsverhältnis durch Rückgabe der Sache an den bisherigen mittelbaren Besitzer beendet ist, kann der Eigentümer nach § 883 ZPO bzw. § 885 ZPO vorgehen (Pfändung durch Wegnahme bzw. Räumung). Ein Urteil, das lediglich auf Abtretung des Herausgabeanspruchs des beklagten mittelbaren Besitzers lautete, ermöglichte dagegen keinen Vollstreckungszugriff auf die Sache, wenn der mittelbare Besitzer die Sache nach der Verurteilung von seinem bisherigen Besitzmittler zurückerhält (Vollstreckung nach § 894 ZPO liefe ins Leere – eine neue Klage wäre erforderlich (s. auch Arg. 3)).

3. Argument
Dass es zu Konstellationen kommen kann (zB Rückgabe der Sache nach Urteilserlass), in denen das erste auf Abtretung gerichtete Urteil nutzlos wird (weil es keine Vollstreckung in die Sache selbst gestattet) und stattdessen durch erneute Geltendmachung des Herausgabeanspruchs ein zweites Urteil zu erwirken ist (dieses Mal auf Herausgabe der Sache) erscheint weder sachgerecht noch prozessökonomisch sinnvoll.

4. Argument
Kann der mittelbare Besitzer schlechthin zur Herausgabe verurteilt werden, so erwächst daraus kein unangemessenes Haftungsrisiko für ihn (zB über die §§ 281, 283 BGB). Denn Herausgabe meint nicht die Verschaffung des unmittelbaren Besitzes (so aber Prütting SachenR Rn. 519); sie ist vielmehr in einem weiteren Sinn als Abgabe desjenigen Besitzes, den der Beklagte tatsächlich ausübt, zu verstehen (Thole, Thöne). Diese bewusste Ungenauigkeit ist hinzunehmen, da sie die Vollstreckung nicht erschwert, sondern gerade erleichtert.

5. Argument
Wenn der Eigentümer den unmittelbaren Besitzer nicht kennt, ist der mittelbare Besitzer eher in der Lage, von ihm die Sache sofort oder nach kurzer Zeit herauszubekommen. Aus diesem Grunde ist es angemessen, wenn der unrechtmäßige mittelbare Besitzer dem Eigentümer schlechthin auf Herausgabe der Sache und nicht nur auf Übertragung seines mittelbaren Besitzes haftet.

Nachtrag:
Eine Pflicht des mittelbaren Besitzers zur Herausgabe des *unmittelbaren* Besitzes wird dagegen unter Hinweis auf die Rechtsverwirklichungsfunktion des Vindikationsanspruchs weitgehend abgelehnt. Der Anspruchsinhalt ist regelmäßig auf Besitzauskehr, dh Abgabe des aktuellen Besitzes, beschränkt und kann allenfalls in besonderen Ausnahmefällen (§ 242 BGB) oder auf anderer Anspruchsgrundlage darüber hinausgehen (Staudinger/Thole, 2019, BGB § 985 Rn. 191 aE; BeckOGK/Spohnheimer, 1.5.2023, BGB § 985 Rn. 71; aA Baur/Stürner SachenR § 11 Rn. 41; s. zur Kündigung des Besitzmittlungsverhältnisses einerseits Staudinger/Thole, 2019, BGB § 985 Rn. 189, 192 ff. und andererseits BeckOGK/Spohnheimer, 1.5.2023, BGB § 985 Rn. 76).

III. (hier sog.) **Eingeschränkte Herausgabetheorie**

Die früher wohl hM, die ganz wesentlich auf § 283 BGB aF gründete, ist mittlerweile überholt (s. dazu die Vorauflage und Staudinger/Thole, 2019, BGB § 985 Rn. 190). Danach durfte der unrechtmäßige mittelbare Besitzer nur in zwei Konstellationen zur Herausgabe verurteilt werden, nämlich: (1.) wenn er sich den unmittelbaren Besitz ohne Weiteres wiederbeschaffen kann oder (2.) wenn er im Augenblick der Weitergabe der Sache an den Besitzmittler bereits verschärft haftete, er also sein auf der Überlassung der Sache an den unmittelbaren Besitzer beruhendes Unvermögen zur Rückgabe gegenüber dem Eigentümer nach den §§ 989 ff. BGB zu vertreten hat.

Vertreten von:
NK-BGB/Schanbacher § 985 Rn. 45.

Vor der Aufhebung des § 283 aF BGB war die Auffassung weit verbreitet. Sie wurde damals unter anderem vertreten von: BGHZ 53, 29 (32 ff.) = NJW 1970, 241; Erman/Hefermehl, 10. Aufl. 2000, BGB § 985 Rn. 5; RGRK/Pikart BGB § 985 Rn. 17 f.; Soergel/Mühl, 12. Aufl. 1990, BGB § 985 Rn. 13.

Fallbeispiele:

1. Wenn B das Mobiliar nicht selbst herausgeben kann: Nach Theorie I („Übertragungstheorie") kann E von B nur die Übertragung des mittelbaren Besitzes an den Mobiliarstücken verlangen (§ 870 BGB). Theorie II („Herausgabetheorie") kommt demgegenüber zu dem Ergebnis, dass E statt auf Übertragung des mittelbaren Besitzes (Vollstreckung nach § 894 ZPO) auch allgemein auf Herausgabe klagen kann (Vollstreckung nach § 886 ZPO).

2. Abwandlung: B hat sich ein vertragliches Sonderkündigungsrecht für den Fall eines drohenden Rechtsstreits mit E zusichern lassen.

Wenn B sich den unmittelbaren Besitz des Mobiliars zurückverschaffen kann (er kann den Pachtvertrag beispielsweise kurzfristig kündigen): Für die „Übertragungstheorie" gilt das soeben Gesagte. Unter den Vertretern der „Herausgabetheorie" ist umstritten, ob der Eigentümer vom mittelbaren Besitzer die Kündigung des Besitzmittlungsverhältnisses (zB Pachtvertrag) verlangen kann; dies wird unter Hinweis auf den dinglichen Charakter des Vindikationsanspruchs (Auskehrung des tatsächlich bestehenden Besitzes) aber wohl eher zu verneinen sein.

S. ergänzend Gursky Klausurenkurs SachenR Fall 10.

4. Problem
Ist § 285 BGB auf den Vindikationsanspruch (§ 985 BGB) anwendbar?

Ausgangsfall:

A verkauft dem gutgläubigen B ein dem E gestohlenes Segelboot (Wert: 40.000 EUR) für 35.000 EUR. B veräußert dieses kurze Zeit später für 38.000 EUR an den C. Da der Aufenthalt des C zunächst nicht ermittelt werden kann, möchte E von B die Herausgabe des Erlöses erreichen, sich zugleich aber die Möglichkeit offenhalten, das Boot bei C zu vindizieren, falls dieser gefunden wird.

Ausgangspunkt:

Ein Erlösherausgabeanspruch steht dem E gegen B aus § 816 I 1 BGB nur dann zu, wenn E die wegen § 935 I 1 Var. 1 BGB zunächst unwirksame Veräußerung genehmigt und ihr damit nach § 185 II 1 Var. 1 BGB zur Wirksamkeit verhilft. Ohne eine solche Genehmigung könnte E allenfalls über die §§ 985, 285 I BGB auf den Erlös zugreifen. Es ist jedoch umstritten, ob der schuldrechtliche Surrogationsanspruch des § 285 BGB bei Untergang eines Vindikationsanspruchs überhaupt eingreift.

I. (hier sog.) **Surrogationstheorie**

Nach einer früher weit verbreiteten Ansicht ist § 285 BGB auf den Herausgabeanspruch nach § 985 BGB uneingeschränkt anwendbar (s. aber auch Arg. 4). Der Eigentümer kann somit das stellvertretende commodum vom ehemaligen Besitzer herausverlangen.

Vertreten von:
RGZ 105, 84 (88); Deubner MDR 1958, 197 ff.; Dölle, Die Reichsgerichtspraxis im deutschen Rechtsleben III, 1929, S. 22 , 28, 33 f.; Esser, Schuldrecht, 2. Aufl. 1963, § 80 4b; Heck, Grundriß des Schuldrechts, 1929, § 34, 4; Heck SachenR § 32, 7–9; Gierke, Sachenrecht, 4. Aufl. 1959, § 39 VII; Gierke ZHR 111 (1948), 39 (67 ff.); Kress, Allgemeines Schuldrecht, 1929, § 19 1 A c; Levy JW 1923, 684; Soergel/R. Schmidt, 10. Aufl. 1967, BGB § 281 Anm. 3; E. Wolf SachenR S. 146 ff.

1. Argument
Der Rechtsgedanke des § 285 BGB hat über die Grenzen des Schuldrechts hinaus Geltung; es handelt sich um einen für das gesamte Vermögensrecht maßgebenden Grundgedanken. Der Grundsatz, dass ein vom Schuldner für den Verlust des Leistungsobjektes erlangter Ersatz nicht diesem selbst, sondern dem Gläubiger als dem wahren Berechtigten gebührt, passt auch für dingliche Ansprüche und insbesondere auch für § 985 BGB.

2. Argument (gegen Theorie II, Arg. 1)
Der angebliche Strukturunterschied des dinglichen und des obligatorischen Anspruchs steht der analogen Anwendung von § 285 BGB nicht entgegen. Der dingliche Herausgabeanspruch kann sich genauso wie der schuldrechtliche Leistungsanspruch

in anderer Form fortsetzen. Dies zeigen die §§ 990, 989 BGB, die den dinglichen Herausgabeanspruch genauso in einen Schadensersatzanspruch überleiten, wie es § 280 BGB für die obligatorischen Herausgabeansprüche tut.

3. Argument
In den Fällen, in denen die Weiterveräußerung der Sache durch den bisherigen Vindikationsgegner an § 935 BGB scheitert, wird ein Erlösherausgabeanspruch auch durch die Möglichkeit des Vorgehens nach den §§ 816 I 1, 185 II 1 Var. 1 BGB nicht entbehrlich. Jedenfalls bei konsequenter Konstruktion könnte die Klage auf Erlösherausgabe nach diesen Vorschriften nur Erfolg haben, wenn der Eigentümer die Verfügung des bisherigen Vindikationsgegners genehmigt (Die teilweise behauptete Möglichkeit einer Klage auf Erlösherausgabe Zug um Zug gegen Genehmigung ist konstruktiv genauso wenig zu begründen wie die einer Genehmigung unter der aufschiebenden Bedingung der Erlösherausgabe; und eine Genehmigung unter der auflösenden Bedingung der Nichtbeitreibbarkeit des Erlöses würde jedenfalls gegen das anerkannte Prinzip der Bedingungsfeindlichkeit einseitiger rechtsgestaltender Erklärungen verstoßen). Der Weg über § 816 I 1 BGB fordert dem Eigentümer also einen unnötigen Verzicht auf sein Eigentum zu einem Zeitpunkt ab, in dem noch keineswegs sicher ist, ob er den Ersatzanspruch realisieren kann. Diesen „Vorausverzicht" verlangt § 285 BGB vom Eigentümer nicht (Deubner).

4. Argument (gegen Theorie II, Arg. 6)
Der behauptete Wertungswiderspruch lässt sich vermeiden, wenn man auf den Anspruch aus den §§ 985, 285 BGB die Haftungsprivilegien des Eigentümer-Besitzer-Verhältnisses entsprechend anwendet (Deubner).

II. (hier sog.) **Theorie der Ablehnung des Surrogationsgedankens**

§ 285 BGB ist auf den Herausgabeanspruch des Eigentümers aus § 985 BGB nicht anwendbar.

Vertreten von:
RGZ 115, 31 (33); 157, 40 (44 f.); RG HRR 1930 Nr. 281; BGHZ 75, 203 (208) = NJW 1980, 178 (zu § 281 aF); AK-BGB/Joerges § 985 Rn. 28, 38 ff.; Baur/Stürner SachenR § 11 Rn. 44; BeckOK BGB/Fritzsche § 985 Rn. 28; BeckOK BGB/Lorenz § 285 Rn. 5; Berg JuS 1971, 522 (524); Brehm/Berger SachenR Rn. 7.50; Büdenbender JuS 1998, 227 (228); Eichler Institutionen S. 198 ff.; Erman/Ebbing BGB vor §§ 987 ff. Rn. 92; Erman/Ulber BGB § 285 Rn. 10; Fikentscher/Heinemann SchuldR Rn. 444; Grüneberg/Grüneberg BGB § 285 Rn. 4; Grunewald BürgerlR § 22 Rn. 8 f.; Gottwald PdW SachenR S. 92 f.; Gursky Klausurenkurs SachenR Rn. 202; Habersack SachenR Rn. 74; Hartmann, Der Anspruch auf das stellvertretende commodum, 2007, S. 91 ff.; Haymann JherJb 77 (1927), 188 (287 ff.); HK-BGB/Schulte-Nölke § 985 Rn. 7; Horstmann, Untersuchungen über die Anwendbarkeit schuldrechtlicher Normen auf dingliche Ansprüche, 1938, S. 44 ff.; Jacoby/v. Hinden BGB § 985 Rn. 7; Jahr FS Lüke, 1997, 297 (298) Fn. 1; Jauernig/Berger BGB § 985 Rn. 4; Jauernig/Stadler BGB § 285 Rn. 3; Jochem MDR 1975, 177 ff.; Kindl JA 1996, 23 (28); Lange/Schiemann Fälle SachenR 75 f.; Lüke SachenR Rn. 272a; Medicus/Petersen BürgerlR Rn. 599; Merle AcP 183 (1983), 81 (84 f.); Müller/Gruber SachenR Rn. 624; MüKoBGB/Baldus § 985 Rn. 171 ff.; MüKoBGB/Emmerich § 285 Rn. 15; Musielak/Mayer

EK BGB Rn. 653; Neuner SachenR Rn. 108; Picker FS 50 Jahre BGH, 2000, 693 (721 ff.); RGRK/Alff BGB § 281 Rn. 11; RGRK/Pikart BGB § 985 Rn. 35; Schapp/Schur SachenR Rn. 125; K. Schreiber JURA 1992, 356 (358); Soergel/Thöne BGB vor § 985 Rn. 4, vor §§ 987 ff. Rn. 23; Staudinger/Caspers, 2019, BGB § 285 Rn. 19 f.; Staudinger/Thole, 2019, BGB § 985 Rn. 35, 200 ff.; Soergel/Wiedemann, 12. Aufl. 1990, BGB § 281 Rn. 17; O. Werner JuS 1970, 237 (240); Westermann/Gursky/Eickmann SachenR § 30 Rn. 22; Wieling SachenR I § 12 I 2e; Wilhelm SachenR Rn. 1187; Wolff/Raiser SachenR § 84 VI 1.

1. Argument
Der dingliche Herausgabeanspruch des Eigentümers ist an den Besitz des Anspruchsgegners geknüpft. Verliert dieser den Besitz, so erlischt der Anspruch; dies gilt auch, sofern sich der bisherige Anspruchsgegner den Besitz ohne Weiteres wieder verschaffen könnte, die Herausgabe mithin nicht im Sinne des Leistungsstörungsrechts unmöglich ist. Das vertragliche Schuldverhältnis geht hingegen nicht unter; es trägt trotz der nachträglich eingetretenen Unmöglichkeit der Leistung die Möglichkeit des Fortbestehens der Verpflichtung (nun auf Ersatzherausgabe oder Schadensersatz gerichtet) in sich (RG).

2. Argument
§ 285 BGB ist nur auf schuldrechtliche Verschaffungsansprüche ausgerichtet und kann demzufolge auf echte Herausgabeansprüche (Auskehrungsansprüche) keine Anwendung finden. Dies gilt unstreitig für den Bereicherungsanspruch vor Eintritt der Haftungsverschärfung (vgl. MüKoBGB/Emmerich § 285 Rn. 9 mwN), muss aber für den Vindikationsanspruch ebenfalls zutreffen.

3. Argument
§ 985 BGB soll die Herrschaft über eine bestimmte Sache schützen, während § 285 BGB als Ausfluss des Surrogationsgedankens das Vermögen in seinem Bestand schützen will.

4. Argument
Gegen die Anwendung des § 285 BGB im Rahmen des Eigentümer-Besitzer-Verhältnisses spricht, dass seine Anwendung „die vom Gesetz gewollte Opfergrenze verschiebt: Der Besitzer würde zur Herausgabe des Erlöses verpflichtet, ohne vor Rückgriffsansprüchen des Erwerbers geschützt zu sein“ (Soergel/Wiedemann). Der ehemalige Besitzer müsste dem Eigentümer den Veräußerungserlös herausgeben, bliebe aber Rechtsmängelansprüchen seines Abkäufers ausgesetzt, wenn der Eigentümer diesem die Sache später nach § 985 BGB abfordert.

5. Argument
Im Falle einer späteren Vindikation gegen seinen Rechtsnachfolger würde der bisherige unrechtmäßige Besitzer nicht einmal dann genügend geschützt, wenn er den an den Eigentümer abgeführten Veräußerungserlös jetzt aus dem Gesichtspunkt der *condictio ob rem* (§ 812 I 2 Var. 2 BGB) zurückfordern könnte. Er bliebe dann immer noch mit dem Risiko der Insolvenz des Eigentümers belastet. Dieses Risiko ließe sich nur vermeiden, wenn man § 255 BGB analog anwenden könnte; denn dann dürfte der Eigentümer die Erlösherausgabe nur Zug um Zug gegen die Eigentumsübertragung auf den bisherigen Vindikationsgegner verlangen. Dies ließe sich aber kaum begrün-

den. Zudem brächte der Weg über §§ 985, 285 BGB dann im Vergleich zur Anwendung der §§ 816 I 1, 185 II 1 Var. 1 BGB auch keine Vorteile mehr.

6. Argument
Die Anwendung des § 285 BGB auf den Vindikationsanspruch würde zu einer Verschärfung der Haftung des unrechtmäßigen Besitzers führen, wenn er die Sache nicht mehr herausgeben kann. Die Rechtsfolgen, die sich aus der Nichtherausgabe der Sache ergeben, sind aber in den §§ 987 ff. BGB – mit der milden Haftung für den gutgläubig-unverklagten unrechtmäßigen Besitzer – abschließend geregelt worden. Wendet man nun zulasten des bisherigen Vindikationsgegners § 285 BGB an, so müsste dieser im Hinblick auf das abzuführende Surrogat schon für jedes Verschulden haften und damit strenger als im Hinblick auf das ursprüngliche Vindikationsobjekt.

7. Argument
Die Anwendung des § 285 BGB führt bei abhanden gekommenen Sachen, die von mehreren Besitzern nacheinander erworben werden, zu einer Vervielfachung der Ansprüche des Eigentümers und damit zur Rechtsunsicherheit. Der Eigentümer könnte nämlich gegen jeden Besitzer vorgehen (und sich den vermögendsten oder den mit dem höchsten Veräußerungserlös heraussuchen) und behielte doch seinen Vindikationsanspruch. Damit würde er aber über jedes sinnvolle Schutzbedürfnis hinaus begünstigt werden (Wolff/Raiser).

8. Argument
Über § 285 BGB könnte, selbst wenn die Norm anwendbar wäre, keinesfalls etwas anderes als das Surrogat des bisherigen „Leistungsgegenstandes", des Besitzes also, herausverlangt werden. Ersatzvorteile für den verlorenen unrechtmäßigen Besitz als solchen sind aber kaum denkbar. Ein etwaiger Veräußerungserlös wäre ein *Eigentums*surrogat (und wird deshalb systematisch richtiger mit dem Eigentumsfortwirkungsanspruch des § 816 I 1 BGB abgeschöpft); auch ein Schadensersatzanspruch wegen Zerstörung der Sache durch einen Dritten oder eine Enteignungsentschädigung stünden von vornherein dem Eigentümer zu (etwaige Leistungen aus einem vom Besitzer abgeschlossenen Sachversicherungsvertrag müsste dieser mangels versicherbarem Interesse nach § 812 I 1 Var. 1 BGB iVm § 80 I VVG zurückzahlen, s. hierzu auch Jochem).

9. Argument (gegen Theorie III, Arg. 4)
Der Hinweis auf die schuldrechtlichen Ansprüche auf Rückübertragung des Besitzes geht fehl. Auch hier passt § 285 BGB nicht: So darf der selbst nicht berechtigte Vermieter oder Verleiher nicht die Möglichkeit haben, bei einer wirksamen Weiterveräußerung der überlassenen Sache durch den Mieter oder Entleiher den von diesem erzielten Veräußerungserlös mithilfe des § 285 BGB abzuschöpfen, weil dies eine evidente Überkompensation darstellte.

III. (hier sog.) **Differenzierende Theorie**

In den Fällen der Weiterveräußerung und Weitergabe der Sache ist ein Herausgabeanspruch auf den Veräußerungserlös nach den §§ 985, 285 BGB nicht gegeben. Etwas anderes muss bei *zufälligem* Untergang der Sache beim Besitzer gelten: In diesem Fall ist die bestehende Gesetzeslücke – zur Vermeidung von Wertungswidersprüchen – durch § 285 BGB auszufüllen.

Vertreten von:
Canaris, Systemdenken und Systembegriff in der Jurisprudenz, 2. Aufl. 1983, S. 93 f.; Klapproth MDR 1965, 525 (527); Köbl EBV S. 90, 290 ff.; s. ferner Lange SachenR § 11 A II 8b; Wolf/Wellenhofer SachenR, 26. Aufl. 2011, § 21 Rn. 17 (mittlerweile aufgegeben, vgl. Wellenhofer SachenR § 21 Rn. 18); vgl. auch Prütting SachenR Rn. 548 („allenfalls beim zufälligen Untergang der Sache zu erwägen").

1. Argument
Für den Fall des zufälligen Untergangs der herauszugebenden Sache besteht eine Lücke im Gesetz. Mangels einer Verfügung greift § 816 I 1 BGB nicht ein, und wegen des Untergangs der Sache ist eine Weiterverfolgung des Vindikationsanspruchs nicht möglich. Diese Lücke kann nur durch die analoge Anwendung des § 285 BGB geschlossen werden. Diese ist rechtspolitisch dringend geboten. Wenn schon der Gläubiger eines bloßen schuldrechtlichen Verschaffungsanspruchs die Abführung des vom Schuldner beim Untergang des Leistungsgegenstandes erlangten Versicherungs- oder Schadensersatzanspruchs (stellvertretendes commodum) verlangen kann, ist eine entsprechende Verstärkung des dinglichen Herausgabeanspruchs erst recht geboten. Denn wenn die untergegangene Sache bereits dinglich zu dem Vermögen des Vindikationsgläubigers zählte, ist dessen „Anrecht" auf ein solches Surrogat eher noch stärker als das des Gläubigers eines schuldrechtlichen Verschaffungsanspruchs (Köbl, Canaris – dagegen Jochem MDR 1975, 177).

2. Argument
Die im Schrifttum angeführten Gründe gegen die analoge Anwendung des § 285 BGB passen nur auf den Fall der Weiterveräußerung, nicht hingegen auf den des zufälligen Untergangs der Sache.

3. Argument
Die vorgenommene Differenzierung ergibt sich ohne Weiteres aus der Tatsache, dass § 285 BGB ein Surrogationsanspruch ist. Als solcher kann er aber natürlich nur eingreifen, wenn der bisherige Primäranspruch wirklich untergegangen ist. Damit verbietet sich die Anwendung des § 285 BGB bei einer vom Vindikationsgegner vorgenommenen unwirksamen Veräußerung der Sache: Der Vindikationsanspruch ist schließlich nicht untergegangen, sondern richtet sich nur gegen einen neuen Verpflichteten. Bei einer wirksamen Veräußerung der Sache durch den Vindikationsgegner ist dies zwar anders; insoweit wird § 285 BGB aber durch die Spezialregelung des § 816 I 1 BGB verdrängt.

4. Argument (gegen Theorie II, Arg. 8)
Dass § 285 BGB im Falle seiner Anwendung auf den Vindikationsanspruch ohnehin nur echte Besitzsurrogate erfassen könnte, trifft nicht zu. Das Gleiche müsste dann auch bei vertraglichen Herausgabeansprüchen (wie beispielsweise § 546 oder § 604 BGB) gelten. Der Sache nach würden auf diese Weise alle Herausgabeansprüche aus dem Anwendungsbereich des § 285 BGB herausgenommen. Diese Norm gilt aber ihrem klaren Wortlaut nach für alle Ansprüche auf Leistung eines „Gegenstandes".

5. Argument (gegen Theorie II, Arg. 8)
Der Weg über § 285 BGB ist für den Eigentümer vor allem dann von Interesse, wenn die herauszugebende Sache von einem Erfüllungsgehilfen eines Vertragspartners des

Besitzers zerstört worden ist, ein deliktischer Schadensersatzanspruch des Eigentümers gegen den Arbeitgeber des Schädigers aber an der Exkulpationsmöglichkeit des § 831 I 2 BGB scheitert. Der vertragliche Schadensersatzanspruch des Besitzers (als bisherigem Vindikationsgegner) entfällt hier nicht notwendigerweise mangels eines eigenen Schadens: Häufig werden die Voraussetzungen einer anerkannten Konstellation der Drittschadensliquidation (Obhut für fremde Sachen) gegeben sein; im Übrigen ist eine die Drittschadensliquidation weiter ausdehnende Rechtsfortbildung angebracht.

IV. (hier sog.) **Eingeschränkte Surrogationstheorie**

§ 285 BGB ist auf § 985 BGB im Falle des zufälligen Untergangs der Sache beim Besitzer und im Verhältnis des Eigentümers zu dem gem. §§ 989 ff. BGB verschärft haftenden Besitzer anwendbar.

Vertreten von:
Erman/Hefermehl, 10. Aufl. 2000, BGB vor §§ 987 ff. Rn. 32; Pinger EBV S. 196 ff.; Westermann/Pinger SachenR § 31 IV 2.

1.–2. Argument
Wie Theorie III.

3. Argument
Die entsprechende Anwendung des § 285 BGB darf die vom Gesetz gewollte Opfergrenze für den unrechtmäßigen Besitzer nicht verschieben (Vorrang der §§ 987 ff. BGB). Diese Gefahr besteht jedoch nicht, wenn die herauszugebende Sache bei einem gutgläubig-unverklagten Vindikationsgegner untergegangen ist; hier kann eine Belastung des unrechtmäßigen Besitzers mit Regressansprüchen Dritter nicht eintreten.

4. Argument
Falls der bisherige unrechtmäßige Besitzer beim Untergang der Sache bzw. beim Verlust oder bei der Weitergabe des Besitzes bereits nach § 989 oder § 990 BGB der verschärften Vindikationshaftung unterlag, ist die in der Anwendung des § 285 BGB liegende Haftungserweiterung durchaus angemessen.

Fallbeispiele:

1. Im ersten Fall könnte E nach der Surrogationstheorie auf der Grundlage der §§ 985, 285 BGB die Abführung des erzielten Veräußerungserlöses verlangen, ohne die Veräußerung genehmigen zu müssen. Falls ihm später die Wiederbeschaffung des Segelbootes gelänge, müsste er den erlangten Veräußerungserlös an B nach § 812 I 1 Var. 2 BGB zurückzahlen. Nach der Theorie der Ablehnung des Surrogationsgedankens liefern die §§ 985, 285 BGB keine Anspruchsgrundlage. E müsste deshalb nach dieser Ansicht die Verfügung genehmigen, um den Anspruch aus § 816 I 1 BGB zu erlangen (vgl. dazu Gursky/Linardatos, 20 Probleme aus dem Bereicherungsrecht, 7. Aufl. 2023, Problem Nr. 13).

Da das Segelboot noch existiert, lehnt auch die „differenzierende Theorie" die §§ 985, 285 BGB als Anspruchsgrundlage ab, die „eingeschränkte Surrogationstheorie" gelangt infolge der Gutgläubigkeit des B zu dem gleichen Ergebnis.

2. A hat eine Waschmaschine von B gekauft, die dem E gestohlen wurde. Bei einem von A schuldlos verursachten Brand wird die Waschmaschine zerstört. Die (Feuer-) Versicherung zahlt dem A vollen Ersatz. Kann E von A die Versicherungssumme nach den §§ 985, 285 BGB herausverlangen?

Im zweiten Fall steht dem E nach der „Surrogationstheorie" gegen A die Versicherungssumme nach den §§ 985, 285 BGB zu. Die Gegenansicht (Theorie II) lehnt diese Anspruchsgrundlage ab. Die „differenzierende Theorie" und die „eingeschränkte Surrogationstheorie" kämen hingegen ebenfalls zur Anwendbarkeit des § 285 BGB, weil die Sache zufällig untergegangen ist. Was den Umfang des Anspruchs anbelangt, so können die vom Besitzer geleisteten Beiträge von der Versicherungssumme nach herrschender Meinung nicht abgezogen werden (MüKoBGB/Emmerich § 285 Rn. 20, 31).

S. ergänzend Czeguhn/Ahrens SachenR Fälle 10, 11; Gursky Klausurenkurs SachenR Fall 12; Lange/Schiemann Fälle SachenR Fall 13; Weller/Lieberknecht JURA 2019, 1281.

5. Problem
Wo ist der Vindikationsanspruch zu erfüllen, wenn der Vindikationsgegner während seiner Besitzzeit die Sache an einen anderen Ort gebracht hat?

Ausgangsfall:

Der Bauunternehmer U hat der örtlichen Bank einige Personen- und Nutzkraftfahrzeuge zur Sicherung bestehender Darlehen übereignet. Als U in finanzielle Schwierigkeiten gerät, veräußert er die Kraftfahrzeuge an den bösgläubigen K, der sie auf sein eigenes, 300 Kilometer entferntes Betriebsgrundstück verbringt. Die Bank, die auf die Sicherheit zurückgreifen möchte, erstreitet in der Folge ein rechtskräftiges Herausgabeurteil gegen K. Sie lässt die Fahrzeuge anschließend bei diesem abholen und verlangt von ihm nun Erstattung der Transportkosten (nach BGHZ 79, 211 = NJW 1981, 752).

I. Differenzierende Lösung

Der Leistungsort der Vindikation ist grundsätzlich der gegenwärtige Aufbewahrungsplatz der Sache. Hat der Besitzer die Sache jedoch nach Eintritt der Haftungsverschärfung an einen anderen Ort gebracht, so muss er die Sache nach § 985 BGB dort herausgeben, wo sie sich bei Eintritt der Bösgläubigkeit oder Rechtshängigkeit befand.

Vertreten von:
BGHZ 79, 211 (214 f.) = NJW 1981, 752 = JR 1981, 239 mzustAnm Berg; BeckOK BGB/Lorenz § 269 Rn. 26; Baur/Stürner SachenR § 11 Rn. 45; Erman/Ebbing BGB § 985 Rn. 23; Grüneberg/Herrler BGB § 985 Rn. 10; Jauernig/Berger BGB § 985 Rn. 7; Müller/Gruber SachenR Rn. 572 ff.; MüKoBGB/Krüger § 269 Rn. 31; NK-BGB/Schanbacher § 985 Rn. 43; Peters AcP 153 (1954), 454 (469); Planck/Brodmann BGB § 985 Anm. 2a; Prütting SachenR Rn. 519; Ranieri JuS 1997, 341 (344); Staudinger/Bittner/Kolbe, 2019, BGB § 269 Rn. 47; Westermann SachenR § 30 III 1; Westermann/Pinger SachenR, 6. Aufl. 1990, § 30 III 1; Wolff/Raiser SachenR § 84 III 1; wohl auch BeckOK BGB/Fritzsche § 985 Rn. 26; Wellenhofer SachenR § 21 Rn. 32; ebenso, aber ohne Erwähnung der Bösgläubigkeit: Soergel/Mühl, 12. Aufl. 1990, BGB § 985 Rn. 22.

1. Argument
Da § 985 BGB keine eigene Regelung für den Leistungsort der Vindikation enthält, ist § 269 BGB entsprechend anzuwenden. Die dingliche Rechtsnatur des Vindikationsanspruchs steht dem (lückenfüllenden) Rückgriff auf die schuldrechtliche Bestimmung nicht entgegen.

2. Argument
Nach § 269 I BGB ist für den Leistungsort insbesondere die Natur des Schuldverhältnisses maßgebend. Als „Schuldverhältnis" in diesem Sinne muss im Falle des dinglichen Herausgabeanspruchs aus § 985 BGB das gesamte Eigentümer-Besitzer-Verhältnis angesehen werden, welches durch die unterschiedliche Rechtsstellung des

gutgläubigen und unverklagten unrechtmäßigen Besitzers einerseits und des bösgläubigen oder verklagten unrechtmäßigen Besitzers andererseits gekennzeichnet ist. Der redliche und unverklagte Vindikationsgegner braucht grundsätzlich keine über die bloße Aushändigung der Sache hinausgehende Leistung zu erbringen. Das spricht dafür, dass er die Sache auch nur dort herausgeben muss, wo sie sich befindet (Belegenheitsort). Der bösgläubige oder verklagte Besitzer wird vom Gesetz dagegen mit einer Fürsorgepflicht belastet, weil er im Gegensatz zum redlichen und unverklagten unrechtmäßigen Besitzer nicht auf die Endgültigkeit seines Besitzerwerbs vertrauen darf. Hieraus folgt, dass er bei der Verbringung der Sache an einen anderen Ort auf die mutmaßlichen Interessen des Eigentümers Rücksicht zu nehmen und alles zu unterlassen hat, was die Realisierung des Eigentumsherausgabeanspruchs erschwert. Ist der bösgläubige Besitzer zur Ortsänderung entgegen den Interessen des Eigentümers nicht befugt, so folgt daraus ohne Weiteres seine Verpflichtung, die vorgenommene Ortsveränderung wieder rückgängig zu machen; der Herausgabeanspruch ist demnach am früheren Belegenheitsort der Sache zu erfüllen (BGH).

II. Einheitslösung

Der Vindikationsanspruch als solcher ist immer dort zu erfüllen, wo sich die Sache gerade befindet. Daran ändert sich auch dann nichts, wenn der bösgläubige oder verklagte Besitzer die Sache entgegen den Interessen des Eigentümers an einen anderen Ort verbringt. In diesem Falle muss er dem Eigentümer jedoch für die die Realisierung des Eigentumsherausgabeanspruchs erschwerende Ortsverlagerung in Analogie zu den §§ 989, 990 BGB Schadensersatz leisten. Er hat dem Eigentümer also die Mehrkosten der Abholung an dem neuen Standort der Sache zu erstatten.

Vertreten von:
Gursky JZ 1984, 604 (609); Habersack SachenR Rn. 94; MüKoBGB/Baldus § 985 Rn. 96 ff.; Neuner SachenR Rn. 107; Picker FS 50 Jahre BGH, Bd. I, 2000, 693 (726 ff.); Picker FS Bydlinski, 2002, 269 (302 ff.); Schwerdtner JURA-Kartei (JK) 1981, § 985/1; Soergel/Thöne BGB § 985 Rn. 32; Staudinger/Thole BGB § 985 Rn. 169 ff.; Westermann/Gursky/Eickmann SachenR § 29 Rn. 23; Wilhelm SachenR Rn. 1196; Wieling SachenR I § 12 I 2b; trotz unklarer Formulierung wohl ebenso Wieling/Finkenauer SachenR § 12 Rn. 6; für Gleichsetzung des Leistungsortes der Vindikation mit dem jeweiligen Standort der Sache, aber ohne Erwähnung einer Schadensersatzpflicht bei einer vom verschärft haftenden Vindikationsgegner vorgenommenen Ortsverlagerung auch RGRK/Pikart BGB § 985 Rn. 33.

1. Argument

Zwischen dem Vindikationsanspruch und den schuldrechtlichen Ansprüchen, für die § 269 BGB eine Regelung trifft, besteht ein fundamentaler Wesensunterschied. Bei dinglichen Rechtsverwirklichungsansprüchen wie § 985 BGB ergibt sich der „Leistungsort" einfach aus der speziellen Ordnungsaufgabe. Der Vindikationsanspruch reagiert auf einen unrechtmäßigen Zustand, die unbegründete Diskrepanz von Eigentumslage und tatsächlicher Sachherrschaft, und zielt seinem Inhalt nach ausschließlich auf die Beseitigung dieses Zustandes. Der Vindikationsgegner soll diesen Zustand durch die bloße „Herausgabe" beseitigen (sog. Auskehranspruch); eine irgendwie geartete Rücktransportpflicht kann sich nicht aus § 985 BGB selbst, sondern nur aus zusätzlichen schuldrechtlichen (insbesondere auf Schadensersatz gerichteten) Anspruchsgrundlagen ergeben. Herausgabe bedeutet insofern Abgabe des Besitzes an den die Sache abholenden Vindikationsgläubiger, und zwar Abgabe an dem Ort, an dem sich die Sache nun einmal befindet.

2. Argument
Daran kann sich auch dann nichts ändern, wenn der Vindikationsgläubiger die Sache nach Eintritt der Haftungsverschärfung an einen anderen Ort verbracht hat. Der Eigentumsherausgabeanspruch, der keinerlei subjektives Tatbestandsmerkmal enthält, gilt für redliche und für bösgläubige Besitzer in gleichem Maße, dh mit identischem Inhalt.

3. Argument
Die Argumentation, die sich auf die besonderen Fürsorgepflichten des verklagten oder bösgläubigen unrechtmäßigen Besitzers stützt, weiß nicht zu überzeugen. Zwar ist das grundsätzliche Bestehen solcher Fürsorgepflichten gegenüber dem Eigentümer nicht in Abrede zu stellen; sie werden dem unrechtmäßigen Besitzer nicht schon durch § 985 BGB selbst, sondern erst durch die §§ 987 ff. BGB auferlegt. Sie gehören mithin in den Bereich der schuldrechtlichen Nebenfolgen der Vindikation.

4. Argument
Wer eine Rücktransportpflicht in § 985 BGB hineinliest, erweitert den dinglichen Rechtsverwirklichungsanspruch um eine schuldrechtliche Komponente, er wandelt ihn gleichsam in einen Schadensersatzanspruch um (Schwerdtner).

5. Argument
Die Belastung des Vindikationsgegners mit den Kosten des Rücktransports kann nicht aus dem dinglichen Vindikationsanspruch selbst, sondern nur aus den schuldrechtlichen Nebenfolgen der Vindikationslage abgeleitet werden. Wer als verschärft haftender unrechtmäßiger Besitzer einer fremden Sache diese entgegen den Interessen des Eigentümers an einen anderen Ort verbringt, haftet dem Eigentümer in Analogie zu den §§ 989, 990 BGB auf Schadensersatz für die sich daraus ergebende erschwerte Realisierung seines Vindikationsanspruchs.

Fallbeispiele:

1. Im Ausgangsfall ergibt sich der Anspruch der B gegen K auf Erstattung der Transportkosten nach der „Einheitslösung“ (Theorie II) aus der Analogie zu den §§ 990 I 1, 989 BGB. Die Begründung eines Ersatzanspruchs verlangt nach der „differenzierenden Lösung“ (Theorie I) hingegen größeren Aufwand: Im Ausgangspunkt hätte B als Eigentümerin – im Einklang mit der Entscheidung BGHZ 79, 211 = NJW 1981, 752 – schon nach § 985 BGB von K als dem bösgläubigen Besitzer der Fahrzeuge die Herausgabe beim Grundstück des U und damit den Rücktransport der Fahrzeuge zu diesem Grundstück verlangen können. Von dem auf Rücktransport gerichteten Teil des Vindikationsanspruchs hat B den K vorliegend befreit, als sie die Fahrzeuge vom Betriebsgrundstück des K abholen ließ, sodass sie – nach Ansicht des BGH – einen Bereicherungsanspruch nach den §§ 684 S. 1, 812 I 1, 818 II BGB gegen K erworben hat; die Bereicherung des K besteht in den ersparten Transportkosten (str.). Beide Lösungsansätze scheinen damit zu identischen Ergebnissen zu gelangen. Die „differenzierede Lösung“ bietet jedoch zahlreiche Angriffsflächen: So ist schon

mehr als zweifelhaft, ob überhaupt ein Fremdgeschäftsführungswille der Bank bejaht werden kann (sie holt die Fahrzeuge allein im eigenen Interesse bei K ab, nicht, um dem K einen Gefallen zu tun). Darüber hinaus ist es nicht selbstverständlich, dass der Gläubiger eines Anspruchs, der sich auf eine Werkleistung im weitesten Sinne richtet, diesen durch „Selbsterfüllung" in einen auf eine Geldzahlung gerichteten Bereicherungsanspruch umwandeln kann (vgl. insofern Gursky NJW 1971, 782 ff. und Gursky JZ 1992, 312 (314 f.); s. zur Selbstvornahme im Werkvertragsrecht § 637 I BGB und ferner zur analogen Anwendung des § 326 II 2 BGB, BGH NJW 2005, 1348 (ablehnend)).

2. Abwandlung: Die Bank hat ihren Sitz an einem dritten Ort, der aber näher am Sitz des K als am Sitz des U liegt. Die Mehrkosten, die B durch die Ortsverlagerung und den darauf beruhenden längeren Abholweg entstanden sind, betragen aber nur die Hälfte der hypothetischen Kosten eines Rücktransports vom Sitz des K zum Betriebsgrundstück des U.

In der Abwandlung folgt aus der „Einheitslösung" (Theorie II) zwanglos, dass B nur die wirklich entstandenen Mehrkosten als Schadensersatz verlangen kann. Für die „differenzierende Lösung" (Theorie I) wäre dagegen eine entsprechende Begrenzung des angenommenen Anspruchs aus unberechtigter GoA erheblich schwerer zu begründen. Immerhin hätte B von K den Rücktransport der Fahrzeuge zum Grundstück des U als Ausgangsort verlangen können und ihm die entsprechenden Transportkosten wieder durch die Selbsterfüllung erspart (gegebenenfalls ließe sich auf den Rechtsgedanken der §§ 615 S. 2, 648 S. 2 BGB zurückgreifen).

S. ergänzend Czeguhn/Ahrens SachenR Fall 15.

6. Problem
Ist § 281 BGB auf den Vindikationsanspruch anwendbar?

Ausgangsfall:

D stiehlt das Fahrrad des E und veräußert dieses an seinen Arbeitskollegen B, der keinen Anlass hat, an der Eigentümerstellung des D zu zweifeln. Durch Zufall erfährt jedoch E vom Verbleib des Fahrrades und verlangt dessen Herausgabe von B. B, der weiterhin von seiner Eigentümerstellung überzeugt ist, lehnt es ab, die von E mitgebrachten ausreichenden Beweismittel für sein Eigentum anzusehen, und weigert sich nachdrücklich, dem Herausgabeverlangen des E nachzukommen. E möge ihn doch verklagen. Kann E nun gegen B sofort und mit Aussicht auf Erfolg auf eine Geldzahlung in Höhe des Zeitwertes des Fahrrads Zug um Zug gegen die Übereignung des Fahrrads an B klagen?

Ausgangspunkt:

Wenn ein *obligatorischer* Anspruch nicht rechtzeitig erfüllt wird, kann der Gläubiger dem Schuldner eine Frist zu dessen Erfüllung setzen; wenn diese Fristsetzung infolge eines (vom Gesetz vermuteten, § 280 I 2 BGB) Verschuldens des Anspruchsgegners erfolglos bleibt, kann er – durch einseitige Erklärung – Schadensersatz statt der ursprünglich geschuldeten Leistung verlangen (§§ 280 I, III, 281 I 1, IV BGB). Die gleiche Möglichkeit besteht ohne Fristsetzungserfordernis, wenn der Schuldner die Leistung ernsthaft und endgültig verweigert oder wenn besondere Umstände vorliegen, die (bei Abwägung der beiderseitigen Interessen) das sofortige Schadensersatzverlangen des Gläubigers rechtfertigen (§ 281 II BGB). Für einen Eigentümer, dem ein Dritter unrechtmäßig den Besitz der Sache vorenthält, könnte ein derartiges Vorgehen ebenfalls von Interesse sein, so beispielsweise, wenn er wegen der Nichtherausgabe der Sache eine Ersatzsache anschaffen muss, aber keinen Bedarf für zwei derartige Sachen hat oder wenn unklar ist, ob der Schuldner einem Herausgabeurteil Folge leisten wird (vgl. in prozessualer Hinsicht §§ 255, 259 ZPO). Es stellt sich dann die Frage, ob der *dingliche* Herausgabeanspruch mit dem *schuldrechtlichen* § 281 BGB kombiniert werden kann. Die rechtsgebietsübergreifende (analoge) Anwendung schuldrechtlicher Vorschriften ist dabei keineswegs grundsätzlich ausgeschlossen, sondern insbesondere dann naheliegend, wenn die betroffene sachenrechtliche Materie einem Schuldverhältnis ähnelt, aber abzulehnen, wenn sie der spezifischen Struktur und Wertung des Sachenrechts zuwiderläuft. Insofern ist zu berücksichtigen, dass § 281 BGB einen Ersatz für den ursprünglichen Anspruch begründet (§ 281 IV BGB) und insofern Kompensation gewährt (§§ 249 ff. BGB), dingliche Ansprüche indes auf die Verwirklichung des betroffenen Rechts zielen (§ 903 S. 1 BGB). Ob schuldrechtliche ratio legis und sachenrechtliche Rechtsverwirklichungsfunktion im vorliegenden Zusammenhang miteinander vereinbar und § 281 BGB auf § 985 BGB analog anwendbar ist, ist sehr streitig. Das Meinungsspektrum reicht von der uneingeschränkten Annahme der Analogiemöglichkeit über differenzierende Stellungnahmen bis zur ausnahmslosen Verneinung.

I. Bejahende Auffassung

Auch der Vindikationsgläubiger hat die Möglichkeit, seinen dinglichen Herausgabeanspruch durch ein Vorgehen entsprechend § 281 BGB in einen (auf Erstattung des Zeitwertes des Vindikationsobjektes gerichteten) Schadensersatzanspruch umzuwandeln. § 281 BGB kann uneingeschränkt auf den Vindikationsanspruch im Analogiewege angewandt werden.

Vertreten von: Vieweg/Lorz SachenR § 7 Rn. 36; Brehm/Berger SachenR Rn. 7.51; M. Wolf SachenR, 23. Aufl. 2007, Rn. 227, 298. S. ferner (allerdings sehr oberflächlich) OLG München BeckRS 2008, 9857.

1. Argument

Der dingliche Gläubiger darf in seiner Rechtsverfolgung nicht schlechter gestellt werden als der schuldrechtliche Gläubiger. Das aber wäre der Fall, wenn der Eigentümer und Vindikationsgläubiger im Gegensatz zum Gläubiger eines schuldrechtlichen (Herausgabe-)Anspruchs nicht die Möglichkeit besäße, nach erfolgloser Fristsetzung Schadensersatz statt der Leistung zu verlangen.

2. Argument

Der Vindikationsanspruch trifft häufig mit vertraglichen Besitzrückgabeansprüchen des Eigentümers (etwa aus § 546 oder § 604 BGB) zusammen. Dann kann er jedenfalls bezüglich dieses schuldrechtlichen Herausgabeanspruchs nach § 281 BGB vorgehen. Es ist aber keine tragfähige Begründung dafür ersichtlich, warum dem Anspruchsteller, der lediglich Eigentümer ist – dessen Sache etwa von einem Nichtberechtigten verliehen oder vermietet worden ist –, diese Möglichkeit nicht eingeräumt werden darf.

3. Argument

Im Übrigen spricht auch die Entstehungsgeschichte des § 281 BGB für die Anwendbarkeit der Norm zugunsten des Vindikationsgläubigers. Der durch das SchRModG eingeführte § 281 BGB nF ersetzt mehrere andere Vorschriften und namentlich § 283 BGB aF. Nach letzterer Norm konnte ein Forderungsgläubiger, der bereits ein rechtskräftiges klagezusprechendes Urteil erstritten hatte, dem Schuldner eine angemessene Nachfrist setzen und diese mit einer Ablehnungsandrohung verbinden; bei erfolglosem Fristablauf wandelte sich der Primäranspruch in einen Schadensersatzanspruch wegen Nichterfüllung um, der dem heutigen Anspruch auf Schadensersatz statt der Leistung entspricht. Die ganz hM nahm damals an, dass diese Regelung des § 283 BGB aF auch auf den Vindikationsanspruch Anwendung finden musste. Für seine Nachfolgernorm, den § 281 BGB nF, kann nichts anderes gelten; insbesondere da der Gesetzgeber den Zweck verfolgte, die Gläubigerposition zu stärken (vgl. BT-Drs. 14/6040, 137 (140)).

4. Argument

Für die Anwendung des § 281 BGB auf den Herausgabeanspruch des Eigentümers besteht auch ein erhebliches Bedürfnis. Der Vindikationsanspruch als solcher wäre praktisch undurchsetzbar, wenn der Vindikationsgegner die fremde Sache unstreitig noch besitzt, er sich aber weigert, sie in seinem Bereich hervorzusuchen und sie auch für den Gerichtsvollzieher unauffindbar ist. Er wäre dann gezwungen, erneut Klage zu erheben (vgl. § 893 ZPO) und Schadensersatz zu verlangen (§§ 989, 990 BGB). Es besteht damit ein praktisches Bedürfnis, dem Eigentümer die Möglichkeit einzuräumen, statt der faktisch nicht erzwingbaren Herausgabe eine Schadensersatzleistung verlangen zu können. Den Weg dazu kann ihm aber nur § 281 BGB eröffnen, dessen analoge Anwendung auf den Vindikationsanspruch einen rechtssicheren Übergang vom Herausgabeverlangen zum Schadensersatz gestattet (BGHZ 209, 270 Rn. 23 = NJW 2016, 3235); insbesondere befreit er den Gläubiger von der Ungewissheit tatsächlicher (Herausgabe-)Unmöglichkeit und lässt insoweit die Nichtleistung trotz Fristablaufs genügen (vgl. §§ 255, 259 ZPO). Darüber hinaus lässt die Anwendung des § 281 BGB die Geltendmachung eines über die §§ 989, 990 BGB hinausgehenden Schadensersatzes zu (Vorenthaltungsschaden) und die insofern gegebenenfalls bestehende Notwendigkeit weiteren Prozessierens entfallen (etwa nach fehlgeschlagener Herausgabevollstreckung).

5. Argument
Die Gegner der Übertragung des § 281 BGB auf den Eigentumsherausgabeanspruch berufen sich zu Unrecht darauf, dass § 281 IV BGB den Schadensersatz statt der Leistung an den Untergang des Primäranspruchs knüpft, dieser Untergang aber beim Vindikationsanspruch gar nicht eintreten kann (Untrennbarkeit von Eigentum und Vindikationsanspruch, vgl. Theorie IV, Arg. 4). Dieses scheinbare Dilemma löst sich durch die zusätzliche analoge Anwendung von § 255 BGB, die auch im Rahmen der Schadensersatzansprüche aus den §§ 990, 989 BGB häufig notwendig ist. Für den Untergang des Vindikationsanspruchs besteht damit kein Bedürfnis; er wird durch die Verpflichtung des Eigentümers und Schadensersatzgläubigers zur Übereignung der Sache an den schadensersatzpflichtigen ehemaligen unrechtmäßigen Besitzer ersetzt. Auch zur befürchteten Überentschädigung des Vindikationsgläubigers (s. ergänzend Theorie II, Arg. 8) kommt es damit nicht, weil ein substantieller „Austauschwert" geschaffen wird (vgl. Soergel/Thöne BGB § 985 Rn. 28).

II. (hier sog.) **Weite vermittelnde Auffassung**

Diese Ansicht knüpft an die erstgenannte Aufassung an (Theorie I), schränkt diese im Hinblick auf die besonderen Wertungen der §§ 987 ff. BGB jedoch ein: Der Eigentümer kann den unberechtigten Besitzer nur dann entsprechend § 281 BGB auf Schadensersatz statt der Leistung (Zug um Zug gegen Übereignung des Vindikationsobjekts, analog § 255 BGB) in Anspruch nehmen, wenn dieser im Zeitpunkt der erfolglos gebliebenen Fristsetzung bzw. bei Erfüllung der Voraussetzungen des § 281 II BGB bereits bösgläubig iSv § 990 I BGB, auf Herausgabe der Sache verklagt war oder als Besitzmittler eines Dritten nach § 991 II BGB haftete (wenn mit anderen Worten die Voraussetzungen der §§ 989–991 BGB vorliegen).

Vertreten von:
BGHZ 209, 270 Rn. 15 ff. = NJW 2016, 3235; BGH NJW 2018, 786 Rn. 9; OLG München NJOZ 2015, 1044 Rn. 90; OLG Rostock NJW-RR 2012, 222 (223); BeckOGK/Riehm, 1.5.2023, BGB § 280 Rn. 63 f.; BeckOK BGB/Fritzsche § 985 Rn. 30; BeckOK BGB/Lorenz § 281 Rn. 9; Erman/Ebbing BGB vor §§ 987 ff. Rn. 90; Grüneberg/Herrler BGB § 985 Rn. 14; Heinrichs FS Derleder, 2005, 87 (93 f.); Jauernig/Stadler BGB § 281 Rn. 3; Soergel/Thöne BGB § 985 Rn. 27 ff.; Staudinger/Thole, 2019, BGB § 985 Rn. 30; Thöne JuS 2021, 809 (810 f.); Wellenhofer SachenR § 21 Rn. 33.

1.–5. Argument
Wie Theorie I.

6. Argument
§ 281 BGB kann auf den Vindikationsanspruch ausschließlich dann angewandt werden, wenn dadurch nicht die spezielleren Wertungen des Eigentümer-Besitzer-Verhältnisses verletzt werden. Das bedeutet konkret, dass die grundsätzliche Freistellung des gutgläubigen und unverklagten unrechtmäßigen Besitzers von Schadensersatzansprüchen (§ 993 I Hs. 2 BGB) nicht durch den Rückgriff auf § 281 BGB unterlaufen werden darf. Dementsprechend kann § 281 I BGB nur angewandt werden, wenn der unrechtmäßige Besitzer dem Eigentümer auch bei unterstellter schuldhafter Zerstörung oder Weitergabe der Sache nach den Regeln des Eigentümer-Besitzer-Verhältnisses auf Schadensersatz haften würde.

7. Argument (gegen Theorie IV, Arg. 1)
Die Natur des dinglichen Anspruchs (Rechtsverwirklichung) darf nicht überzeichnet und jeder Anwendung schuldrechtlicher Normen entgegengesetzt werden. Vielmehr ignorierte eine solche Sichtweise den Umstand, dass auch die §§ 987 ff. BGB schuldrechtliche, auf Kompensation abzielende Regelungen darstellen. Zwar trifft es zu, dass die Anwendung des § 281 BGB eine Abweichung von der primären Funktion des § 985 BGB begründet (Durchsetzung vermögensmäßiger Neuordnung statt Verwirklichung sachenrechtlicher Zuordnung), doch stellt dies keinen Fremdkörper im System der §§ 985 ff. BGB dar und berücksichtigt, dass die durch § 281 BGB bewirkte Vermögensumschichtung letztlich auch Element der in § 903 S. 1 BGB niedergelegten Eigentümerbefugnisse ist (Thöne).

8. Argument (gegen Theorie IV, Arg. 7)
Schließlich stellt die analoge Anwendung des § 281 BGB keine unbillige Belastung des Schuldners dar: Zum einen liegt in der anspruchsbegründenden Nichtleistung eine ihm anzulastende Pflichtwidrigkeit, zum anderen werden seine Interessen durch die Berücksichtigung der Schutzzweckfunktion der §§ 987 ff. BGB (Begrenzung auf bösgläubige und verklagte Besitzer) und den Rückgriff auf § 255 BGB (Eigentum gegen Sachwert) hinreichend geschützt. Im Ergebnis führt die von der Rechtsprechung vorgenommene einschränkende Betrachtung die den §§ 280, 281 BGB und den §§ 985, 987 ff. BGB innewohnenden Wertungen einem angemessenen Ausgleich zu. Sie begründet auch keinen abzulehnenden „Zwangskauf", da der Schuldner rechtlich nicht gezwungen wird, die Sache zu erwerben.

III. (hier sog.) **Enge vermittelnde Auffassung**

Eine weitere Ansicht begreift § 281 BGB als besondere Verzugsnorm und begrenzt dessen Anwendbarkeit unter Hinweis auf die Wertung des § 990 II BGB (keine Verzugshaftung des gutgläubigen Besitzers) auf den bösgläubigen Besitzer. Auf den Vindikationsanspruch kann § 281 BGB demnach ausschließlich dann (entsprechend) angewandt werden, wenn der unrechtmäßige Besitzer zu dem Zeitpunkt, in dem die gesetzte Frist fruchtlos verstrichen ist oder die Tatbestandsvoraussetzungen des § 281 II BGB vorliegen, bereits bösgläubig iSv § 990 I BGB ist; allein die Mahnung oder die Klageerhebung genügen nicht (Unterschied zu Theorie II).

Vertreten von:
Gebauer/Huber ZGS 2005, 103 (105 f.); Gruber/Lösche NJW 2007, 2815 (2817 ff.); Wieling SachenR I § 12 I 2e; ebenso BeckOGK/Spohnheimer, 1.5.2023, BGB § 985 Rn. 26.7 ff.

1. Argument
In der Tat dürfen die Regeln des Leistungsstörungsrechts nicht ohne Weiteres auf den Vindikationsanspruch übertragen werden. Dies gilt schon deshalb, weil die §§ 989 ff. BGB (gewissermaßen) das Leistungsstörungsrecht der Vindikation enthalten und die Anwendung der §§ 280 I, III, 281 BGB die engen Haftungsvoraussetzungen der §§ 989 ff. BGB unterlaufen und damit die weitgehende Haftungsfreistellung des gutgläubig-unverklagten unrechtmäßigen Besitzer aushebeln würde (wie Theorie II).

2. Argument
Zu beachten ist darüber hinaus aber ebenso § 990 II BGB. Dieser lässt die Anwendung der Verzugsvorschriften zulasten eines *bösgläubigen* unrechtmäßigen Besitzers (ausdrücklich) zu, schließt sie im Umkehrschluss aber gegenüber einem *gutgläubigen* unrechtmäßigen Besitzer aus (der gutgläubige, verklagte Besitzer kann sich im Prozess somit auf sein angenommenes Besitzrecht berufen, ohne eine Einstandspflicht für Verzugsschäden fürchten zu müssen). Dies ist von Bedeutung, weil auch § 281 BGB der Sache nach eine Verzugsnorm darstellt. Es ist nämlich kein Fall denkbar, in dem die Voraussetzungen eines Schadensersatzanspruchs aus § 281 BGB erfüllt wären, ohne dass gleichzeitig die in § 286 BGB festgelegten Voraussetzungen des Schuldnerverzuges erfüllt wären. Der Schadensersatzanspruch aus den §§ 280 I, III, 281 BGB setzt wie der Schuldnerverzug Verschulden voraus; ferner enthält die in § 281 I BGB verlangte Fristsetzung notwendigerweise auch eine Mahnung iSv § 286 I 1 BGB. Ist sie nach § 281 II BGB entbehrlich, betrifft dies Konstellationen, in denen der Schuldnerverzug nach § 286 II BGB auch ohne Mahnung eintritt. Der Schadensersatzanspruch aus den §§ 280 I, III, 281 BGB ist damit ein Fall qualifizierter Verzugshaftung.

3. Argument
Wollte man dem Eigentümer den Schadensersatz aus den §§ 280 I, III, 281 BGB gegen jeden verschärft haftenden (dh entweder bösgläubigen oder auf Herausgabe verklagten) Vindikationsgegner geben, so wäre das zwar mit dem Hauptziel der §§ 987 ff. BGB – der weitestgehenden Haftungsfreistellung des gutgläubig-unverklagten Besitzers – zu vereinbaren, diese Sichtweise ließe indes außer Betracht, dass die Regelung des Eigentümer-Besitzer-Verhältnisses noch *ein weiteres Haftungsprivileg* für den zwar verklagten, aber (noch) nicht bösgläubigen Vindikationsgegner enthält: nämlich den Ausschluss der Verzugshaftung (§ 990 II BGB e contrario). Wenn der auf Herausgabe verklagte, gleichwohl gutgläubig gebliebene Vindikationsgegner überhaupt nicht in Verzug geraten kann, dann darf er auch nicht der qualifizierten Verzugshaftung aus den §§ 280 I, III, 281 BGB unterliegen.

IV. Ablehnende Auffassung

§ 281 BGB ist auf den Eigentumsherausgabeanspruch weder unmittelbar noch entsprechend anwendbar. Der Eigentümer besitzt damit nicht die Möglichkeit, seinen Vindikationsanspruch nach erfolgloser Fristsetzung gegenüber dem unrechtmäßigen

Besitzer durch einseitige Erklärung in einen Anspruch auf Schadensersatz statt der Leistung umzuwandeln.

Vertreten von:
Gursky JURA 2004, 433 (435, 438); Katzenstein AcP 206 (2006), 96 (135); Lieder JuS 2011, 874 (877 f.); MüKoBGB/Baldus § 985 Rn. 158–168; NK-BGB/Schanbacher § 985 Rn. 47, 60; Staudinger/Gursky, 2013, BGB § 985 Rn. 81 ff.; Westermann/Gursky/Eickmann SachenR § 30 Rn. 23; Wilhelm SachenR Rn. 1188 (ausf. 2. Aufl. 2002 Rn. 1086 ff.); differenzierend MüKoBGB/Ernst § 281 Rn. 9, 133 (§ 281 BGB nur bei Mobilien, wenngleich: „von ihrer Richtigkeit nicht überzeugt", nicht aber bei Immobilien); s. auch Wieling SachenR I § 12 I 2e (iErg aber Theorie III folgend).

1. Argument
Der Vindikationsanspruch ist keine selbstständige Folgeerscheinung des Eigentums, die sich – wie etwa ein Schadensersatzanspruch aus § 823 I BGB wegen Eigentumsverletzung – vom Eigentum trennen ließe. Er ist vielmehr ein bloßer Aspekt des Eigentums selbst, nämlich Ausdruck der Abwehrfunktion, und insofern ein Mittel, um die nach § 903 S. 1 BGB ausschließlich dem Eigentümer zustehende, aber durch einen Dritten usurpierte Sachherrschaft zurückzuerlangen (Verwirklichung), nicht aber ein Instrument, um sich einen Vorteil *aus dem Vermögen des Anspruchsgegners* zu verschaffen (Kompensation). Der Vindikationsanspruch dient – mit anderen Worten – allein der Durchsetzung der bestehenden dinglichen Rechtsposition, er strebt keine Korrektur der darüberhinausgehenden Güterverteilung an. Hiermit wäre es unvereinbar, dem Eigentümer die Befugnis zu gewähren, den Vindikationsanspruch einseitig in einen Anspruch von ganz anderer Art, nämlich in einen auf Zahlung des Sachwertes gerichteten Schadensersatzanspruch, umzuwandeln (Gursky).

2. Argument
Eine entsprechende Anwendung von § 281 BGB auf den Vindikationsanspruch verbietet sich schon deshalb, weil die §§ 989 ff. BGB der Sache nach eine eigene und als abschließend gedachte Regelung des Leistungsstörungsrechts der Vindikation enthalten (arg. ex § 993 I Hs. 2 BGB).

3. Argument
Ein qualitativer Unterschied zwischen den §§ 989, 990 I BGB einerseits und einer entsprechenden Anwendung von § 281 BGB auf den Vindikationsanspruch andererseits zeigt sich darin, dass die ersteren einen wirklichen Schaden des Eigentümers verlangen. Hat der bisherige Vindikationsgegner die Sache weitergegeben oder den Besitz an einen Dritten verloren, haftet er dem Eigentümer nach den §§ 989, 990 I BGB auf Schadensersatz nur, wenn dem Eigentümer die Rechtsverfolgung durch die Besitzweitergabe zumindest nicht ganz geringfügig erschwert worden ist (str.). Und daran kann es durchaus fehlen, etwa wenn der neue Besitzer dem Eigentümer bekannt ist, der Eigentümer seine Rechtsposition problemlos und liquide beweisen kann und den Umständen nach angenommen werden muss, dass der neue Besitzer bei einem solchen Nachweis die Sache an den Eigentümer herausgeben wird. Wendet man aber § 281 BGB zulasten des immer noch im Besitz der fremden Sache befindlichen Anspruchsgegners entsprechend an, so ist der verlangte Schaden des Eigentümers trotz des weiterbestehenden Besitzes des Vindikationsgegners schon deshalb gegeben, weil der Vindikationsanspruch nunmehr nach § 281 IV BGB erlöschen

müsste bzw durch einen gegenläufigen Anspruch auf Übereignung an den Besitzer (§ 255 BGB analog) entwertet würde.

4. Argument
Die analoge Anwendung des § 281 I oder II BGB beim Vindikationsanspruch verbietet sich auch deshalb, weil sie nach § 281 IV BGB das Erlöschen des Primäranspruchs nach sich ziehen müsste. Diese Rechtsfolge kann aber beim Eigentumsherausgabeanspruch gar nicht eintreten; Eigentum ohne den Schutz der Eigentumsverwirklichungsansprüche (§ 985 und § 1004 BGB) gibt es nicht. Im Übrigen erhielte der Eigentümer mit der Umwandlung seines bisherigen Vindikationsanspruchs in einen Anspruch auf Schadensersatz statt der Leistung auch einfach zuviel: Trotz des Verlustes des Eigentums behielte er ja das Eigentum selbst. Wenn die Sache später in den Besitz eines Dritten gelangte, müsste er sie deshalb bei diesem wieder vindizieren können (s. aber Theorie I, Arg. 5 (§ 255 BGB analog), dagegen indes sogleich Arg. 5 und Arg. 6).

5. Argument
Die als Ersatz für den Untergang des Primäranspruchs (§ 985 BGB) nach § 281 IV BGB vorgeschlagene zusätzliche entsprechende Anwendung von § 255 BGB ist nicht möglich, weil die dafür erforderliche Ähnlichkeit der Fallgestaltungen nicht gegeben ist: § 255 BGB ist auf Konstellationen zugeschnitten, in denen Schadensersatz für den Verlust einer Sache zu leisten ist, die sich gegenwärtig nicht beim Schadensersatzpflichtigen, sondern einem Dritten befindet oder ohne Besitzer ist und in der Folge für den Gläubiger nicht oder nur schwer erreichbar ist. Das ist jedoch von der vorliegenden Situation zu unterscheiden, in der der Eigentümer die Sache beim potenziellen Schadensersatzschuldner vindizieren könnte, aber stattdessen Schadensersatz fordert.

6. Argument
Selbst wenn man aber die erforderliche Ähnlichkeit noch bejahen könnte, wäre der Ausweg des § 255 BGB für bestimmte Fallgestaltungen nicht gangbar: Nämlich immer dann, wenn sich der Vindikationsanspruch nur auf die Herausgabe eines wesentlichen Bestandteils einer Sache (wie etwa von einzelnen Räumen eines Hausgrundstücks) richtet. Das aber bedeutet: Der mit der analogen Anwendung von § 281 BGB auf den Eigentumsherausgabeanspruch angestrebte Vorteil der Gleichbehandlung von obligatorischen und dinglichen Gläubigern begründete eine (neuerliche) Ungleichbehandlung innerhalb der Vindikationsansprüche.

7. Argument (gegen Theorie I, Arg. 3)
Die historisch-genetische Argumentation vermag nicht zu überzeugen. § 283 BGB aF betraf nur eine äußerst seltene Konstellation: Nämlich die, dass der Gläubiger eines bereits titulierten Leistungsanspruchs auf die Vollstreckung des Urteils verzichtet – doch wohl, weil er den Versuch für aussichtslos hält – und stattdessen den umständlichen Weg einer neuen, nunmehr auf Schadensersatz gerichteten Klage wählt. Die Anwendung von § 283 BGB aF auf den Vindikationsanspruch konnte unter diesen Umständen nur eine unbedeutende Randkorrektur des § 985 BGB bilden. Eine Anwendung von § 281 BGB im Vindikationsverhältnis ginge dagegen über eine solche Randkorrektur weit hinaus. Sie würde die Dogmatik des § 985 BGB grundlegend verändern: Aus dem bloßen Schutzmittel zur Verteidigung des Eigentums würde ein

Instrument, mit dem der Eigentümer den unrechtmäßigen Besitzer nach ergebnislos gebliebener Fristsetzung zum „Ankauf" der Sache zwingen könnte. Die Rechtsfolge, die sie damit begründet, steht vielfach außer Verhältnis zum minimalen Pflichtverstoß des Anspruchsgegners. Unerträgliche Ergebnisse lassen sich oft nur mithilfe von § 242 BGB verhindern („Zwangskauf", vgl. hierzu MüKoBGB/Ernst § 281 Rn. 131 ff. mwN). Der Anwendungsbereich rechtspolitisch problematischer Vorschriften sollte aber nicht noch durch Analogie(n) ausgedehnt werden.

8. Argument (gegen Theorie III)
§ 281 BGB kann gegenüber dem Vindikationsgegner auch dann nicht zur Anwendung kommen, wenn dieser bereits bösgläubig und nach den §§ 990 II, 286 BGB in Verzug geraten ist. § 281 BGB ist keine qualifizierte Verzugsnorm. Die Anspruchsvoraussetzungen sind in § 281 BGB eigenständig und ohne Bezugnahme auf § 286 BGB formuliert worden. Die Fristsetzung iSv § 281 BGB wirkt auch nicht notwendigerweise verzugsbegründend; die in ihr liegende Mahnung kann nämlich ihrerseits auch aufschiebend befristet, nämlich bloß mit Wirkung für den Zeitpunkt des Fristablaufs erklärt sein. Es kann deshalb nicht angenommen werden, dass mit der „weitergehenden Haftung wegen Verzuges" in § 990 II BGB auch die Regelung des § 281 BGB gemeint ist.

9. Argument (gegen Theorie I, Arg. 1)
Das Argument, der dingliche Gläubiger dürfe nicht schlechter stehen als der obligatorische Gläubiger, unterstellt, dass die Position des dinglichen Rechtsinhabers im Allgemeinen (zumindest) genauso stark ist wie die eines Forderungsgläubigers. Tatsächlich geht diese Annahme aber fehl. Zum einen ist die dingliche Gläubigerstellung in einem entscheidenden Punkt deutlich schwächer: Der Vindikationsgegner kann sich seiner dinglichen (Herausgabe-)Pflicht problemlos entledigen, indem er den Besitz der Sache aufgibt, diese beispielsweise einfach wegwirft. Zum anderen steht der Vindikationsgläubiger auch bei den sekundären Ansprüchen schlechter, weil das besondere Leistungsstörungsrecht des Eigentumsherausgabeanspruchs (§§ 989–991, 993 I Hs. 2 BGB) im Vergleich zu den §§ 280 ff. BGB erhöhte Anforderungen aufstellt.

10. Argument (gegen Theorie I, Arg. 2)
Wenn man den dinglichen Anspruch des § 985 BGB von der Anwendung des § 281 BGB ausnimmt, bietet es sich an, die Ungleichbehandlung von vermietenden Eigentümern und bloßen Eigentümern durch die umgekehrte Korrektur zu vermeiden: Die mit § 985 BGB konkurrierenden schuldrechtlichen Rückgabeansprüche des Eigentümers müssten im Wege einer teleologischen Reduktion ebenfalls aus dem Anwendungsbereich des § 281 BGB herausgenommen werden.

Fallbeispiele:

1. E ist nach Theorie I in entsprechender Anwendung des § 281 I, II BGB (iVm § 280 I, III BGB) berechtigt, von B Schadensersatz statt der Leistung zu verlangen (Zug um Zug gegen Übereignung des Fahrrads, § 255 BGB analog). Die nachdrückliche Verweigerung der Herausgabe ersetzt nach § 281 II BGB die an sich nach § 281 I 1 BGB erforderliche erfolglose Fristsetzung. Das nach § 280 I BGB erforderliche (und nach § 280 I 2 BGB ohnehin vermutete) Verschulden des B ist hier ebenfalls gegeben: Seine

Weigerung, die von E vorgelegten Beweismittel überhaupt zur Kenntnis zu nehmen, ist zumindest als leicht fahrlässig zu qualifizieren. Theorie II–IV müssten entgegengesetzt entscheiden: Für Theorie II fehlt es an der verschärften Haftung nach den §§ 989, 990 BGB (Bösgläubigkeit des B oder Rechtshängigkeit der Vindikation) im Zeitpunkt der Herausgabeverweigerung; die Bösgläubigkeit kann auch durch Hinweis auf den Rechtsgedanken des § 162 BGB nicht fingiert werden, weil B die Kenntnisnahme der ihm vorgelegten Beweismittel gerade wegen seines festen Vertrauens auf die *eigene* Eigentümerstellung abgelehnt hat, nicht etwa, weil er eine sich daraus möglicherweise ergebende sichere Information über das Eigentum des E fürchtete („wider Treu und Glauben"). Damit waren aber auch die von Theorie III verlangten engeren Voraussetzungen der §§ 990 II, 286 BGB (Bösgläubigkeit und Verzug) nicht gegeben. Nach Theorie IV kam eine analoge Anwendung von § 281 BGB zulasten des Vindikationsgegners ohnehin nicht in Betracht.

2. Erste Abwandlung: E klagt zunächst gegen B auf Herausgabe. Da der Prozess wegen der Erkrankung des von ihm benannten Zeugen nicht recht vorankommt, setzt E dem B eine einwöchige Frist für die Herausgabe und stellt die Klage nach deren ergebnislosem Verstreichen gem. § 264 Nr. 3 ZPO auf Schadensersatz in Höhe des Zeitwertes des Fahrrads (Zug um Zug gegen dessen Übereignung an B) um. Ist diese Klage begründet?

Hier müssten Theorie I und II den Schadensersatzanspruch bejahen. Dabei würde Theorie II auf die zunächst eingetretene Rechtshängigkeit des Vindikationsanspruchs abstellen, die die Haftungsverschärfung nach § 989 BGB ausgelöst und damit zugleich den Weg für die analoge Anwendung des § 281 BGB eröffnet hat. Bis zum Schadensersatzverlangen (= Umstellung der Klage) bestanden die Vindikation und deren Rechtshängigkeit weiter (vgl. § 281 IV BGB). Theorie III und IV müssten die Anwendbarkeit von § 281 BGB verneinen.

3. Zweite Abwandlung: Als E dem B die Frist setzt, hat dieser bereits aus absolut sicherer Quelle erfahren, dass E wirklich Eigentümer des strittigen Fahrrads ist. Dennoch lässt er die Frist ohne Erfüllung des Vindikationsanspruchs des E verstreichen.

Hier ist der Anspruch des E gegen B auf Schadensersatz statt der Leistung Zug um Zug gegen Übereignung des Fahrrads in entsprechender Anwendung von §§ 280, I, III, 281 I 1 BGB iVm §§ 273 I, 255 BGB nach Theorie I–III zu bejahen, nach Theorie IV dagegen wieder zu verneinen.

S. ergänzend Drechsler/Harenberg JURA 2022, 97 und zur Anwendbarkeit des § 281 BGB auf Beseitigungs- und Unterlassungsansprüche nach § 1004 BGB, BGH BeckRS 2023, 9519 = VersR 2023, 792.

7. Problem
Gibt das Anwartschaftsrecht des Vorbehaltskäufers ein dingliches Recht zum Besitz?

Ausgangsfall:

A übereignet sein Kraftfahrzeug zur Sicherheit an B. Anschließend verkauft und übereignet er es an den gutgläubigen C unter Eigentumsvorbehalt. B verlangt von C nunmehr das Kraftfahrzeug nach § 985 BGB heraus. Hat C aufgrund seines gutgläubig erworbenen Anwartschaftsrechts ein Recht zum Besitz iSv § 986 I 1 BGB? (nach BGHZ 10, 69 = NJW 1953, 1099)

Ausgangspunkt:

Die Antwort auf die Fragestellung hängt eng mit dem Charakter des Anwartschaftsrechts zusammen. Die Argumente der einzelnen Theorien wurzeln deshalb auch nicht im Eigentümer-Besitzer-Verhältnis, sondern in der Rechtsnatur der Anwartschaft, die sich gleichermaßen aus dinglichen wie schuldrechtlichen Elementen zusammensetzt.

Im Regelfall kommt es auf diese Frage nicht an, da dem Besitzer gegenüber dem Eigentümer ohnehin ein obligatorisches Besitzrecht zusteht (zB aus Kaufvertrag; gegebenenfalls auch über § 986 I 1 Var. 2, II BGB), praktische Bedeutung erlangt sie jedoch, wenn das Anwartschaftsrecht durch die Verfügung eines Nichtberechtigten entsteht oder wenn man den gutgläubigen Zweiterwerb eines Anwartschaftsrechts zulässt (vgl. dazu Medicus/Petersen BürgerlR Rn. 475; Kindl ZJS 2008, 477 (485) und Koch/Löhnig Fälle SachenR Fall 6). Denn in diesen beiden Konstellationen bestehen keine schuldrechtlichen Beziehungen zwischen dem (gutgläubigen) Erwerber des Anwartschaftsrechts und dem Eigentümer, sodass es darauf ankommt, ob das Anwartschaftsrecht selbst ein dingliches Recht zum Besitz beinhaltet.

Unter dem Stichwort des Anwartschaftsrechts als dinglichem Besitzrecht wird übrigens nicht nur das hier behandelte Problem diskutiert, sondern vielfach auch die Frage aufgeworfen, ob dem Anwartschaftsberechtigten analog § 985 BGB ein eigener Herausgabeanspruch zusteht. Diese beiden Fragen haben wenig miteinander zu tun: Der eigene dingliche Herausgabeanspruch des Anwartschaftsberechtigten würde sich gegen Dritte richten, während ein Recht zum Besitz iSv § 986 BGB begriffsnotwendigerweise nur gegenüber dem Eigentümer (oder gewissen dinglichen Berechtigten, §§ 1065, 1227 BGB) wirkt (vgl. zu dieser Frage, Soergel/Thöne BGB § 985 Rn. 11 mwN).

I. (hier sog.) **Dinglichkeitstheorie**

Das Anwartschaftsrecht gibt dem Berechtigten ein dingliches Recht zum Besitz, das den Vindikationsanspruch ausschließt, auch wenn schuldrechtliche Beziehungen zwischen dem Anwartschaftsberechtigten und dem Eigentümer der Sache nicht bestehen.

Vertreten von:
OLG Karlsruhe NJW 1966, 885; OLG Schleswig NJW-RR 1988, 1459 (1460); BeckOK BGB/Kindl § 929 Rn. 76; Bauknecht NJW 1955, 1251 (1252 f.); Baur/Stürner SachenR § 59 Rn. 47; Bülow, Recht der Kreditsicherheiten, 10. Aufl. 2021, Rn. 842 f., 879; Diederichsen, Das Recht zum Besitz aus Schuldverhältnissen, 1965, S. 123 ff., 129 ff.; Erman/Ebbing BGB § 986 Rn. 37; Flume AcP 161 (1962), 385 (393); Forkel, Grundfragen der Lehre vom privaten Anwartschaftsrecht, 1962, S. 162; Gernhuber BürgerlR § 13 V 1b; Grüneberg/Herrler BGB § 929 Rn. 41, § 986 Rn. 3; Habersack SachenR Rn. 243, 245; HK-BGB/Schulte-Nölke § 929 Rn. 66 aE; Kindl JA 1996, 23 (28); Lempenau, Direkterwerb oder Durchgangserwerb bei Übertragung künftiger Rechte, 1968, S. 36; Müller/Gruber SachenR Rn. 594; MüKoBGB/Westermann § 449 Rn. 42 ff.; NK-BGB/Schanbacher § 986 Rn. 3; Prütting SachenR Rn. 398; Raiser, Dingliche Anwartschaften, 1961, S. 75 ff.; Reinicke/Tiedtke, Kreditsicherung, 5. Aufl. 2006, Rn. 884 f.; Schapp/Schur SachenR Rn. 237, 243; Schellhammer SachenR Rn. 1240; K. Schreiber JURA 1992, 356 (358); P. Schwerdtner JURA 1980, 661 (664); Westermann/Gursky/Eickmann § 43 Rn. 25; Wilhelm SachenR Rn. 2341; Wieling SachenR I § 17 III 2a; einschränkend Jauernig/Berger BGB § 929 Rn. 60 (kein Besitzrecht gegenüber dem Vorbehaltsverkäufer).

1. Argument
Das Anwartschaftsrecht hat in Rechtsprechung und Lehre (zB durch die Zulassung von Pfändung und Verpfändung, durch Sicherung vor Zwischenverfügungen usw.) eine Ausgestaltung erfahren, die es einem (echten) dinglichen Recht immer mehr angeglichen hat. Dieser Umstand spricht dafür, die Gleichbehandlung auch auf die Frage des Besitzrechts zu erstrecken.

2. Argument
Der Besitz der Sache ist ein wesentliches Element des Vorbehaltskaufs. Deshalb muss der Vorbehaltskäufer auch in der Lage sein, die das Wesen seiner Rechtsstellung kennzeichnende unmittelbare Beziehung zur Sache aufrechtzuerhalten – andernfalls wäre das Recht nicht lebensfähig (Bauknecht), sodass es einem „praktischen Bedürfnis“ entspricht, das Anwartschaftsrecht als dingliches Besitzrecht anzuerkennen (Baur/Stürner).

3. Argument
Soll die Zulassung des gutgläubigen Erwerbs des Anwartschaftsrechts Sinn ergeben, so muss der redliche Anwartschaftserwerber auch in jeder Hinsicht genauso gestellt werden, als wenn ihm die Anwartschaft von einem Berechtigten eingeräumt bzw. übertragen worden (und damit auch gegenüber dem Eigentümer) wäre (Bauknecht).

4. Argument (gegen Theorie II, Arg. 2)
Eine gesetzliche Grundlage für ein dingliches, gegen jedermann wirkendes Besitzrecht darf man bei einem Rechtsgebilde wie dem Anwartschaftsrecht, das sich weitgehend ohne gesetzliche Grundlage entwickelt hat, nicht verlangen (Bauknecht).

5. Argument
Die Entscheidung BGHZ 10, 69 = NJW 1953, 1099, auf die sich die „schuldrechtliche Theorie“ (Theorie II) stützt, ist noch zu einer Zeit ergangen, die vor den wesentlichen Entscheidungen des BGH zur Ausgestaltung des Anwartschaftsrechts liegt – der BGH dürfte heute anders entscheiden.

6. Argument (gegen Theorie II, Arg. 6)
Die Arglisteinrede, auf die die schuldrechtliche Theorie den gutgläubigen Erwerber einer Anwartschaft verweist, bietet keinen adäquaten Ersatz für ein dingliches Recht zum Besitz. Der Inhaber des Anwartschaftsrechts könnte auf diesem Wege die Vindikation schließlich nur dadurch verhindern, dass er auch die noch nicht geschuldeten Kaufpreisraten sofort zahlt. Dies ist ihm aber nicht zumutbar.

II. (hier sog.) **Schuldrechtliche Theorie**

Das Anwartschaftsrecht als solches gibt dem Anwartschaftsberechtigten kein dingliches Recht zum Besitz. Dem Vorbehaltskäufer steht gegenüber dem Vorbehaltsverkäufer stattdessen das obligatorische Recht zum Besitz aus dem Kaufvertrag zu; ein Vindikationsausschluss kann sich ebenso aus § 986 II BGB gegenüber dem Rechtsnachfolger des Vorbehaltsverkäufers oder nach § 986 I 1 Var. 2 BGB ergeben, sofern der Besitz zulässigerweise an einen Zweiterwerber der Anwartschaft übertragen wird („Besitzrechtskette“: Besitzrecht des Anwartschaftszessionars gegenüber dem Vorbehaltskäufer, Besitzrecht des Vorbehaltskäufers gegenüber dem Vorbehaltsverkäufer). Bei unbefugter Besitzüberlassung oder gutgläubigem Erwerb des Anwartschaftsrechts ist ein vindikationsausschließendes Recht zum Besitz hingegen nicht gegeben.

Vertreten von:
BGHZ 10, 69 (71) = NJW 1953, 1099; BGHZ 34, 191 (197) = NJW 1961, 1011 (implizit; es ist nur von einem obligatorischen Recht zum Besitz aus dem Kaufvertrag die Rede, ein dingliches Recht zum Besitz wird nicht erwähnt); BeckOK BGB/Fritzsche § 986 Rn. 15; Brox JuS 1984, 657 (659); Dilcher JuS 1979, 331 (332); Eichler Institutionen S. 224 Fn. 201; Georgiades, Die Eigentumsanwartschaft beim Vorbehaltskauf, 1963, S. 113 ff., 127; Gudian NJW 1967, 1786 (1789); Lux JURA 2004, 143 (151, 153); Marotzke, Das Anwartschaftsrecht, 1977, S. 118; Mülbert AcP 214 (2014), 309 (334); MüKoBGB/Baldus § 986 Rn. 21; RGRK/Pikart BGB § 986 Rn. 9; Schmidt-Recla JuS 2002, 759 (761); Singer/Große-Klußmann JuS 2000, 562 (565); Soergel/Thöne BGB § 986 Rn. 4; Staudinger/Thole, 2019, BGB § 986 Rn. 18; Stoll JuS 1967, 12 (15 ff.); E. Wolf SachenR S. 294 ff.; Zeranski AcP 203 (2003), 693 (709 ff.); iErg auch Eichenhofer AcP 185 (1985), 162 (187 f.); s. auch Serick, Eigentumsvorbehalt und Sicherungsübertragung I, 1963, S. 272 (dingliches Besitzrecht, das aber dem stärkeren Besitzrecht des Eigentümers weichen muss).

1. Argument
Nießbrauch und Pfandrecht verleihen als Fahrnissachenrechte ein Recht zum Besitz, weil sie nur so die ihnen zugewiesenen Funktionen erfüllen können. Das Anwartschaftsrecht dient hingegen einem anderen Zweck; es ist darauf gerichtet, den Übergang des Eigentums bei Bedingungseintritt zu gewährleisten und kann diese Aufgabe auch dann erfüllen, wenn der Anwartschaftsrechtsinhaber den Besitz nicht (mehr) innehat (Georgiades).

2. Argument
Die „Dinglichkeitstheorie“ findet keine Stütze im Gesetz. Das Besitzrecht steht von Haus aus dem Eigentümer als Bestandteil seiner umfassenden dinglichen Herrschaftsmacht selbst zu (§§ 903 S. 1, 985 BGB). Der Anwartschaftsberechtigte ist aber gerade noch nicht Eigentümer, sondern erwirbt das Eigentum erst bei Eintritt der

Bedingung; dieser entfaltet auch keine rückwirkende Kraft, §§ 158, 159 BGB (BGHZ 10, 69 (72) = NJW 1953, 1099).

3. Argument
Der Vorbehaltsverkäufer will sich die Möglichkeit vorbehalten, aufgrund seines Eigentums die Sache wieder an sich zu nehmen, wenn der Käufer seinen Verpflichtungen aus dem Kaufvertrag nicht nachkommt. Mit diesem Gedanken stünde die Einräumung eines vom Kaufvertrag weitgehend losgelösten dinglichen Rechts zum Besitz nicht im Einklang (Thöne).

4. Argument
Ein dingliches Recht zum Besitz des Anwartschaftsberechtigten kann sich nur aus dem Eigentum ableiten lassen. Die Eigentümerstellung will sich der Vorbehaltsverkäufer aber gerade vorbehalten, indem er das Eigentum „aufschiebend bedingt" überträgt.

5. Argument
Nicht jede rechtlich gesicherte Anwartschaft auf den Eigentumserwerb gewährt eo ipso ein dingliches Besitzrecht; dies bestätigt das Beispiel des Finders, der mit Ablauf der in § 973 I BGB vorgesehenen Frist automatisch Eigentum erwirbt, zuvor aber über kein vindikationsausschließendes Besitzrecht verfügt (Stoll JuS 1967, 12 (15 f.)).

6. Argument
Auch die schuldrechtliche Theorie kommt zu interessengerechten Ergebnissen, da dem Anwartschaftsberechtigten gegenüber dem Eigentümer die Arglisteinrede (§ 242 BGB) zusteht, wenn der Eigentümer die Sache herausverlangt, obwohl der Anwartschaftsberechtigte den Bedingungseintritt herbeiführen, also den Kaufpreis zahlen will.

Fallbeispiele:

1. Nach der „Dinglichkeitstheorie" hat C aufgrund des gutgläubig erworbenen Anwartschaftsrechts (§§ 929 S. 1, 932 I 1 BGB analog) ein dingliches Recht zum Besitz, das auch gegenüber dem Eigentümer besteht. Die „schuldrechtliche Theorie" lehnt dagegen die Annahme eines dinglichen Besitzrechts ab. Auch ein schuldrechtliches Besitzrecht steht dem C nicht zu, weil zwischen ihm und B keine vertraglichen Beziehungen bestehen. C kann aber die Arglisteinrede (§ 242 BGB) erheben, wenn B die Sache herausverlangt, obwohl C den restlichen Kaufpreis alsbald zahlen will.

2. A veräußert ein Radio an B unter Eigentumsvorbehalt. B überträgt die Anwartschaft weiter an C. Kann A von C die Herausgabe des Radios nach § 985 BGB verlangen?

Nach der „Dinglichkeitstheorie" steht C mit dem Erwerb der Anwartschaft ein Recht zum Besitz iSd § 986 I 1 Var. 1 BGB gegenüber A zu; ein schuldrechtliches Besitzrecht braucht daneben nicht geprüft zu werden. Die „schuldrechtliche Theorie" geht davon aus, dass allein das Anwartschaftsrecht noch kein dingliches Recht zum Besitz begründet, sodass es darauf ankommt, ob sich C auf ein obligatorisches Besitzrecht berufen kann: Wenn B zur Weitergabe des Besitzes an C befugt war, kann C die Herausgabe wegen der hintereinandergeschalteten obligatorischen Besitzrechte nach § 986 I 1 Var. 2 BGB verweigern (zwar ist der Zwischenmann B hier nicht Besitzmittler des C, aber dies ist entgegen dem Wortlaut der Vorschrift nach ganz herrschender Meinung auch nicht erforderlich, vgl. Staudinger/Thole, 2019, BGB § 986 Rn. 80). Beim Eigentumsvorbehalt wird allerdings regelmäßig (stillschweigend) vereinbart sein, dass der Käufer die Sache bis zur vollständigen Tilgung des Kaufpreises nicht aus der Hand geben darf (vgl. Staudinger/Thole, 2019, BGB § 986 Rn. 84; Soergel/Thöne BGB § 986 Rn. 18); demnach wäre hier ein weitergeleitetes obligatorisches Besitzrecht des C zu verneinen.

S. ergänzend Gieseler/Berthold Examinatorium SachenR § 9 Fall 5; Koch/Löhnig Fälle SachenR Fall 7; Vieweg/Röthel SachenR Fall 9; Wimmer-Leonhardt JuS 2010, 136.

C. Ansprüche auf Schadensersatz und Nutzungsherausgabe nach den §§ 987–993 BGB

8. Problem
Sind die §§ 987 ff. BGB auf den „Nicht-mehr-Berechtigten" anwendbar?

Ausgangsfall:

E verpachtet eine ihm gehörende Wiese an den Landwirt B. Nach Ablauf des Pachtvertrages gibt B die Wiese zunächst nicht zurück, sondern nutzt sie für ein weiteres Jahr. Kann E von B Nutzungsherausgabe verlangen?

Ausgangspunkt:

Unter einem „Nicht-mehr-Berechtigten" ist derjenige Besitzer zu verstehen, dessen Besitzrecht abgelaufen ist, der mithin nicht mehr zum Besitz berechtigt ist.

Die Fragestellung hängt eng mit Problem Nr. 1 zusammen. Diejenigen, die eine Verdrängung des Vindikationsanspruchs nach § 985 BGB durch schuldrechtliche Herausgabeansprüche vertreten (vgl. oben die sog. Lehre vom Vorrang des Vertragsverhältnisses) nehmen konsequenterweise an, dass auch die §§ 987 ff. BGB keine Anwendung auf den nicht mehr berechtigten Besitzer finden. Diejenigen, die eine Anspruchskonkurrenz zwischen Vindikation und vertraglichen Rückgabeansprüchen annehmen, unterscheiden zwischen § 985 und den §§ 987 ff. BGB und prüfen selbstständig, ob die Nebenfolgen der Vindikation ergänzend zu den Regeln des jeweiligen schuldrechtlichen Abwicklungsverhältnisses anwendbar sind; insofern kommen sie zu unterschiedlichen Ergebnissen.

I. (hier sog.) **Subsidiaritätstheorie**

Die §§ 987 ff. BGB finden auf den Besitzer, dessen Besitzberechtigung abgelaufen ist, keine Anwendung. Nach Ablauf der Besitzberechtigung greifen vielmehr die Abwicklungsvorschriften des jeweiligen Schuldverhältnisses ein. Neben diese Normen treten die delikts- und bereicherungsrechtlichen Normen. Für eine zusätzliche Anwendung der Vorschriften des Eigentümer-Besitzer-Verhältnisses ist kein Raum.

Vertreten von:
AK-BGB/Joerges vor §§ 987 ff. Rn. 39, § 987 Rn. 6, § 989 Rn. 5, § 990 Rn. 2; Baur/Stürner SachenR § 11 Rn. 30; BeckOGK/Spohnheimer, 1.5.2023, BGB § 987 Rn. 18 ff.; Brehm/Berger SachenR Rn. 8.11; Ebenroth/Zeppernick JuS 1989, 209 (215); Eckert SachenR Rn. 217; Emmerich Nebenfolgen der Vindikation S. 69 ff., 72, 107; Erman/Ebbing BGB vor §§ 987 ff. Rn. 44, vor §§ 994 ff. Rn. 17, 21; G. Hager JuS 1987, 877 (880); Harder FS Mühl, 1981, 267 (270) Fn. 9; Jauernig/Berger BGB vor §§ 987 ff. Rn. 8 ff. (anders bei neuem Entschluss, nicht mehr aufgrund des beendeten Besitzrechts zu besitzen); Köbl EBV S. 140 ff.; Kohler, Die gestörte Rückabwicklung ge-

scheiterter Austauschverträge, 1989, S. 442 Fn. 90; Krause Haftung S. 82 ff.; Leenen/Fleischhauer JuS 2005, 709 (714); Medicus/Petersen BürgerlR Rn. 593; Michalski FS Gitter, 1995, 577 (585 f.); H. Roth JuS 1997, 518 (522); Schiemann JURA 1981, 631 (640); Schildt JuS 1995, 953 (955); Schirmer JuS 1983, 265 (266) (nur für zweigliedrige Verhältnisse); Schreiber SachenR Rn. 226; K. Schreiber JURA 1992, 356 (363 f.); Soergel/Thöne BGB vor §§ 987 ff. Rn. 13; Staudinger-Eckpfeiler/Klinck, 2020/21, U III Rn. 185; Thöne JuS 2021, 809 (815); Wieling SachenR I § 12 I 3; Wellenhofer SachenR § 22 Rn. 38; Wolff/Raiser SachenR § 84 I Fn. 3.

1.–3. Argument
Die Argumente 1–3 der „Lehre vom Vorrang des Vertragsverhältnisses“ (Subsidiarität der Vindikation gegenüber schuldrechtlichen Abwicklungsverhältnissen, Problem Nr. 1, Theorie I) gelten hier ebenfalls.

4. Argument
Da das Vertragsrecht die §§ 987 ff. BGB (unstreitig) verdrängen würde, darf auch die jeweilige Regelung der Rückabwicklung von Verträgen nicht durch die zusätzliche Heranziehung der §§ 987 ff. BGB gestört werden. Auch beim Abwicklungsverhältnis geht es nämlich um (fortwirkende) Vertragsgerechtigkeit, für die das Eigentümer-Besitzer-Verhältnis mit seiner einseitigen Privilegierung des unrechtmäßigen Besitzers keine angemessenen Maßstäbe bereithält (Joerges, Michalski).

5. Argument
Die sonderrechtlichen Abwicklungsverhältnisse sind vom Gesetzgeber gerade auch für den Fall konzipiert worden, dass der Vermieter, Verpächter, Verleiher usw. nicht gleichzeitig auch Eigentümer der Sache ist (Köbl, Michalski).

6. Argument
Der „Nicht-mehr-Berechtigte“ verdient die Privilegierung der §§ 987 ff. BGB – insbesondere des § 993 I Hs. 2 BGB – nicht, da er nicht bessergestellt werden darf als der berechtigte Fremdbesitzer (dh der Besitzer mit noch bestehendem Besitzrecht). Dieser aber haftet zB neben dem Vertrag aus Delikt, wenn er die Sache beschädigt.

7. Argument
Selbst die Autoren, die die §§ 987 ff. BGB auch auf den nicht mehr berechtigten Besitzer anwenden wollen, lassen vertragliche Beschränkungen wieder einfließen, indem sie zB die kurzen vertraglichen Verjährungsfristen auf die §§ 987 ff. BGB anwenden. Das zeigt letztlich aber nur den bestehenden Korrekturbedarf und damit, dass die Regeln über die Nebenfolgen der Vindikation beim nicht mehr berechtigten Besitzer nicht passen.

8. Argument
Der Gläubiger, der gleichzeitig Eigentümer ist, sollte nicht schlechtergestellt werden als der Gläubiger, der nicht Eigentümer ist. Es ist kein Grund ersichtlich, weshalb zB der rückgabepflichtige Mieter einer Sache, der leicht fahrlässig den Rückgabetermin nicht einhält, von der Verzugshaftung frei und damit bessergestellt sein sollte als der Schuldner einer fälligen Geldforderung, der auch bei leichter Fahrlässigkeit nach den §§ 280 I, II, 286 BGB für den Verzugsschaden aufzukommen hat (Köbl).

9. Argument
Die §§ 987 ff. BGB sind ausweislich der §§ 990 I, 991 II und 992 BGB nur für den von vornherein unrechtmäßigen Besitz gedacht (Jauernig/Berger).

10. Argument
Aus der Perspektive des Eigentümers besteht kein Bedürfnis für eine zusätzliche Anwendung der §§ 987 ff. BGB, weil er ergänzenden (dh neben den vertraglichen Bestimmungen bestehenden) Schutz durch die §§ 812 ff., 823 ff. BGB erfährt; die zeitliche wird damit der qualitativen Befugnisüberschreitung („Nicht-so-Berechtigter") gleichgestellt (Thöne).

II. (hier sog.) **Kumulationstheorie**

Auf den nicht mehr berechtigten Besitzer finden neben den vertraglichen Rückabwicklungsansprüchen grundsätzlich auch die §§ 987 ff. BGB Anwendung. Es ist jedoch jeweils zu prüfen, ob eine Bestimmung des vertraglichen Abwicklungsverhältnisses als abschließende und damit die Nebenfolgen der Vindikation verdrängende Regelung anzusehen ist. In umgekehrter Richtung findet eine Verdrängung nicht statt; ebenso wenig werden deliktische und bereicherungsrechtliche Ansprüche, die mit den Vertragsansprüchen konkurrieren könnten, durch die zusätzliche Anwendung des Eigentümer-Besitzer-Verhältnisses ausgeschlossen. Die Anwendung der §§ 987 ff. BGB kann die Rechtsstellung des Eigentümers also nur verbessern; sie treten als haftungssteigernde Auffangregelung zum Haftungsrahmen des vertraglichen Abwicklungsverhältnisses hinzu.

Vertreten von:
BGHZ 32, 76 (92 ff.) = NJW 1960, 1105; BGHZ 71, 216 (225 f.) = NJW 1978, 1529; BGHZ 75, 288 (292 f.) = NJW 1980, 833; BGHZ 131, 95 (102 f.) = NJW 1996, 321; BGH JR 1958, 301; LM § 987 BGB Nr. 10 = MDR 1969, 128; NJW 1968, 197; 1982, 2304; ZOV 1998, 37 (38); OLG Naumburg JMBl. LSA 1998, 457 (458); OLG Brandenburg BeckRS 2019, 6000 Rn. 50; offen gelassen in BGH NJW 1999, 715 (716); NJW-RR 2000, 382 (383); s. ferner Blanke JuS 1968, 263 (265) Fn. 13; Büdenbender JuS 1998, 135 (140) Fn. 33; Dietz, Anspruchskonkurrenz bei Vertragsverletzung und Delikt, 1934, S. 189, 195, 200; Erman/Hefermehl, 10. Aufl. 2000, BGB vor §§ 987 ff. Rn. 6; Erman/Lützenkirchen BGB § 546a Rn. 5 f.; Fikentscher/Heinemann SchuldR Rn. 1551, 1554; Grüneberg/Herrler BGB vor §§ 987 ff. Rn. 10; Habersack SachenR Rn. 105; Heckelmann JuS 1977, 799 (800 f.); HK-BGB/Schulte-Nölke vor §§ 987 ff. Rn. 12; Kindl JA 1996, 115 (118); Lange SachenR § 11 A II 2b; Müller/Gruber SachenR Rn. 661 ff.; MüKoBGB/Bieber § 546a Rn. 23; MüKoBGB/Raff vor §§ 987 ff. Rn. 40; NK-BGB/Schanbacher § 987 Rn. 20; Prütting SachenR Rn. 563; RGRK/Pikart BGB § 989 Rn. 4; Schapp/Schur SachenR Rn. 102, 106; Schirmer JuS 1983, 265 (266) (nur für dreigliedrige Verhältnisse); Staudinger/Gursky, 2013, BGB vor §§ 987 ff. Rn. 21 ff.; Westermann/Gursky/Eickmann SachenR § 30 Rn. 14 und schon früh R. Schmidt, Die Gesetzeskonkurrenz, 1915, S. 166 ff., 172, 178, 193.

Innerhalb dieser Theorie werden die Schwerpunkte etwas unterschiedlich gesetzt. Ein Teil der zitierten Entscheidungen will die §§ 987 ff. BGB nur anwenden, wenn vertragliche Rückabwicklungsvorschriften fehlen oder einen unzureichenden Schutz bieten; Prütting beispielsweise will dagegen allenfalls zur Lückenergänzung eine auf die vertragliche Haftungsgestaltung abgestimmte modifizierte Anwendung der §§ 987 ff. BGB zulassen.

1. Argument
Der nicht mehr berechtigte Besitzer ist mangels eines aktuellen Besitzrechts dem Vindikationsanspruch des Eigentümers ausgesetzt. Damit müssen aber auch die Nebenfolgen der Vindikation zur Anwendung gelangen.

2. Argument
Ein genereller Ausschluss der §§ 987 ff. BGB erscheint von der Interessenlage her nicht gerechtfertigt. Da der nicht mehr berechtigte Besitzer als unrechtmäßiger Besitzer zu qualifizieren ist, könnte der Ausschluss der teilweise haftungsverschärfenden Normen der §§ 987 ff. BGB zu einer nicht gerechtfertigten Privilegierung führen. Der Eigentümer darf in seinen ihm nach den §§ 987 ff. BGB zustehenden Ansprüchen gegen einen nicht berechtigten Besitzer nicht allein deshalb verkürzt werden, weil der Anspruchsgegner früher einmal zum Besitz berechtigt gewesen ist, denn das erloschene Recht zum Besitz gibt dem Besitzer keinerlei aktuelle Einwirkungsbefugnisse oder Nutzungszuweisungen.

3. Argument
Andererseits darf natürlich der Vermieter, Verpächter usw. nicht allein deshalb schlechter stehen, weil er *zusätzlich* noch Eigentümer der Sache ist. Bereicherungs-, Delikts- oder Verzugsansprüche können deshalb durch die §§ 987 ff. BGB nicht ausgeschlossen werden.

4. Argument (gegen Theorie I, Arg. 6 und 8)
Da die Anwendung der §§ 987 ff. BGB nur zur Ergänzung des schuldrechtlichen Abwicklungsverhältnisses erfolgt und die Rechtsposition des Eigentümers damit nur verbessern kann, schützt die Kumulationstheorie die Interessen des Eigentümers optimal.

5. Argument
Die gesetzliche Regelung des schuldrechtlichen Abwicklungsverhältnisses wird durch die Kumulationstheorie nicht gestört, weil die ergänzende Anwendung der Normen des Eigentümer-Besitzer-Verhältnisses unterbleibt, wenn das schuldrechtliche Abwicklungsverhältnis die betreffende Frage ersichtlich abschließend regeln will.

6. Argument
Jedenfalls ab Rechtshängigkeit unterliegt der Vindikationsgegner wegen § 292 BGB ohnehin der verschärften vindikatorischen Nutzungsherausgabe- und Schadensersatzpflicht, etwa der Haftung aus § 987 II BGB für schuldhaft nicht gezogene Nutzungen. Es ist nicht einzusehen, warum der noch nicht verklagte, aber bösgläubige (dh den Wegfall seines Besitzrechts positiv kennende) Besitzer besser stehen soll.

7. Argument
Die ergänzende Anwendung der §§ 987 ff. BGB schließt in Dreipersonenverhältnissen, in denen unmittelbare vertragliche Ansprüche zwischen Eigentümer und nicht mehr berechtigtem (unmittelbarem) Besitzer nicht bestehen, eine wichtige Haftungs-

lücke: Sie betrifft die Fälle, in denen sich der Verschuldensvorwurf bei § 989 BGB auf die Unterlassung von Gefahrabwehrmaßnahmen bezieht. Eine deliktische Sicherungspflicht bezüglich der Sache wird sich nämlich aus der bloßen Besitzerstellung bzw. dem vorausgehenden Verhalten des nicht mehr berechtigten Besitzers (also dem Gesichtspunkt der Ingerenz) keineswegs immer ableiten lassen.

8. Argument (gegen Theorie I, Arg. 9)
Die Behauptung, die §§ 987 ff. BGB seien überhaupt nur für den von Anfang an unrechtmäßigen Besitzer gedacht, findet im Wortlaut dieser Vorschriften keine Stütze. Von diesen Normen stellt allein § 992 BGB auf den Besitzerwerb ab. Die §§ 990 I und 991 II BGB passen ihrem Wortlaut nach ohne Weiteres auch auf die Fälle, in denen die ursprünglich vorhandene Besitzberechtigung nachträglich weggefallen ist. § 991 II BGB lässt zwar erkennen, dass die Gesetzesverfasser in der Tat hier nur die Konstellation der von Anfang an fehlenden Besitzberechtigung des Besitzmittlers eines Dritten im Auge gehabt haben, aber das ist nur eine – aus der Ratio der Norm problemlos korrigierbare – Anschauungslücke. Nichts deutet darauf hin, dass die Verfasser des BGB die Nebenfolgen der Vindikation generell auf die Fälle des von Anfang an fehlenden Besitzrechts beschränken wollten.

Fallbeispiele:

1. E kann von B nach § 597 S. 1 BGB für die Dauer der Vorenthaltung als Entschädigung jedenfalls den vereinbarten Pachtzins verlangen. Weitergehende Schadensersatzansprüche wegen Verzuges der Rückgabe bleiben unberührt, § 597 S. 2 BGB. Eine weitere Anspruchsgrundlage könnten die bereicherungsrechtlichen Vorschriften liefern, wobei allerdings zweifelhaft ist, ob hier eine Leistungs- oder eine Eingriffskondiktion anzunehmen wäre (vgl. Staudinger/Gursky, 2013, BGB vor §§ 987 ff. Rn. 28). Bereicherungsrechtliche Nutzungsherausgabeansprüche werden jedenfalls durch § 597 BGB nicht ausgeschlossen; die Norm enthält insoweit keine abschließende Regelung (vgl. BGH LM § 597 BGB Nr. 2). Geht man davon aus, dass B positive Kenntnis vom Erlöschen seines Besitz- und Nutzungsrechtes hatte, so haftete er nach den §§ 812 I 1 Var. 2, 818 II, 819 I, 818 IV BGB bzw. §§ 812 I 2 Var. 1, 819 I, 818 IV, 292 II, 987 I, 100 BGB auf den objektiven Wert der gezogenen Nutzungen. Nach der Kumulationstheorie würde sich die gleiche Haftung aus den §§ 990 I 1, 987 I, 100 BGB ergeben. Nach der Subsidiaritätstheorie käme diese letztere Anspruchsgrundlage dagegen nicht in Betracht.

2. E verkauft sein mit Obstbäumen bewachsenes Grundstück an A, wobei er sich ein Rücktrittsrecht vorbehält. Die Übereignung unterbleibt zunächst. A verkauft das Grundstück sofort weiter an B und übergibt es ihm. Nach zwei Monaten übt E sein Rücktrittsrecht aus, wovon A den B sofort informiert. B unterlässt deshalb die anstehende Obsternte; die Früchte verderben. Kann E von B Ersatz verlangen?

Der Anspruch könnte sich nur aus § 987 II BGB ergeben. B war aber zunächst infolge einer zum Eigentümer E über den Zwischenmann A führenden zweigliedrigen Kette von Kaufverträgen berechtigter Besitzer (§ 986 I 1 Var. 2 BGB) und hat sein Besitzrecht erst durch den Rücktritt des E verloren. Die „Subsidiaritätstheorie" würde die Anwendbarkeit der Vorschrift auf B als nicht mehr berechtigten Besitzer verneinen; nach der „Kumulationstheorie“ wäre die Vorschrift dagegen anwendbar (und in der Folge die weiteren Voraussetzungen zu prüfen).

S. ergänzend Vieweg/Röthel SachenR Fall 17; Schwichtenberg ZJS 2017, 197; Croon-Gestefeld JURA 2020, 491.

9. Problem
Sind die §§ 812 ff. BGB neben den §§ 987 ff. BGB bei der Herausgabe von Nutzungen anwendbar?

Ausgangsfall:

Der Gutseigentümer E verkauft und übereignet sein Gut an B. B zahlt die Hälfte des Kaufpreises. Nach zwei Jahren stellt sich die Nichtigkeit

a) des Kaufvertrages
b) des Kaufvertrages und der Übereignung

heraus. Kann E von B außer der Herausgabe des Gutes auch die Nutzungen fordern?

Ausgangspunkt:

Das Verhältnis der vindikatorischen Vorschriften zur Kondiktion bei der Herausgabe von Nutzungen ist stark umstritten. Der Grund liegt im Spannungsverhältnis zwischen § 993 I Hs. 2 BGB, wonach eine über die §§ 987 ff. BGB hinausgehende Nutzungsherausgabe nicht erfolgen soll, und § 818 I BGB, der beim Kondiktionsanspruch eine generelle Nutzungsherausgabe anordnet. Dies kann zu Wertungswidersprüchen führen: Ist bei einem Veräußerungsvorgang die Übereignung wirksam, der zugrunde liegende Kaufvertrag aber nicht, so kann der Veräußerer die Sache selbst (§ 812 I 1 Var. 1 BGB) und gezogene Nutzungen (§§ 812 I 1 Var. 1, 818 I BGB) herausverlangen. War dagegen *auch* die Übereignung unwirksam, scheint ein Anspruch des Veräußerers auf Herausgabe der vom gutgläubigen Erwerber gezogenen Nutzungen auszuscheiden; die §§ 987, 990 BGB sind nicht erfüllt und § 993 I Hs. 2 BGB untersagt den Rückgriff auf das Bereicherungsrecht.

Zu beachten ist weiterhin, dass Bereicherungsansprüche, die nicht auf Nutzungen abzielen, sondern die Unmöglichkeit der Herausgabe der Sache infolge Verbrauchs (BGHZ 14, 7 = NJW 1954, 1194: § 812 I 1 Var. 2 BGB), Verbindung/Vermischung/Verarbeitung (§§ 951, 812 I 1 Var. 2 BGB) und Veräußerungen (BGHZ 29, 157 = BeckRS 1959, 31198289: § 816 I 1 BGB) ausgleichen sollen, nach allgemeiner Meinung nicht durch das Eigentümer-Besitzer-Verhältnis ausgeschlossen sind (Nutzung setzt den Fortbestand der Muttersache voraus; im Übrigen geht es um Rechtsfortwirkung). In diesen Fällen kann das Konkurrenzproblem nicht auftauchen, weil die §§ 987 ff. BGB nur Schadensersatz und Nutzungsherausgabe regeln (vgl. § 993 I Hs. 2 BGB), sodass die §§ 812 ff. BGB ohne Weiteres zur Anwendung gelangen können.

I. Ausschließlichkeitstheorie

Die §§ 987 ff. BGB bilden hinsichtlich der Nutzungsherausgabe eine erschöpfende Sonderregelung. Neben dieser in sich geschlossenen und lückenlosen Regelung bleibt für die Anwendung allgemeiner Bereicherungsvorschriften kein Raum.

Vertreten von:
RG JW 1912, 690; RGZ 137, 206 (207 ff.); Brehm/Berger SachenR Rn. 8.30; Weber SachenR I § 16 Rn. 59; Wieling AcP 169 (1969), 137 ff.; s. ferner BeckOGK/Spohn-

heimer, 1.5.2023, BGB § 987 Rn. 38 ff., 43, § 988 Rn. 23 f.; MüKoBGB/Raff § 988 Rn. 8 ff. (Anpassung des § 818 BGB an die Wertungen der §§ 987 ff. BGB).

1. Argument
Aus dem eindeutigen Wortlaut des § 993 I Hs. 2 BGB ergibt sich, dass der Besitzer bei Fehlen der Voraussetzungen der §§ 987–993 BGB weder zum Schadensersatz noch zur Nutzungsherausgabe verpflichtet sein soll. Das schließt die Anwendbarkeit der §§ 812 ff. BGB klar aus (Privilegierungsgedanke).

2. Argument
Für den gutgläubigen Besitzer stellt die Herausgabe der Sache die Opfergrenze dar, über die hinaus er nicht belastet sein soll. Die Nutzungen kann er bei entgeltlichem Erwerb behalten (andernfalls § 988 BGB).

3. Argument
Wenn eine eingetretene Vermögensverschiebung aufgrund der §§ 987 ff. BGB nicht auszugleichen ist, der Besitzer also die Nutzungen behalten darf, so stellen die dieses Ergebnis vorgebenden Normen zugleich den rechtlichen Grund für die Vermögensverschiebung dar. Es fehlt daher schon am Tatbestand einer ungerechtfertigten Bereicherung (RG JW 1912, 690).

4. Argument
Die Entstehungsgeschichte spricht für die Ausschließlichkeit, denn in den Motiven (Mot. III 401) ist ausgeführt, dass die regelmäßige Kondizierbarkeit der vom Besitzer oder dessen Vertreter in der Ausübung der tatsächlichen Gewalt gezogenen Nutzungen zu einer Überspannung des Eigentumsschutzes führe, nicht zu den Vorschriften über den Fruchterwerb des redlichen Besitzers passe und eine schadenbringende Haftung ohne Verschulden entstehen ließe. Dieser Standpunkt ist auch in den Protokollen (Prot. III 677 ff.) nicht verlassen worden.

5. Argument
Die §§ 987 ff. BGB stehen jedem Eigentümer gegen den unrechtmäßigen Besitzer zu. Dabei ist es unerheblich, wie der Besitzer den Besitz erlangt hat; ob vom Eigentümer selbst oder von einem Dritten. Das Gesetz will die Besitzer nicht je nach der Art der Besitzerlangung unterschiedlich behandeln. Die Anwendung der Bereicherungsvorschriften müsste jedoch zu Differenzierungen führen: Nur derjenige Besitzer haftete dem Eigentümer auf Herausgabe der Nutzungen, der den Besitz unmittelbar von ihm selbst erlangt hat (Wieling AcP 169 (1969), 137 (141)).

6. Argument (gegen Theorie II)
Die Gleichstellungstheorie ist verfehlt, weil sie das vom Gesetz intendierte (Nutzungs-)Behaltungsrecht des gutgläubigen unverklagten Besitzers in sein Gegenteil verkehrt. Es ist widersprüchlich, einerseits § 993 I Hs. 2 BGB nicht durch Anwendung der Bereicherungsnormen durchbrechen zu wollen, ihn andererseits aber über § 988 BGB so auszuhöhlen, dass für ihn praktisch kein Anwendungsbereich mehr bleibt. Dies gilt auch für die Fälle, in denen der unrechtmäßige Besitzer den Besitz mit Rechtsgrund von einem Dritten erlangt hat, denn hier ist ein Bereicherungsanspruch des Eigentümers, der durch § 993 I Hs. 2 BGB ausgeschlossen werden könnte, schon tatbestandsmäßig nicht gegeben (Wieling AcP 169 (1969), 137 (142 f.)).

7. Argument
Eine Ungleichbehandlung von kausalnichtigen und doppelnichtigen Veräußerungsgeschäften in der Frage der Nutzungsherausgabe muss in der Tat verhindert werden. Der drohende Wertungswiderspruch ist aber besser dadurch zu vermeiden, dass das aus § 993 I Hs. 2 BGB folgende Nutzungsbehaltungsrecht für den gutgläubig-unverklagten Besitzer bei doppelnichtigen Veräußerungsgeschäften beachtet und außerdem auf die bereicherungsrechtliche Rückabwicklung (nur) kausalnichtiger Veräußerungsgeschäfte erstreckt wird. Bei wirksamer Übereignung, aber Unwirksamkeit des Kaufvertrags kommt dem Kondiktionsschuldner/Käufer nämlich der vom Gesetz gewollte Vorteil der Haftungsbegrenzung auf die noch vorhandene Bereicherung (§ 818 III BGB) infolge der Anwendung der Saldotheorie nicht zugute. Zum Ausgleich muss dem Kondiktionsschuldner ein anderes Privileg, nämlich das Recht, die gezogenen Nutzungen wie ein unrechtmäßiger Besitzer einer fremden Sache behalten zu dürfen, gewährt werden (Wieling – s. zur „Wertungsharmonisierung" auch Spohnheimer, Raff).

II. (hier sog.) **Gleichstellungstheorie (modifizierte Ausschließlichkeitstheorie)**

Die §§ 987 ff. BGB bilden hinsichtlich der Nutzungsherausgabe eine erschöpfende Sonderregelung, die einen Rückgriff auf das Bereicherungsrecht zur Begründung einer Nutzungsherausgabepflicht des unrechtmäßigen Besitzers ausschließt. Allerdings ist vom Gesetzgeber der Fall des ohne Rechtsgrund erworbenen Besitzes nicht ausdrücklich geregelt worden. Hier hilft, um unbillige Ergebnisse zu vermeiden, die Gleichstellung des rechtsgrundlosen Erwerbs mit einem unentgeltlichen Erwerb iSv § 988 BGB (erweiternde Auslegung des Begriffes „unentgeltlich" oder analoge Anwendung von § 988 BGB).

Vertreten von:
RGZ 163, 348 (357); RG DRW 1940, 1948 (1950); 1942, 1278 (1279); OGH JR 1949, 347; BGHZ 7, 208 (218) = NJW 1952, 1410; BGHZ 10, 350 (357) = NJW 1953, 1826; BGHZ 32, 76 (94) = NJW 1960, 1105; BGHZ 71, 216 (226) = NJW 1978, 1529; BGHZ 109, 179 (190 f.) = NJW 1990, 447; BGHZ 120, 204 (215) = NJW 1993, 389; BGH NJW 1952, 778; MDR 1963, 577; WM 1964, 21; 1977, 893; NJW 1983, 164 (165); 1995, 454; 1995, 2627; 2010, 2664 Rn. 21; s. auch NJW 2011, 1436 Rn. 15, 17; OLG Nürnberg RdL 1960, 46 (47); OLG Brandenburg OLGR 1995, 70; OLG Celle OLGR 1996, 231 (232); OLG Düsseldorf OLGR 1996, 153; Enneccerus/Lehmann SchuldR § 222 III; Haymann JherJb 77 (1927), 188 (243, 263); v. Lübtow AcP 150 (1949), 252 (256, 258); Palandt/Hoche, 26. Aufl. 1967, BGB § 988 Anm. 2b; RGRK/Pikart BGB § 988 Rn. 4; Rothoeft AcP 163 (1964), 215 (259, 272); v. Spreckelsen DJ 1940, 655; v. Tuhr, Allgemeiner Teil des BGB, Bd. 2/II, 1914, S. 141 f.; Weimar MDR 1959, 268 (269); Werner JW 1930, 3210; Wilburg, Die Lehre von der ungerechtfertigten Bereicherung, 1934, S. 123 ff.

1. Argument
Der rechtsgrundlose Erwerb kann dem unentgeltlichen Erwerb iSv § 988 BGB gleichgestellt werden. Der Vindikationsgegner ist in beiden Fällen weniger schutzwürdig als im Normalfall, weil er für den Erwerb der Sache keine Gegenleistung wirksam versprochen hat: Falls der Vindikationsgegner den Besitz der Sache aufgrund eines nichtigen gegenseitigen Vertrages erlangt hat, kann er zur Erbringung der

Gegenleistung nicht gezwungen werden und die etwa zwischenzeitlich bereits erbrachte Gegenleistung seinerseits nach § 812 I 1 Var. 1 BGB zurückfordern. Er hat dann im Ergebnis jedenfalls kein Opfer für den Erwerb der Sache erbracht; damit ist sein Erwerb ein in einem weiteren Sinne unentgeltlicher.

2. Argument
Die Gleichstellung des rechtsgrundlosen mit dem unentgeltlichen Erwerb ist sachlich angebracht, weil sie die unmotivierte Besserstellung des Erwerbers bei doppelnichtigen Veräußerungsgeschäften im Vergleich zu bloß kausalnichtigen auf die einfachste und systemgerechteste Weise vermeidet. Diese Lösung ist besser als die Durchbrechung des Dogmas von der abschließenden Wirkung der Regelung des Eigentümer-Besitzer-Verhältnisses.

III. Theorie der freien Anspruchskonkurrenz

Die §§ 987 ff. BGB haben keine die §§ 812 ff. BGB ausschließende Wirkung. Es ist vielmehr von einem „ungestörten" Nebeneinander der Ansprüche aus diesen beiden Regelungskomplexen auszugehen. Dies gilt für alle Bereicherungsansprüche, nicht nur für die Leistungskondiktion.

Vertreten von:
Batsch, Vermögensverschiebung mit Bereicherungsherausgabe in den Fällen unbefugten Gebrauchens bzw. Nutzens von Gegenständen, 1963, S. 8 f.; Fikentscher/Heinemann SchuldR Rn. 1535 f.; Georgiades, Die Anspruchskonkurrenz im Zivilrecht und im Zivilprozeßrecht, 1968, S. 202; Larenz SchuldR II, 12. Aufl. 1981, § 70 I Fn. 2; Pinger EBV S. 41 ff.; Pinger JR 1973, 268 ff.; Planck/Brodmann BGB § 993 Anm. 1b; Reeb, Grundprobleme des Bereicherungsrechts, 1975, S. 93 f.; Schapp/Schur SachenR Rn. 140 (ohne eine selbstständige Eingriffskondiktion wegen der Nutzungen nach rechtsgrundlosem Besitzerwerb in Betracht zu ziehen); Siebert DGWR 1940, 240 (247); Soergel/Mühl, 12. Aufl. 1990, BGB vor §§ 987 ff. Rn. 16, 17; Staudinger/Berg, 1956, BGB § 987 Rn. 10; Westermann SachenR § 31 III 1b; Westermann/Pinger SachenR § 31 II 3b; Westermann/Staudinger SachenR Rn. 323; E. Wolf SachenR S. 268 ff.; Wolff/Raiser SachenR § 85 II 6; wohl auch Baur/Stürner SachenR § 11 Rn. 38 mit § 11 Rn. 53; s. schließlich Staudinger/Lorenz, 2007, BGB vor §§ 812 ff. Rn. 39 ff.

Ein Teil der Genannten kommt im Wesentlichen aber doch zum gleichen Ergebnis wie Theorie IV. Denn sie nehmen an, dass eine Eingriffskondiktion wegen der Nutzungen gegen den Besitzer, der den Besitz durch entgeltliches Rechtsgeschäft von einem Dritten erworben hat, schon tatbestandsmäßig (nämlich wegen des Fehlens der Unmittelbarkeit der Bereicherung oder wegen des Vorrangs des Leistungsverhältnisses) ausscheidet (vgl. Staudinger/Thole, 2019, BGB vor §§ 987 ff. Rn. 132).

1. Argument
Wenn ein Gläubiger aus einem besonderen Tatbestand einen Anspruch aus § 812 BGB hat, so wäre es widersinnig, dass dieser Gläubiger seinen Anspruch deshalb verlieren sollte, weil er außerdem noch Eigentümer, sein Schuldner gleichzeitig noch Besitzer ist (Siebert).

2. Argument
Das Bereicherungsrecht als Billigkeitsrecht par excellence fordert stets Anwendung, wenn sein Tatbestand erfüllt ist.

3. Argument (gegen Theorie II)
Auch in § 816 I 2 BGB ist der rechtsgrundlose Erwerb dem unentgeltlichen nicht gleichgestellt worden (Berg).

4. Argument (gegen Theorie II)
Der rechtsgrundlose Erwerb kann dem unentgeltlichen Erwerb nicht gleichgestellt werden. Ein entgeltliches Geschäft kann nicht aus dem Gesichtspunkt seiner Nichtigkeit als unentgeltliches aufgefasst werden. Ein Kaufvertrag bleibt seinem Rechtscharakter nach auch dann ein entgeltliches Geschäft, wenn sich aus irgendwelchen Gründen seine Nichtigkeit herausstellen sollte.

5. Argument
Die Verdrängung des Bereicherungsrechts durch die vindikatorische Nutzungsherausgaberegelung kann nicht mit § 993 I Hs. 2 BGB begründet werden. § 993 I Hs. 2 BGB besagt nur, dass dann, wenn die Voraussetzungen der §§ 987–992 BGB nicht vorliegen, der unberechtigte Besitzer als solcher weder zur Herausgabe von Nutzungen noch zum Schadensersatz verpflichtet ist. Über Ansprüche aus anderen gesetzlichen Bestimmungen wird damit nichts ausgesagt (Planck/Brodmann, E. Wolf).

6. Argument (gegen Theorie IV, Arg. 1)
Eine Unterscheidung zwischen Leistungs- und Eingriffskondiktion erscheint nicht angebracht, weil gerade in den typischen Fällen der Eingriffskondiktion (etwa bei leicht fahrlässiger verbotener Eigenmacht) der Besitzer nicht besser stehen soll als bei einer zweckgerichteten Zuwendung an ihn (Pinger).

7. Argument
Die (vorliegende) Annahme der freien Anspruchskonkurrenz trägt dem Umstand Rechnung, dass der Veräußerer in dem Fall, in dem beide Rechtsgeschäfte nichtig sind, meist in höherem Maße schutzwürdig ist (so beispielsweise, wenn er geschäftsunfähig ist), als in dem Fall, in dem nur das Kausalgeschäft nichtig ist. Er soll dann aber hinsichtlich der Nutzungen auch nicht schlechter stehen (Larenz – später aber aufgegeben, s. Larenz/Canaris SchuldR II 2 § 74 I 1a, 2b).

8. Argument
Wenn man Wertungswidersprüche im Gesamtzusammenhang der Rechtsordnung vermeiden will, ist § 993 I Hs. 2 BGB einschränkend dahingehend zu interpretieren, dass den Besitzer lediglich nach den Regeln des Vindikationsrechts keine weitere Verpflichtung trifft (Pinger).

IV. Modifizierte Anspruchskonkurrenztheorie

Die §§ 987 ff. BGB stellen gegenüber dem Bereicherungsrecht nur insoweit eine abschließende Regelung dar, als es sich *nicht* um die Rückabwicklung fehlgeschlagener Vertragsverhältnisse handelt. Bei Letzteren findet der Ausgleich durch die Leistungskondiktion nach § 812 BGB statt, die durch die §§ 987 ff. BGB nicht verdrängt wird.

Einer analogen Anwendung des § 988 BGB auf den rechtsgrundlosen Besitzer bedarf es daher nicht.

Vertreten von:
RGZ 129, 307 (310 f.); BeckOK BGB/Fritzsche § 988 Rn. 11 f.; Berg JuS 1971, 636 (638); Dimopoulos-Vosikis, Die bereicherungs- und deliktsrechtlichen Elemente der §§ 987–1003 BGB, 1966, S. 250 f.; Erman/Hefermehl, 10. Aufl. 2000, BGB vor §§ 987 ff. Rn. 28; § 988 Rn. 6; Erman/Ebbing BGB vor §§ 987 ff. Rn. 85; Erman/Buck-Heeb BGB vor §§ 812 ff. Rn. 12, 12a; Esser/Weyers, Schuldrecht Besonderer Teil, Teilbd. II, 8. Aufl. 2000, § 52 I 4b; Flume FS Niedermeyer, 1953, 103 (170); Gerhardt MobiliarsachenR S. 84 f., 89; Georgiades, Die Anspruchskonkurrenz im Zivilrecht und im Zivilprozeßrecht, 1968, S. 202 f.; Gräber, Bereicherung durch Leistung und in sonstiger Weise, 1963, S. 163 f.; Grüneberg/Herrler BGB § 988 Rn. 8; Grunewald BürgerlR § 28 Rn. 11; Habersack SachenR Rn. 120 f.; Jauernig/Berger BGB vor §§ 987 ff. Rn. 13; Kindl JA 1996, 115 (120 f.); Koppensteiner/Kramer Ungerechtfertigte Bereicherung S. 203; Lange/Schiemann Fälle zum SachenR S. 94 f.; Larenz/Canaris SchuldR II 2 § 74 I 1a, 2b; Medicus/Petersen BürgerlR Rn. 600; MüKoBGB/Medicus, 4. Aufl. 2004, § 988 Rn. 8 f., § 993 Rn. 7, 9; Müller/Gruber SachenR Rn. 818 ff.; Musielak/Mayer EK BGB Rn. 693 ff.; NK-BGB/Schanbacher § 993 Rn. 8–10; H. Roth JuS 1997, 897 (899 f.); Rüber NJW 1968, 1611 (1613); Schellhammer SachenR Rn. 165; Schmolke JA 2007, 101 (105); Schreiber SachenR Rn. 220 f., 232; K. Schreiber JURA 1992, 533 (534); Soergel/Thöne BGB vor §§ 987 ff. Rn. 30 f., § 988 Rn. 6, 8; Staudinger/Gursky, 2013, BGB vor §§ 987 ff. Rn. 45 ff., 50; Staudinger/Thole, 2019, BGB vor §§ 987 ff. Rn. 129 ff.; Thöne JuS 2021, 809 (816 f.); Wellenhofer SachenR § 22 Rn. 19 f.; wohl auch Neuner SachenR Rn. 185 f.

1. Argument
Die Gesetzesverfasser haben sich bei der Schaffung des Eigentümer-Besitzer-Verhältnisses am Modell des fehlgeschlagenen gutgläubigen Erwerbs und an sonstigen Dreipersonenverhältnissen (vgl. § 991 BGB) orientiert; Konstellationen, bei denen der unrechtmäßige Besitzer rechtsgrundlos vom Eigentümer selbst den Besitz erlangt hat, haben sie nicht im Auge gehabt. Schon deshalb können die speziellen Ordnungsaufgaben der Leistungskondiktion durch die §§ 987 ff. BGB nicht erfasst werden, eine Nutzungsabschöpfung durch Leistungskondiktion (§§ 812 I 1 Var. 1, 818 I BGB) muss also trotz Vorliegens der Vindikationslage möglich sein. Eine Eingriffskondiktion wegen der vom unrechtmäßigen Besitzer gezogenen Nutzungen scheitert allerdings an § 993 I Hs. 2 BGB, weil andernfalls die gewollte Privilegierung des gutgläubig-unverklagten unrechtmäßigen Besitzers in Dreipersonenverhältnissen unterlaufen würde.

2. Argument
Die Leistungskondiktion des Eigentümers, der dem jetzigen Vindikationsgegner rechtsgrundlos den Besitz übertragen hat, muss mit ihrem normalen Inhalt zugelassen, also über § 818 I BGB auch auf die Nutzungen erstreckt werden, weil andernfalls ein unerträglicher Wertungswiderspruch entstünde. Während der Käufer bei Nichtigkeit des Kaufvertrages, aber wirksamer Übereignung die gezogenen Nutzungen dem Verkäufer nach den §§ 812 I 1 Var. 1, 818 I BGB herausgeben müsste, bliebe er bei Nichtigkeit auch der Übereignung wegen § 993 I Hs. 2 BGB von der Nutzungsherausgabe freigestellt. Das kann nicht richtig sein. Es ist nicht vorstellbar, dass der Erwerber bei stärkeren Mängeln seiner Rechtsposition besser dasteht.

3. Argument (gegen Theorie III, Arg. 6)
Die Behauptung, für eine Besserstellung des Besitzers in den Fällen der Eingriffskondiktion fehle jeder Grund, weil der Besitzer im Falle des Besitzerwerbes durch leicht fahrlässige verbotene Eigenmacht nicht besser stehen dürfe als beim Besitzerwerb durch Leistung, beruht auf einem Missverständnis. Der Ausschluss der Eingriffskondiktion bezieht sich gar nicht auf diejenigen Fälle, in denen der Beklagte den Besitz durch verbotene Eigenmacht erlangt hat, sondern auf den Eingriff, der in der Nutzung selbst liegt. Falls sich der Vindikationsgegner schon den Besitz durch verbotene Eigenmacht verschafft hat, ist ohnehin § 988 BGB anwendbar (s. Staudinger/Gursky, 2013, BGB vor §§ 987 ff. Rn. 58, § 988 Rn. 5 bzw. Staudinger/Thole, 2019, BGB vor §§ 987 ff. Rn. 134).

4. Argument
Die Notwendigkeit einer kumulativen Anwendung der kondiktionsrechtlichen und der vindikatorischen Nutzungsherausgaberegelung zeigt sich bei Betrachtung der Parallelkonstellation, bei der die Eigentümerstellung und die Kondizientenstellung auseinanderfallen (Nichtberechtigter hat Herausgabeschuldner den Besitz im Rahmen eines doppelnichtigen Umsatzgeschäftes oder eines unwirksamen Miet- oder Pachtvertrages geleistet). Hier ist gar nicht daran vorbeizukommen, dass der Herausgabeschuldner – wenn auch gegenüber unterschiedlichen Gläubigern – den kompletten Ordnungsgefügen der beiden unterschiedlichen Haftungssysteme der Leistungskondiktion einerseits und der Vindikationsnebenfolgen andererseits unterliegt. Warum diese Lösung nicht möglich sein sollte, wenn der Vindikationsgläubiger mit dem Kondiktionsgläubiger identisch ist, ist schwer einzusehen.

5. Argument (gegen Theorie II)
Die Heranziehung von § 988 BGB beim rechtsgrundlosen Erwerb ist keine geeignete Alternative zur unmittelbaren Heranziehung der Leistungskondiktion. Die Gleichstellung von „rechtsgrundlos" mit „unentgeltlich" droht bei Dreipersonenverhältnissen die gesetzgeberischen Intentionen zu unterlaufen. Denn das „Nutzungsbehaltungsrecht" soll dem Besitzer vor allem in den Fällen eines fehlgeschlagenen gutgläubigen Erwerbs einen gewissen Ausgleich für das ihm versagte Lösungsrecht (also die Möglichkeit, die Herausgabe bis zur Erstattung des Kaufpreises zu verweigern) bringen. § 988 BGB macht davon eine Ausnahme, weil der Besitzer im Falle des unentgeltlichen Erwerbs das Rückholrisiko einer Gegenleistung gerade nicht trägt. Dieses besteht aber bei einem vom Besitzer tatsächlich erfüllten unwirksamen Kaufvertrag mit dem Nichtberechtigten völlig unabhängig von der Wirksamkeit oder Unwirksamkeit des Vertrages. Es lässt sich dem Vindikationsgegner, der den Besitz rechtsgrundlos von einem Dritten erlangt hat, bei dem Weg über § 988 BGB auch nicht durch die Anwendung des § 818 III BGB abnehmen: Die Kaufpreiszahlung hat den Erwerb des Besitzes und damit die Nutzung der Sache ermöglicht, ist aber nun einmal kein Folgenachteil der Nutzung (vgl. Medicus/Petersen BürgerlR Rn. 725).

6. Argument (gegen Theorie V)
Gegen die weitergehende Lösung einer Verdrängung der §§ 987 ff. BGB durch die Leistungskondiktion spricht die Erwägung, dass die Doppelnichtigkeit von Grund- und Erfüllungsgeschäft in der Mehrzahl der Fälle auf der besonderen Schutzwürdigkeit des Veräußerers beruht und dass gerade dann ein Höchstmaß an Restitutionsschutz auch inter partes erforderlich ist. Hat etwa der Besitzer grob fahrlässig die

Unwirksamkeit des Vertrages mit dem Eigentümer übersehen, ist die bereicherungsunabhängige Nutzungsherausgabepflicht aus § 987 I BGB und die Haftung für schuldhaft nicht gezogene Nutzungen aus § 987 II BGB angebracht, zu der es bei ausschließlicher Anwendung der Leistungskondiktion erst bei positiver Kenntnis der Rechtsgrundlosigkeit über §§ 819 I, 818 IV, 292 BGB käme.

7. Argument (gegen Theorie V)
Der Einwand, dass der Umfang der Nutzungshaftung des Erwerbers nicht vom „Zufall der Einfach- oder Doppelnichtigkeit" des Veräußerungsgeschäfts abhängen dürfe, ist unzutreffend. Dieser Zufall ist schließlich auch sonst für die Rückabwicklung nicht irrelevant. Vielmehr kann das bloße Faktum des Eigentumsübergangs die gesetzliche Interessenbewertung auch in anderen Punkten zum Nachteil des Veräußerers und Restitutionsgläubigers verschieben (§ 818 III BGB bei Vorleistungen, keine Aussonderung im Insolvenzverfahren usw.). Dazu passt es durchaus, wenn der Gläubiger in den Fällen der Doppelnichtigkeit des Veräußerungsgeschäfts durch die zusätzliche Anwendung der §§ 987 ff. BGB im Ergebnis den Vorteil einer früheren Haftungsverschärfung erhält.

8. Argument (gegen Theorie VI)
Die Differenzierung nach dem Schutzziel des Nichtigkeitsgrundes benutzt ein allzu vages Kriterium und beeinträchtigt deshalb die Rechtssicherheit.

9. Argument
Der Gesetzgeber hat sich bewusst für eine praktikable Einheitslösung entschieden, indem er den gesteigerten Restitutionsschutz der §§ 985 ff. BGB an das formale Moment des fortdauernden Eigentums des Klägers und nicht an ein materiales Kriterium seiner besonderen Schutzwürdigkeit anknüpfte und damit auch für diejenigen Fälle gewährte, in denen die Gründe für das Fehlschlagen des Eigentumserwerbs allein aufseiten des Erwerbers lagen. Diese Entscheidung darf nicht durch eine nach der besonderen Schutzbedürftigkeit des Klägers differenzierende Konkurrenzlösung unterlaufen werden.

V. Theorie des Vorrangs der Leistungskondiktion

Die Leistungskondiktion des Eigentümers verdrängt die Nebenfolgen der Vindikation insgesamt; dies schließt die Nutzungsherausgaberegelung der §§ 987 ff. BGB ein. Eine Nichtleistungskondiktion des Eigentümers wegen der Nutzungen wird hingegen durch die Spezialregelung der §§ 987 ff. BGB ausgeschlossen.

Vertreten von:
v. Caemmerer FS Boehmer, 1954, 145 (154) Fn. 42; Emmerich Nebenfolgen der Vindikation S. 102 ff.; G. Hager JuS 1987, 877 (880); Harms SachenR S. 68, 73; J. Kohler, Die gestörte Rückabwicklung gescheiterter Austauschverträge, 1989, S. 439 ff.; König, Ungerechtfertigte Bereicherung, 1983, S. 153; Michalski FS Gitter, 1995, 577 (589 ff., 595 ff.); Reuter/Martinek Ungerechtfertigte Bereicherung S. 505 ff.; Waltjen AcP 175 (1975), 109 (120); Weitnauer DNotZ 1967, 765; Wilhelm SachenR Rn. 1279, 1337 ff. – Im Ergebnis entscheiden diejenigen Autoren ebenso, die bereits die Vindikation selbst als durch die Leistungskondiktion verdrängt ansehen (vgl. Problem Nr. 1, Meinung I B). Von diesen befürwortet Wieling (SachenR I § 12 IV 1b) aller-

dings einen weitgehenden Ausschluss der Nutzungsherausgabepflicht im nichtigen gegenseitigen Vertrag über eine Restriktion von § 818 I BGB.

1. Argument

Alle vertraglichen Abwicklungsverhältnisse, denen die Leistungskondiktion gleichzustellen ist, stellen Sonderregelungen dar; allgemeinere Vorschriften hierzu enthalten nicht nur die Bestimmungen über die Eingriffskondiktion, sondern auch die über die Nebenfolgen der Vindikation. Da die Vindikation eine enge Verwandtschaft mit der Eingriffskondiktion aufweist, gilt auch hier das für das Bereicherungsrecht entwickelte Subsidiaritätsprinzip, dh der Vorrang der Leistungskondiktion (Emmerich, Köbl).

2. Argument (gegen Theorie IV)

Für die Privilegierung des Eigentümers, die in der kumulativen Anwendung bzw. einem Nebeneinander von Leistungskondiktion und EBV-Normen liegen würde, gibt es keinen vernünftigen Grund. Eine solche Lösung lässt sich insbesondere nicht mit der besonderen Schutzwürdigkeit des Veräußerers bei doppelnichtigen Geschäften rechtfertigen. Der Grund der Doppelnichtigkeit kann nämlich durchaus aufseiten des Erwerbers liegen (Geschäftsunfähigkeit usw.) oder seine Rechtfertigung im Interesse der Allgemeinheit finden (§§ 134, 138 BGB). Der Umfang der Haftung des Besitzers darf deshalb nicht vom „Zufall der Einfach- oder Doppelnichtigkeit" abhängen.

3. Argument

Es wäre ungereimt, wenn die Modalitäten der Rückabwicklung unwirksam verkaufter Grundstücke davon abhingen, ob das Grundbuch schon umgeschrieben worden ist oder nicht. Ebenso wenig darf bei zwei hintereinander geschalteten Kaufverträgen und Geschäftsunfähigkeit des ersten Käufers die Abwicklung davon abhängen, ob die Leistungserbringung parallel zu den beiden Kaufverträgen erfolgt oder eine abgekürzte Lieferung gewählt wird (Michalski).

4. Argument (gegen Theorie IV, Arg. 7)

Der Restitutionsschutz nach den §§ 985 ff. BGB ist gegenüber dem mithilfe des Bereicherungsrechts nicht generell überlegen, sondern weist im Verhältnis zu diesem außer Vorteilen auch Nachteile auf: Wenn der gutgläubige Besitzer Früchte gezogen und keine bereicherungsmindernden Nachteile jenseits der §§ 994, 996 BGB erlitten hat, ist die Abwicklung nach den §§ 987 ff. BGB für ihn offensichtlich günstiger als die nach den §§ 812 ff. BGB. Es gibt also keine gesetzgeberische Entscheidung für einen „gesteigerten" Restitutionsschutz des Eigentümers. Jedenfalls lässt sich aus der Ausgestaltung der §§ 987 ff. BGB nicht das Bedürfnis für eine Kombination von EBV-Normen und Leistungskondiktion ableiten (Reuter/Martinek).

VI. (hier sog.) **Differenzierende Theorie des Vorrangs der Leistungskondiktion**

Die Leistungskondiktion hat im Regelfall den Vorrang vor der Vindikation und den vindikatorischen Nutzungsherausgabeansprüchen. Dagegen ist Anspruchskonkurrenz zwischen Leistungskondiktion und vindikatorischen Nutzungsherausgabeansprüchen anzunehmen, wenn der Eigentümer dem Besitzer den Besitz im Rahmen eines doppelnichtigen Veräußerungsgeschäftes geleistet hat und der Nichtigkeitsgrund einen gesteigerten Erhaltungs- und Restitutionsschutz für das Veräußerervermögen bezweckt.

Vertreten von:
Köbl EBV S. 259 ff., 263, 265; Prütting SachenR Rn. 568; Stadler, Gestaltungsfreiheit und Verkehrsschutz durch Abstraktion, 1996, S. 228 ff., 234; ähnlich Kaehler, Bereicherungsrecht und Vindikation, 1972, S. 151 f. iVm 223 ff.

1. –4. Argument
Wie Theorie V.

5. Argument
Wo der zur Doppelnichtigkeit von Kausal- und Erfüllungsgeschäft führende Nichtigkeitsgrund darauf abzielt, einen Vermögensstand vor Einbußen zu sichern, muss der im Außenverhältnis ohnehin gegebene umfassende Restitutionsschutz (Drittwiderspruchsklage und Aussonderungsrecht) durch ein Höchstmaß an Restitutionsschutz inter partes ergänzt werden. Dieses liefert aber nur die Kumulation von Leistungskondiktion und Vindikationsnebenfolgen (Köbl).

Fallbeispiele:

1. Die Lösung des Ausgangsfalles a) nach allen Theorien: B ist Eigentümer geworden, sodass die §§ 987 ff. BGB keine Anwendung finden. E kann jedoch das Gut nach § 812 I 1 Var. 1 BGB zurückfordern. Nach § 818 I BGB muss B auch alle Nutzungen herausgeben, die er gezogen hat, soweit nicht § 818 III BGB eingreift (abw. nur Wieling SachenR I § 12 IV 1b).

2. Ausgangsfall b): Nach der „Ausschließlichkeitstheorie" (Theorie I) kann E von B für den Zeitraum, in dem dieser gutgläubig-unverklagter Besitzer war, wegen § 993 I Hs. 2 BGB keinen Nutzungsersatz nach den §§ 987 ff. BGB verlangen, und zwar auch nicht aufgrund einer mit der Vindikation konkurrierenden Leistungskondiktion; die Wertung des § 993 I Hs. 2 BGB schließt die Anwendung des § 818 I BGB aus. Nach der „Gleichstellungstheorie" (Theorie II) steht E dagegen ein Nutzungsherausgabeanspruch nach den §§ 988, 818 BGB zu (Gleichstellung von rechtsgrundlosem und dem unentgeltlichem Erwerb). Nach den Theorien III–VI wäre B dagegen aus den §§ 812 I 1 Var. 1, 818 I BGB zur Nutzungsherausgabe verpflichtet.

3. Dreipersonenkonstellation: Der Dieb D verkauft und übereignet eine Sache des E an B, der den Kaufpreis auch sofort bezahlt. D ist unerkannt geisteskrank. Kann E die Nutzungen von B herausverlangen?

Nach Theorie I könnte E wiederum von B als gutgläubig-unverklagtem unrechtmäßigem Besitzer keine Nutzungsherausgabe verlangen, auch nicht aus Leistungskondiktion, weil die vorrangige Wertung des Eigentümer-Besitzer-Verhältnisses die Anwendbarkeit von § 818 I BGB ausschließt. Nach Theorie II wäre B dagegen gem. §§ 988, 818 BGB herausgabepflichtig, ohne den gezahlten Kaufpreis als Bereicherungsminderung geltend machen zu können (anders insoweit noch RGZ 163, 348 (360); s. nun aber Medicus/Petersen BürgerlR Rn. 725 mwN). Nach Theorie III würde eine Eingriffskondiktion (§§ 812 I 1 Var. 2, 818 II BGB) des E gegen B in Betracht kommen. Diese wäre auch tatbestandsmäßig gegeben (vgl. Larenz/Canaris SchuldR II 2 § 74 I 2b Fn. 19; anders aber verschiedene Anhänger dieser Theorie, s. insoweit die Nachweise bei Staudinger/Thole, 2019, BGB vor §§ 987 ff. Rn. 132 ff.). Theorie IV–VI wenden nur die Leistungskondiktion neben bzw. anstelle der vindikatorischen

Nutzungsregelung an. Eine Eingriffskondiktion des E käme nach diesen Auffassungen mithin nicht in Betracht.

S. ergänzend Czeguhn/Ahrens SachenR Fall 12; Lange/Schiemann Fälle SachenR Fall 15; vgl. ferner Vieweg/Röthel SachenR Fall 14.

10. Problem
Sind die §§ 823 ff. BGB neben den §§ 987 ff. BGB anwendbar?

Ausgangsfall:

E veräußert sein Auto an B. Dieser verursacht schuldhaft einen Verkehrsunfall, wobei der Wagen erheblich beschädigt wird. Nunmehr stellt sich die Nichtigkeit von Kaufvertrag und Übereignung heraus, was B grob fahrlässig nicht erkannt hatte. Welche Schadensersatzansprüche hat E gegen B?

Ausgangspunkt:

Eine unbefangene Lektüre der Normen des Eigentümer-Besitzer-Verhältnisses legt den Schluss nahe, dass dem Eigentümer deliktische Ansprüche gegen den unrechtmäßigen Besitzer nur unter den Voraussetzungen des § 992 BGB zustehen sollen (§ 992 BGB e contrario, § 993 I Hs. 2 BGB). Das gesetzgeberische Motiv für diese von der immer noch herrschenden Meinung bejahte Ausschließlichkeit liegt im Schutz des gutgläubigen und unverklagten unrechtmäßigen Besitzers, der den Besitz weder durch schuldhaft verbotene Eigenmacht noch durch eine Straftat erlangt hat. Dieser Besitzer glaubt an sein Besitzrecht (bzw. die eigene Eigentümerstellung) und soll, wenn er sich im Rahmen seines vermeintlichen Besitzrechts hält, nicht für Verletzungshandlungen haftbar gemacht werden (Privilegierungsgedanke, Quasi-rem-suam-neglexit-Gedanke). Eine ausnahmslose Verwirklichung des Ausschließlichkeitsprinzips kann jedoch zu dem Gerechtigkeitsempfinden widersprechenden Ergebnissen führen: Dementsprechend ist § 826 BGB nach allgemeiner Auffassung als unverzichtbares rechtsethisches Korrektiv auch im Eigentümer-Besitzer-Verhältnis anwendbar; auch für die Behandlung des unrechtmäßigen Fremdbesitzers bei Exzesshandlungen ist eine Ausnahme vom Exklusivitätsdogma zuzulassen (vgl. Problem Nr. 11). Der so verstandene Privilegierungsgedanke und die damit verbundene (zumindest partielle) Anerkennung des Ausschließlichkeitsgrundsatzes wird von den meisten Stimmen im Schrifttum gebilligt. Umstritten ist indes, was als Regel und was als Ausnahme anzusehen ist: Ist der Ausschluss der §§ 823 ff. BGB die Regel, die nur durch einige Ausnahmen durchbrochen wird, oder muss die Privilegierung des gutgläubigen unverklagten Besitzers als Ausnahme vom Grundsatz angesehen werden, dass die §§ 823 ff. BGB in Anspruchskonkurrenz zu den §§ 987 ff. BGB stehen? – Ausgeklammert bleibt im Folgenden die besondere Situation des nicht mehr berechtigten Besitzers: Wenn man diesen überhaupt den Vorschriften des Eigentümer-Besitzer-Verhältnisses unterwirft, kann das Deliktsrecht dadurch nach allgemeiner Ansicht nicht verdrängt werden (vgl. oben Problem Nr. 8). S. zur Figur des Fremdbesitzerexzesses zudem Problem Nr. 11.

I. Ausschließlichkeitstheorie

Die §§ 987 ff. BGB enthalten für die Schadensersatzpflichten des unrechtmäßigen Besitzers eine erschöpfende Sonderregelung; sie schließen die Anwendbarkeit der deliktischen Haftungsnormen generell aus. Nur unter den speziellen Voraussetzungen des § 992 BGB (und in der Konstellation des Fremdbesitzerexzesses, vgl. Problem Nr. 11) ist eine Deliktshaftung gegeben.

Vertreten von:
RG JW 1912, 129 Nr. 2; WarnR 1920, 250 Nr. 200; RGZ 101, 307 (309 f.); RG JW 1937, 2519; RGZ 157, 132; 163, 348 (352); OGHZ 1, 308; BGH JZ 1951, 716; NJW 1952, 257 = LM § 985 BGB Nr. 8; BGHZ 56, 73 (77) = NJW 1971, 1358; BGH WM 1989, 1756 (1757); OLG Hamburg MDR 1954, 356, stRspr; Baur/Stürner SachenR § 11 Rn. 34 f.; Büdenbender JuS 1998, 325 (328); Eckert SachenR Rn. 198; Enneccerus/Lehmann SchuldR § 234 I 1a; Erman/Ebbing BGB vor §§ 987 ff. Rn. 77 ff.; Fikentscher/Heinemann SchuldR Rn. 1548 ff.; Grüneberg/Herrler BGB vor §§ 987 ff. Rn. 18; Grunewald BürgerlR § 22 Rn. 9, § 28 Rn. 6 ff.; Gursky JURA 2004, 433 (437); Habersack SachenR Rn. 117; Harder FS Mühl, 1981, 267 (268); Harms SachenR S. 38; Heck SachenR § 68, 5; Hedemann, Sachenrecht des Bürgerlichen Gesetzbuches, 3. Aufl. 1960, § 29 IV c; HK-BGB/Schulte-Nölke vor §§ 987 ff. Rn. 6 ff.; Imlau MDR 1957, 263; Jauernig/Berger BGB vor §§ 987 ff. Rn. 10, 12; Katzenstein AcP 204 (2004), 1 (7 f.); Medicus/Petersen BürgerlR Rn. 595 f.; Müller/Gruber SachenR Rn. 926 ff.; Neuner SachenR Rn. 119; RGRK/Pikart BGB § 987 Rn. 17 ff.; Richard/Junker JuS 1988, 686 (690); Schapp/Schur SachenR Rn. 101, 108 ff.; Siber, Der Rechtszwang im Schuldverhältnis, 1903, S. 118 f.; Singer/Große-Klußmann JuS 2000, 562 (565 f.); Soergel/Thöne BGB vor §§ 987 ff. Rn. 25 ff.; Staudinger/Gursky, 2013, BGB vor §§ 987 ff. Rn. 39 ff., 64 ff.; Thöne JuS 2021, 809 (811, 812); Weber SachenR I § 16 Rn. 105 f.; Wellenhofer SachenR § 22 Rn. 41; O. Werner JuS 1970, 237 (239); Westermann SachenR § 31 III 2a; Westermann/Gursky/Eickmann SachenR § 30 Rn. 5, 10, 16; Wieling SachenR I § 12 III 6; Wieling MDR 1972, 645 (649); Wolff/Raiser SachenR § 85 I 2, III 5, 6a sowie schon früh Biermann BGB § 993 Anm. 2b; Cosack/Mitteis, Lehrbuch des deutschen bürgerlichen Rechts, Bd. II, 7./8. Aufl. 1924, § 55 III; Dietz, Anspruchskonkurrenz bei Vertragsverletzung und Delikt, 1934, S. 197, 209; Lent, Die Gesetzeskonkurrenz im bürgerlichen Recht und Zivilprozeß, Bd. 1, 1912, S. 266 ff., 273 f.; Oertmann, Kommentar zum BGB, 5. Aufl. 1928, BGB vor § 823 Rn. 5e; v. Tuhr, Der Allgemeine Teil des Deutschen Bürgerlichen Rechts, Bd. 1, 1910, S. 278.

1. Argument
Aus § 992 BGB geht unzweideutig hervor, dass nur (arg e contrario) bei Besitzverschaffung durch verbotene Eigenmacht oder eine strafbare Handlung eine Haftung des Besitzers nach den Vorschriften über die unerlaubten Handlungen stattfinden soll (RGZ 56, 313 (316)).

2. Argument
Auch § 993 I Hs. 2 BGB ordnet an, dass Schadensersatzansprüche ausgeschlossen sind, soweit sie nicht durch die §§ 987 ff. BGB gewährt werden.

3. Argument
Aus den Vorarbeiten zum BGB (vgl. Mot. III 400 ff.; Prot. III 345 ff.) lässt sich entnehmen, dass der Gesetzgeber den Ausschließlichkeitsgrundsatz den §§ 987 ff. BGB umfassend zugrunde gelegt hat (RGZ 137, 206 (210)).

4. Argument (gegen Theorie II)
Die völlige Freistellung des gutgläubigen und unverklagten (Eigen-)Besitzers von der deliktischen Haftung war eines der wesentlichen Regelungsziele bei der Schaffung des Normenkomplexes des Eigentümer-Besitzer-Verhältnisses. Die §§ 989 und 990 BGB, die die Haftung des unrechtmäßigen Besitzers für Verlust, Zerstörung oder

Beschädigung der Sache von den zusätzlichen Voraussetzungen der Bösgläubigkeit des Besitzers oder Rechtshängigkeit des Vindikationsanspruchs abhängig machen, wären bei der Annahme einer freien Anspruchskonkurrenz mit dem Deliktsrecht schlicht überflüssig (vgl. Wieling SachenR I § 12 III 6: „Das wäre eine recht törichte Regelung, die man dem Gesetzgeber nicht unterstellen darf").

5. Argument

Wenn man auch den beim Besitzerwerb leicht fahrlässigen Besitzer deliktisch haften lässt, ergibt sich ein deutlicher Wertungswiderspruch zu § 932 BGB. Da letztere Norm auch bei leichter Fahrlässigkeit einen gutgläubigen Eigentumserwerb zulässt, erkennt sie die Schutzwürdigkeit des leicht fahrlässigen Ankäufers einer fremden Sache an. Dann darf aber dieses Schutzbedürfnis auch nicht in solchen Fällen geleugnet werden, in denen der gutgläubige Erwerb etwa an der fehlenden Verantwortung des Eigentümers für den Rechtsschein (§ 935 BGB) scheitert. Vielmehr ist es hier angebracht, dem gutgläubigen Käufer der gestohlenen Sache mit der vorläufigen Freistellung von der scharfen Deliktshaftung wenigstens eine „Minimalform des gutgläubigen Erwerbs" zu gewähren.

6. Argument

Der Ausschluss der deliktischen Haftung des bösgläubigen oder auf Herausgabe verklagten unrechtmäßigen Besitzers wäre zwar von den Regelungszielen der Gesetzesverfasser her nicht unbedingt geboten gewesen, wird aber durch § 993 I Hs. 2 BGB und den (einen Umkehrschluss nahelegenden) § 992 BGB deutlich zum Ausdruck gebracht und muss deshalb als geltendes Recht akzeptiert werden.

7. Argument (gegen Theorie II, Arg. 7)

Wenn § 993 I Hs. 2 BGB nur besagen wollte, dass es nach Vindikationsrecht keine weiteren Nutzungsherausgabe- und Schadensersatzansprüche geben soll, so wäre die Vorschrift völlig inhaltslos.

8. Argument

Die Freistellung der auf Herausgabe verklagten oder bösgläubigen Vindikationsgegner von deliktischen Ansprüchen ist im Ergebnis nicht schädlich, weil diese Personen durch die §§ 989 und 990 BGB gleichzeitig einer besonders gestalteten, deliktsähnlichen Haftung unterworfen werden, die die Interessen des Eigentümers per saldo genauso gut wahrt wie das allgemeine Deliktsrecht: Den Vorteilen des Deliktsrechts (§§ 393, 829, 830, 831 BGB (bei schuldlosem Handeln der Hilfsperson), § 849 BGB und die Erfassung des bloßen Vorenthaltungsschadens) stehen aufseiten der vindikatorischen Haftungsregeln die Pluspunkte der günstigeren Beweislastverteilung (§ 280 I BGB), der Verantwortlichkeit auch für nicht sozial abhängige Verwahrungsgehilfen (§ 278 BGB) und die leichtere Haftungsbegründung in den Fällen eines Schadenseintritts infolge der Unterlassung von Sicherungsmaßnahmen (s. Staudinger/Thole, 2019, BGB vor §§ 987 ff. Rn. 166) gegenüber (s. zum Ersatz des Vorenthaltungsschadens Problem Nr. 6 – zugelassen durch BGHZ 209, 270 = NJW 2016, 3235).

9. Argument

Was speziell den Vorenthaltungsschaden betrifft, so ist zu beachten, dass dieser auch nach Deliktsrecht nur verlangt werden könnte, wenn zunächst einmal ein deliktischer Herausgabeanspruch (§ 823 I oder II BGB iVm § 249 I BGB) gegeben ist. Das dürfte aber im Wesentlichen nur bei den schon von § 992 BGB erfassten Konstellationen der Fall sein (s. zur Anwendbarkeit des § 281 BGB auf den Vindikationsanspruch Problem Nr. 6 bzw. BGHZ 209, 270 = NJW 2016, 3235).

II. (hier sog.) **Eingeschränkte Anspruchskonkurrenztheorie**

Die Vorschriften des Eigentümer-Besitzer-Verhältnisses schließen die deliktischen Ansprüche nur dann aus, wenn die Eigentumsverletzung durch einen unverklagten, gutgläubigen und nicht unter § 992 BGB fallenden Besitzer begangen worden ist. Für andere Besitzerarten (dh im Fall des unredlichen Besitzers) besteht Anspruchskonkurrenz zwischen den §§ 987 ff. BGB und den §§ 823 ff. BGB.

Vertreten von:
Berg JuS 1972, 83 (84); Breuer, Das Verhältnis der Nebenansprüche aus dem Eigentum zu den Deliktsansprüchen, 1953, S. 71 ff.; Brox JZ 1965, 516 (519 f.) (mit Einschränkungen); Dimopoulos-Vosikis, Die bereicherungs- und deliktsrechtlichen Elemente der §§ 987–1003 BGB, 1966, S. 144 f.; Eichler Institutionen S. 207; Emmerich Nebenfolgen der Vindikation S. 56 ff., 60 ff.; Erman/Hefermehl, 10. Aufl. 2000, BGB vor §§ 987 ff. Rn. 19 ff., 22; Esser, Schuldrecht BT, Teilbd. II, 4. Aufl. 1971, § 112 V 4; Georgiades, Die Anspruchskonkurrenz im Zivilrecht und im Zivilprozeßrecht, 1968, S. 215 f.; Helm, Haftung für Schäden an Frachtgütern, 1966, S. 215 f.; Kindl JA 1996, 115 (118); Köbl EBV S. 156 ff., 169 ff.; Krause Haftung S. 104 ff.; Michalski FS Gitter, 1995, 577 (600 ff.); Müller JuS 1983, 516 (519); NK-BGB/Schanbacher § 993 Rn. 15; Prütting SachenR Rn. 542; Schreiber SachenR Rn. 229; K. Schreiber JURA 1992, 356 (362 f.); v. Spreckelsen DJ 1940, 65.

1. Argument
Ein grundsätzlicher Ausschluss des Deliktsrechts wäre derart außergewöhnlich, dass er im Gesetz ausdrücklich hätte hervorgehoben werden müssen (Eichler).

2. Argument
Es widerstreitet allgemeinen Rechtserwägungen, dass dem Eigentümer der deliktische Anspruch versagt bleiben soll, wenn der Besitzer eine unerlaubte Handlung, die sich gegen das Eigentum richtet, begangen hat (Eichler).

3. Argument
Die Deliktshaftung hat teilweise strengere Rechtsfolgen als die Haftung aus den §§ 987 ff. BGB: so die Haftung als Gesamtschuldner nach § 840 I BGB, die die §§ 987 ff. BGB nicht kennen (s. aber die §§ 421 ff. BGB), oder die Verzinsung nach § 849 BGB im Gegensatz zu den §§ 990 II, 290 BGB, oder das Aufrechnungsverbot mit einer Forderung aus vorsätzlicher unerlaubter Handlung, § 393 BGB. Würde man auch für den bösgläubigen Besitzer den Ausschließlichkeitsgrundsatz anwenden, so stünde er besser da als ein nichtbesitzender Deliktstäter. Für eine derartige Privilegierung ist kein Grund ersichtlich (Krause).

4. Argument
Der Quasi-rem-suam-neglexit-Gedanke, der die Privilegierung und damit die Ausschließlichkeit der §§ 987 ff. BGB stützen soll, passt auf den unredlichen bzw. verklagten Besitzer nicht (Erman/Hefermehl).

5. Argument
Zur Gewährleistung billiger Ergebnisse hat der Ausschließlichkeitsgedanke zu oft verschiedene Durchbrechungen erfahren müssen, als dass er eine systemtragende Basis darstellen kann.

6. Argument (gegen Theorie I, Arg. 1)
Die Auslegung des § 992 BGB durch die Ausschließlichkeitstheorie ist nicht gerechtfertigt. Aus § 992 BGB wird durch *argumentum e contrario* geschlossen, dass „nur" der deliktische Besitzer nach §§ 823 ff. BGB haften soll. Es besteht jedoch ebenso die Möglichkeit, mittels eines Analogieschlusses die allgemeine Anwendbarkeit des Deliktsrechts zu begründen (Dimopoulos-Vosikis).

7. Argument (gegen Theorie I, Arg. 2)
Auch die Auslegung des § 993 I Hs. 2 BGB durch die Ausschließlichkeitstheorie ist bedenklich. Dieser Schlusssatz soll lediglich klarstellen, dass nach dem Vindikationsrecht nur die in den §§ 987 ff. BGB aufgeführten Ansprüche bestehen. Eine Aussage über andere Anspruchsgrundlagen kann darin nicht erblickt werden (Planck/Brodmann).

8. Argument
Die Ausschließlichkeitstheorie führt zu einem Wertungswiderspruch mit der Behandlung des Fremdbesitzerexzesses: Wenn der gutgläubige Besitzer, der über die Einwirkungsbefugnisse seines vermeintlichen Besitzrechts hinausgeht, aus § 823 I BGB haftet, so muss es befremden, dass selbst der wissentlich nicht berechtigte Besitzer, der ja überhaupt nicht auf eine bestehende Einwirkungsbefugnis vertraut, nicht nach Deliktsrecht haften soll (Dietz, Anspruchskonkurrenz bei Vertragsverletzung und Delikt, 1934, S. 202).

III. (hier sog.) **Uneingeschränkte Anspruchskonkurrenztheorie**

Der Normenkomplex des Eigentümer-Besitzer-Verhältnisses enthält keine abschließende Regelung für die Schadensersatzhaftung des unrechtmäßigen Besitzers. Auch dort, wo die §§ 987 ff. BGB keinen Schadensersatz gewähren, kann sich eine solche Haftung aus den §§ 823 ff. BGB ergeben. Die beiden Regelungen stehen ungestört nebeneinander.

Vertreten von:
Berg JR 1974, 64; Berg JuS 1972, 83 (86); Peters AcP 153 (1954), 454 (464); Pinger EBV S. 70 ff.; Pinger JR 1973, 268; Westermann/Pinger SachenR § 31 II 3; E. Wolf SachenR S. 269 ff.

1.–7. Argument
Die Argumente der eingeschränkten Anspruchskonkurrenztheorie (II) gelten auch hier.

8. Argument
Wenn in den §§ 989 ff. BGB zwischen Gut- und Bösgläubigkeit unterschieden wird, hat dies nur die Bedeutung, den gutgläubigen Besitzer von der verschärften Haftung nach den §§ 989 ff. BGB freizustellen, nicht aber die allgemeine Haftung aus den §§ 823 ff. BGB auszuschließen. Die Haftungsverschärfung der §§ 989 ff. BGB besteht in der Anwendbarkeit der §§ 278, 280 I BGB. Früher kam noch die längere Verjährung (§ 195 BGB aF statt § 852 BGB aF) hinzu.

9. Argument
Zwischen den §§ 987 ff. BGB und den §§ 823 ff. BGB würde ein Wertungswiderspruch entstehen, wenn der Besitzer von der allgemeinen Verschuldenshaftung befreit würde; das gilt auch, falls er gutgläubig ist (Pinger).

10. Argument
Der rechtmäßig besitzende Schädiger, der, nachdem er zB eine Sache gekauft hat, leicht fahrlässig glaubt, mit dem Kauf auch Eigentümer geworden zu sein, haftet nach den §§ 823 ff. BGB. Es ist kein überzeugender Grund vorhanden, den unrechtmäßigen Besitzer hinsichtlich eines leicht fahrlässigen Rechtsirrtums besser zu stellen als den rechtmäßigen Besitzer; auch die Gutgläubigkeit kann eine Privilegierung nicht begründen, da der gute Glaube an ein vermeintlich bestehendes Recht nicht stärker wirken kann als ein tatsächlich bestehendes Recht.

11. Argument
Sofern man Wertungswidersprüche im Gesamtzusammenhang der Rechtsordnung vermeiden will, ist § 993 I Hs. 2 BGB (einschränkend) dahingehend zu verstehen, dass den Besitzer lediglich nach den Regeln des Vindikationsrechts keine weitere Verpflichtung trifft (Pinger) (identisch mit Theorie III, Arg. 8 in Problem Nr. 9).

Fallbeispiele:

1. B ist als Besitzer ohne Besitzrecht dem Vindikationsanspruch des Eigentümers ausgesetzt (jedenfalls wenn man nicht der „Theorie von der Verdrängung des Vindikationsanspruchs" durch die Leistungskondiktion folgt, vgl. dazu Problem Nr. 1, Theorie I, Meinung B). Da B beim Besitzerwerb hinsichtlich seines vermeintlichen Besitzrechts grob fahrlässig war, haftet er nach den §§ 990 I 1, 989 BGB für die schuldhafte Beschädigung des Kraftfahrzeugs auf Schadensersatz. Nach der „Ausschließlichkeitstheorie" (Theorie I) steht dem E daneben kein Schadensersatzanspruch aus § 823 I BGB zu, da die §§ 987 ff. BGB insoweit als abschließende Regelung bewertet werden. Nach der „eingeschränkten" und nach der „uneingeschränkten Anspruchskonkurrenztheorie" haftet B dagegen auch nach den §§ 823 I, 249 ff. BGB für die Eigentumsverletzung.

2. Wie der Ausgangsfall, nur kannte B die Nichtigkeit lediglich infolge leichter Fahrlässigkeit nicht.

B ist nunmehr gutgläubiger unverklagter nicht-pönaler unrechtmäßiger Besitzer. Ein Anspruch aus den §§ 990 I 1, 989 BGB besteht nicht. Nach der „Ausschließlichkeitstheorie" (Theorie I) sind auch deliktische Ansprüche ausgeschlossen. Die „eingeschränkte Anspruchskonkurrenztheorie" (Theorie II) wendet die §§ 823 ff. BGB in diesem Falle auch nicht an, da andernfalls die Privilegierung des gutgläubigen und unverklagten (nicht-pönalen) unrechtmäßigen Besitzers aufgehoben wäre. Demgegenüber ist nach der „uneingeschränkten Anspruchskonkurrenztheorie" (Theorie III) ein Schadensersatzanspruch aus den §§ 823 I, 249 ff. BGB gegeben, weil den B sowohl hinsichtlich des fremden Eigentums als auch hinsichtlich des Verkehrsunfalls ein Verschulden traf.

S. ergänzend Czeguhn/Ahrens SachenR Fälle 10, 13; Martinek/Omlor, Grundlagenfälle zum BGB für Examenskandidaten, 2022, Fall 9; Wilksch ZJS 2012, 778.

11. Problem
Sind die §§ 823 ff. BGB auf den unrechtmäßigen Fremdbesitzer anwendbar, wenn dieser sein vermeintliches Besitzrecht überschreitet (Lehre vom Fremdbesitzerexzess)?

Ausgangsfall:

B hat einen Schrebergarten von Eigentümer E gepachtet. Aus Ärger über die Mühseligkeit der Obsternte fällt er die Obstbäume. Der Pachtvertrag stellt sich nunmehr als nichtig heraus, was B fahrlässigerweise bei Abschluss des Vertrages nicht erkannt hat. Bestehen Ansprüche des E gegen B?

Ausgangspunkt:

Als Fremdbesitzerexzess bezeichnet man die Konstellation, in der ein unrechtmäßiger Fremdbesitzer schuldhaft den Rahmen seiner Einwirkungsbefugnisse überschreitet, die ihm das als Grundlage seines vermeintlichen Besitzrechts angenommene Vertragsverhältnis oder dingliche Recht im Falle seiner Wirksamkeit gegenüber dem Eigentümer verliehen hätte (wenn in diesem Zusammenhang von einer Überschreitung des Besitzrechts gesprochen wird, ist das an sich ungenau, vgl. Köbl EBV S. 100 Fn. 29 mwN, es handelt sich aber wohl um eine sinnvolle, weil die Verständigung erleichternde Vereinfachung). Die Problematik des Fremdbesitzerexzesses ist in den §§ 987 ff. BGB nur für Dreipersonenverhältnisse angesprochen: § 991 II BGB regelt die Schadensersatzhaftung eines Fremdbesitzers, der den Besitz einer anderen Person als dem Eigentümer mittelt. Nicht oder jedenfalls nicht explizit geregelt ist der Fall, dass ein Mieter oder Entleiher, der den Besitz aufgrund eines unwirksamen Vertrages von dem Eigentümer selbst erhalten hat, die Sache beschädigt (Zweipersonenverhältnis). Eine schematische und wertungsmäßig unkontrollierte Anwendung der Normen des Eigentümer-Besitzer-Verhältnisses könnte hier zu dem Ergebnis führen, dass ein solcher Mieter oder Entleiher selbst für eine schuldhafte Beschädigung der fremden Sache unter Umständen überhaupt nicht haften müsste: Er wäre nach ganz hM (anders nur die Lehre von der Verdrängung der Vindikation durch die Leistungskondiktion, s. Problem Nr. 1, Theorie I, Meinung B) zwar dem Vindikationsanspruch des Eigentümers ausgesetzt. Nach den §§ 987 ff. BGB würde er für die Beschädigung der fremden Sache aber nicht auf Schadensersatz haften, wenn er im fraglichen Zeitpunkt noch gutgläubig und nicht auf Herausgabe verklagt war. Die Voraussetzungen des § 991 II BGB liegen nicht vor, weil der Fremdbesitzer in der hier interessierenden Konstellation sein vermeintliches Besitzrecht vom Eigentümer selbst ableitet. Ein Rückgriff auf § 823 I BGB scheint zudem daran zu scheitern, dass der Normenkomplex des Eigentümer-Besitzer-Verhältnisses auch für den Bereich der Schadensersatzhaftung eine abschließende Regelung darstellt (§ 993 I Hs. 2 BGB). Es liegt auf der Hand, dass dieses Ergebnis nicht sachgerecht ist, wenn der unberechtigte Fremdbesitzer nur wegen seiner Unkenntnis von der Vindikationslage von einer Haftung freigestellt wird, die ihn bei Existenz des angenommenen Besitzrechts zweifellos träfe. Denn bei Wirksamkeit des Mietvertrages oder sonstigen Schuldverhältnisses haftete er für eine schuldhafte Beschädigung oder Zerstörung bzw. einen verschuldeten Verlust der fremden Sache ohne Weiteres nach Vertrags- (§ 280 I bzw. §§ 280 I, III, 283

BGB) und Deliktsrecht. Es ist deshalb anerkannt, dass ein Fremdbesitzer, der sein vermeintliches Besitzrecht vom Eigentümer selbst ableitet, diesem den Schaden ersetzen muss, den er unter Überschreitung des vorgestellten Befugnisrahmens schuldhaft angerichtet hat. Streitig ist allein die dogmatische Konstruktion: Als Lösungsansätze bieten sich eine entsprechende Anwendung der Schadensersatznormen des Eigentümer-Besitzer-Verhältnisses (§§ 989, 990, 991 II BGB) oder die teleologische Reduktion des Ausschließlichkeitsgrundsatzes (§ 993 I Hs. 2 BGB) an, die eine ausnahmsweise Zulassung der deliktischen Haftung ermöglichte.

I. (hier sog.) **Bösgläubigkeitstheorie**

Für den Exzess des unrechtmäßigen Fremdbesitzers, der sein vermeintliches Besitzrecht vom Eigentümer ableitet, enthalten die §§ 987 ff. BGB keine unmittelbar einschlägige Anspruchsgrundlage. Ein solcher Besitzer ist jedoch einem bösgläubigen Vindikationsgegner gleichzustellen; er haftet dem Eigentümer demnach analog §§ 990 I, 989 BGB auf Schadensersatz.

Vertreten von:
Dimopoulos-Vosikis, Die bereicherungs- und deliktsrechtlichen Elemente der §§ 987–1003 BGB, 1966, S. 128 ff.; Heck SachenR § 69, 2; Krause Haftung S. 112 f. (§ 990 I 2 BGB analog); E. Schneider MDR 1955, 718 f.; Wolff/Raiser SachenR § 85 III 5b; ähnlich auch Erman/Hefermehl, 10. Aufl. 2000, BGB vor §§ 987 ff. Rn. 24 (Haftung aus den §§ 990, 989 BGB mit den Haftungsmodalitäten des vermeintlichen Besitzrechts; daneben Haftung gem. §§ 823 ff. BGB).

1. Argument
Beim Fremdbesitzerexzess muss der Besitzer als bösgläubig behandelt werden, denn er hat keine Vorstellungen, die, wenn sie richtig wären, sein Verhalten rechtmäßig sein ließen (Dimopoulos-Vosikis).

2. Argument
Der Interessenlage in der Konstellation des unrechtmäßigen Fremdbesitzers entspricht bei Überschreitung des Besitzrechts der des gutgläubigen unrechtmäßigen Eigenbesitzers nach Rechtshängigkeit: Durch die Rechtshängigkeit wird der gutgläubige unrechtmäßige Eigenbesitzer gewarnt, dass Herausgabeansprüche bestehen, muss sich in der Folge als Verwalter einer fremden Sache betrachten und haftet für Beschädigungen streng. Der Fremdbesitzer dagegen weiß ohnehin, dass er eine fremde Sache besitzt, sodass die strenge Haftung, die den unrechtmäßigen Besitzer ab Rechtshängigkeit trifft, hier gleichermaßen gerechtfertigt ist (E. Schneider).

3. Argument
Mehr als hundert Jahre lang war die Verjährungsfrist für die vindikatorischen Schadensersatzansprüche (30 Jahre nach § 195 BGB aF) deutlich länger als die der Deliktsansprüche (drei Jahre nach § 852 BGB aF). In dieser Situation war es rechtspolitisch sinnvoller, dem Eigentümer im Verhältnis zu dem sein Besitzrecht überschreitenden Fremdbesitzer den Vorteil der längeren Verjährungsfrist zu gewähren. Nach der Angleichung der Verjährungsfristen ergibt sich daraus ein historisches Argument zugunsten der Bösgläubigkeitstheorie.

II. Theorie der entsprechenden Anwendung von § 991 II BGB

Ein unrechtmäßiger Fremdbesitzer, der dem Eigentümer selbst den Besitz vermittelt, haftet diesem für eine Beschädigung oder Zerstörung oder den Verlust der Sache in Analogie zu § 991 II BGB.

Vertreten von:
Baur/Stürner SachenR § 11 Rn. 32; Helm, Haftung für Schäden an Frachtgütern, 1966, S. 216; Jacoby/v. Hinden BGB § 991 Rn. 4 (Haftung nach den §§ 991 II, 823 BGB); Köbl EBV S. 179; MüKoBGB/Raff § 991 Rn. 14, 993 Rn. 18; Michalski FS Gitter, 1995, 577 (607 f.); NK-BGB/Schanbacher § 993 Rn. 11 u. § 991 Rn. 13 (unmittelbare Anwendung von § 991 II); Schreiber SachenR Rn. 215; Weber SachenR I § 16 Rn. 107; Wieling SachenR I § 12 III 4b; Wieling MDR 1972, 645 (650); Wilhelm SachenR Rn. 1300 ff.; Wilhelm JZ 2004, 650 (651 f.) (dagegen Staudinger/Thole, 2019, BGB vor §§ 987 ff. Rn. 91). – Baur/Stürner und Köbl wollen neben der analogen Anwendung von § 991 II BGB auch die unmittelbare Anwendung von § 823 BGB zulassen, kumulieren also die Lösungswege von Theorie II und Theorie IV. Wilhelm leitet aus der analogen Anwendung von § 991 II BGB ab, dass der unrechtmäßige Fremdbesitzer sowohl nach vertraglichen (einschließlich § 278 BGB) wie auch deliktischen Grundsätzen (einschließlich § 831 BGB) haftet.

1. Argument
§ 991 II BGB ist der beste Weg zur Begründung der – im Ergebnis allgemein anerkannten – Schadensersatzhaftung beim Fremdbesitzerexzess im Zweipersonenverhältnis. Der in § 991 II BGB geregelte und der nicht geregelte Fall des Fremdbesitzerexzesses stimmen in ihrem subjektiven Merkmal überein. Beide Besitzer wissen, dass sie mit einer fremden Sache umgehen und dass deshalb jede Vernachlässigung oder Beschädigung der Sache einen rechtswidrigen Übergriff in das fremde Eigentum bedeutet, wenn ihnen ein derartiges Verhalten nicht im (vermeintlich wirksamen bzw. vermeintlich mit dem Eigentümer geschlossenen) Vertrag gestattet worden ist (Köbl).

2. Argument
§ 991 II BGB lässt sich wie folgt verallgemeinern: Jeder unrechtmäßige Fremdbesitzer haftet dem Eigentümer für eine schuldhafte Zerstörung bzw. Beschädigung oder den schuldhaft herbeigeführten Verlust der Sache auf Schadensersatz, wenn und soweit er dies auch bei der angenommenen Rechtslage getan hätte. Er darf nicht besser stehen, als er beim Vorhandensein eines wirksamen Vertrages dieses Inhalts mit dem Eigentümer gestanden hätte.

3. Argument
Der zwischen dem geregelten und dem nicht geregelten Fall des Fremdbesitzerexzesses bestehende Unterschied in der Zahl der Beteiligten und der Rechtsverhältnisse ist demgegenüber ein nebensächliches Moment, auf dem die Begrenzung des Besitzerschutzes in § 991 II BGB nicht beruht (Köbl).

4. Argument
Gegenüber der von der herrschenden Meinung (Theorie V) bevorzugten unmittelbaren Anwendung des § 823 I BGB ist der Weg über die analoge Anwendung von § 991 II BGB schon deshalb geeigneter, weil er den geschädigten Eigentümer besser-

stellt. Diesem kommt durch den Analogieschluss die strengere Gehilfenhaftung (§ 278 BGB statt § 831 BGB) zugute (Schreiber).

5. Argument (gegen Theorie I)
Die analoge Anwendung der §§ 990 I, 989 BGB bedeutet der Sache nach nichts anderes als eine Übertragung der für Vertragsverletzungen des rechtmäßigen Besitzers entwickelten und heute im Wesentlichen aufgegebenen Lehre vom nicht-so-berechtigten Besitz auf die Konstellation des unrechtmäßigen Fremdbesitzes. Diese Lehre (Theorie I) verkennt aber, dass § 990 I 1 BGB als Bezugspunkt der Bösgläubigkeit ganz bewusst das fehlende Recht zum Besitz und nicht das Fehlen der entsprechenden Einwirkungsbefugnis gewählt hat.

Untergliederung: Umstritten ist innerhalb der Theorie der entsprechenden Anwendung von § 991 II BGB, in welchem Umfang die Haftung des Besitzers durch etwaige Haftungsprivilegien des unwirksamen Vertrages beeinflusst wird.

Meinung A
Die analoge Anwendung des § 991 II BGB bedeutet nur, dass dem Fremdbesitzer auch bei gutem Glauben nicht das Haftungsprivileg des § 993 I Hs. 2 BGB zugutekommen darf. Die Haftungsmodalitäten entsprechen denen des Deliktsrechts.

Vertreten von:
Köbl EBV S. 179.

1. Argument
§ 991 II BGB lässt sich wie folgt verallgemeinern: Jeder Besitzer, der die Schranken seines vermeintlichen Besitzrechts nicht einhält, haftet ohne den Schutz des § 993 I Hs. 2 BGB.

2. Argument
Ohne den Schutz des § 993 I Hs. 2 BGB heißt aber nicht: nach Maßgabe des unwirksamen Vertrages. Über § 991 II BGB dürfen nicht Haftungsmodalitäten des unwirksamen Vertrages zwischen Eigentümer und Fremdbesitzer zur Geltung gebracht werden. Inhaltlich kann sich die über die Analogie zu § 991 II BGB begründete Verantwortlichkeit nur nach den Vorschriften über die unerlaubten Handlungen richten. Im unwirksamen Vertrag vorgesehene Haftungserleichterungen können nur bei einem darauf aufbauenden entschuldbaren Verbotsirrtum Relevanz gewinnen (Köbl).

Meinung B
Der unrechtmäßige Fremdbesitzer kann infolge der analogen Anwendung des § 991 II BGB nicht schärfer haften als nach dem unwirksamen Vertragsverhältnis. Dort vorgesehene Haftungsprivilegien kommen dem Fremdbesitzer also unmittelbar und nicht nur auf dem Umweg über das Verschuldenserfordernis zugute.

Vertreten von:
Hineß, Das Problem der Konkurrenz der Vorschriften über die Haftung aus unerlaubter Handlung mit den Bestimmungen über die Haftung des Besitzers gegenüber dem Eigentümer, 1930, S. 23; Wieling SachenR I § 12 III 4b; s. auch Medicus/Petersen BürgerlR Rn. 586 (allerdings bei Anwendung des § 823 I BGB).

Begründung
§ 991 II BGB beruht auf der Erwägung, dass der unrechtmäßige Fremdbesitzer die Haftungsfreistellung nicht verdient, wenn er auch nach der angenommenen Rechtslage gehaftet hätte. Er darf deshalb nicht schadensersatzpflichtig sein, wenn er sich bei Wirksamkeit des Vertrages auf eine Haftungsfreistellungsklausel oder Ähnliches hätte berufen können.

III. (hier sog.) **Eigenbesitzertheorie**

Das Haftungsprivileg, das die §§ 987 ff. BGB mit der Verdrängung des allgemeinen Deliktsrechts gewähren, gilt nur für Eigenbesitzer. Auf Fremdbesitzer finden hingegen die §§ 823 ff. BGB neben den §§ 987 ff. BGB generelle Anwendung; und damit insbesondere auch bei Exzesshandlungen des unrechtmäßigen Fremdbesitzers.

Vertreten von:
Dietz, Anspruchskonkurrenz bei Vertragsverletzung und Delikt, 1934, S. 195, 198 f., 207 f.; RGRK/Johannsen, 11. Aufl. 1959, BGB § 992 Anm. 13 ff.; weniger deutlich RGRK/Pikart BGB § 992 Rn. 17 ff.

1. Argument
Der Grund, der zur Einschränkung der deliktischen Haftung durch die §§ 987 ff. BGB geführt hat, ist die Erwägung, dass der Besitzer die von ihm beschädigte Sache für seine eigene hält (*quasi rem suam neglexit*). Wer eine Sache als seine eigene ansieht und nun nach Gutdünken mit ihr verfährt, soll grundsätzlich nicht nach den §§ 823 ff. BGB in Anspruch genommen werden können, wenn sich seine Annahme als Irrtum erweist. Für den Fremdbesitzer trifft dieser Grund nicht zu. Auch ein Fremdbesitzer, der von der Existenz seines Besitzrechts völlig überzeugt ist, weiß immerhin, dass ihm eine fremde Sache anvertraut ist, die er mit der gebotenen Sorgfalt behandeln muss. Schon aus diesem Grunde darf § 992 BGB – als die für die Konkurrenz des Eigentümer-Besitzer-Verhältnisses mit dem Deliktsrecht entscheidende Norm – nach der methodischen Regel *cessante ratione cessat lex ipsa* (= fällt der Sinn eines Gesetzes weg, so fällt auch das Gesetz weg) auf Fremdbesitzer nicht angewandt werden, muss also die Sperrwirkung dieser Norm gegenüber dem Deliktsrecht auf Eigenbesitzer beschränkt werden (Dietz).

2. Argument
Die Sperrwirkung des § 993 I Hs. 2 BGB muss für Fremdbesitzer generell entfallen: Für einen nur partiellen Ausschluss des Deliktsrechts, das heißt eine Haftungsfreistellung derjenigen unrechtmäßigen Fremdbesitzer, die sich im Rahmen ihres angenommenen Rechts halten, fehlt im Gesetz jeder Anhaltspunkt. § 992 BGB stellt nun einmal nicht auf die Bewusstseinslage des Besitzers, sondern nur auf die Art der Besitzverschaffung ab (Dietz).

3. Argument
Die allgemeine Freistellung des gutgläubigen und sich innerhalb des Befugnisrahmens des vermeintlichen Besitzrechts haltenden Fremdbesitzers von der deliktischen Haftung ist sachlich nicht angebracht. Es bedeutet einen wesentlichen Unterschied, ob ich glaube, mit meiner eigenen Sache zu verfahren, oder ob ich weiß, dass ich es mit einer fremden Sache zu tun habe. Bei einer fremden Sache muss ich von vornherein

darauf bedacht sein, mich im Rahmen des Rechtskreises zu halten, der mir etwa als Mieter zusteht. Da ich weiß, dass ich nur ein beschränktes abgeleitetes Recht habe, ist es interessengerecht, wenn von mir verlangt wird, mich sorgfältig zu vergewissern, wie weit dieses abgeleitete Recht geht und ob es überhaupt vorhanden ist.

IV. Nichtanwendungstheorie

Die Haftung des unrechtmäßigen Fremdbesitzers, der sein vermeintliches Besitzrecht vom Eigentümer selbst ableitet, ergibt sich für eine Zerstörung oder Beschädigung der Sache ohne Weiteres aus § 823 I BGB. § 993 I Hs. 2 BGB steht dem nicht entgegen, weil die §§ 987–993 BGB grundsätzlich (dh mit Ausnahme der §§ 988, 991 BGB) nur gegenüber dem Eigenbesitzer eingreifen.

Vertreten von:
Harder FS Mühl, 1981, 267 (273 ff.); im Ergebnis auch BGH NJW 1973, 1790 (Haftung des minderjährigen Mieters, der die unwirksam gemietete Sache beschädigt hat, nach § 823 I BGB; keine Erwähnung der §§ 987 ff. BGB).

1. Argument
Die §§ 987 ff. BGB bringen dem unrechtmäßigen Besitzer im Vergleich zu den allgemeinen Haftungsnormen erhebliche Vorteile. Das gilt insbesondere für die weitgehende Freistellung des gutgläubig-unverklagten Besitzers von Schadensersatzansprüchen. Dieses Privileg verdient aber nur der gutgläubig-unverklagte Eigenbesitzer, der sich für berechtigt halten darf, mit der Sache nach Belieben zu verfahren. Die Konsequenz muss deshalb sein, dass man die Schadensersatzregelungen der Vindikationsfolgenormen grundsätzlich auf Fremdbesitzer nicht anwendet. Letzteres gilt natürlich nicht für § 991 II BGB, wo eine besondere Konstellation des unrechtmäßigen Fremdbesitzes explizit geregelt ist. Aber das ist eine singuläre Ausnahmevorschrift. Aus ihr darf man deshalb nicht ableiten, dass auch die anderen Schadensersatzregelungen des Eigentümer-Besitzer-Verhältnisses auf den Fremdbesitzer Anwendung finden müssten.

2. Argument (gegen Theorie V)
Da die Schadensersatzregelungen der §§ 989, 990 I, 992, 993 I BGB nur auf den Eigenbesitzer zugeschnitten sind, ist eine entsprechende Restriktion ihres Anwendungsbereichs die einfachere und zweckmäßigere Lösung als das von der hM befürwortete Zweistufenmodell: nämlich im ersten Schritt die Entscheidung für eine unmodifizierte Anwendung der §§ 987 ff. BGB auch auf unrechtmäßige Fremdbesitzer, nur um dann in einem zweiten Schritt die damit implizierte weitgehende Haftungsfreistellung des unrechtmäßigen Fremdbesitzers von der deliktischen Haftung durch eine ad hoc erfundene „Ausnahme“ für den Fremdbesitzerexzess doch noch zu korrigieren.

V. (hier sog.) Deliktstheorie

Der unrechtmäßige Fremdbesitzer haftet für den schuldhaft angerichteten Schaden unmittelbar aus den §§ 823 ff. BGB, wenn er den Rahmen seines vermeintlichen Besitzrechts überschreitet (teleologische Reduktion des § 993 I Hs. 2 BGB). Bei dem angenommenen Besitzrecht kraft Gesetzes bestehende oder besonders vereinbarte Haftungsprivilegien gelten dabei auch für die deliktische Haftung.

Vertreten von:
RGZ 101, 307 (310); 157, 132 (135); BGH NJW 1951, 643; BGHZ 24, 188 (196) = NJW 1957, 1150; BGHZ 31, 129 (132) = NJW 1960, 192; BGHZ 46, 140 (146) = NJW 1967, 42; BGH NJW 1973, 1790 (implizit); WM 1976, 350 (351); OLG Saarbrücken NJW 1997, 1242 (1243); OLGR Hamm 1999, 285; OLGR Köln 2000, 261; OLG Hamm BeckRS 2011, 20127; AK-BGB/Joerges vor §§ 987 ff. Rn. 46 f.; BeckOGK/Spohnheimer, 1.5.2023, BGB § 993 Rn. 25 f.; BeckOK BGB/Fritzsche § 993 Rn. 10; Brox/Walker, Besonderes Schuldrecht, 47. Aufl. 2023, § 52 Rn. 45; Eichler Institutionen S. 204 f.; Erman/Ebbing BGB vor §§ 987 ff. Rn. 46 f.; Fikentscher/Heinemann SchuldR Rn. 1552; Gerhardt MobiliarsachenR S. 81; Gernhuber BürgerlR § 44 IV 3c; Grüneberg/Herrler BGB § 993 Rn. 4; Habersack SachenR Rn. 118; Jauernig/Berger BGB vor §§ 987 ff. Rn. 12; Lange SachenR § 11 A II 5; Medicus/Petersen BürgerlR Rn. 586; MüKoBGB/Medicus, 4. Aufl. 2004, § 993 Rn. 13; Müller/Gruber SachenR Rn. 931 ff.; Müller JuS 1983, 516 (518 f.); Neuner SachenR Rn. 119; Schapp/Schur SachenR Rn. 116; Schellhammer SachenR Rn. 157; Schiemann JURA 1981, 631 (637); K. Schreiber JURA 1992, 356 (361); Soergel/Thöne BGB vor §§ 987 ff. Rn. 25; Staudinger/Thole, 2019, BGB vor §§ 987 ff. Rn. 94 ff., § 991 Rn. 16; Thöne JuS 2021, 809 (812); Wellenhofer SachenR § 22 Rn. 42; Westermann/Gursky/Eickmann SachenR § 30 Rn. 16; wohl auch Westermann/Staudinger SachenR Rn. 312.

1. Argument
Wenn man bei Exzesshandlungen des unrechtmäßigen Fremdbesitzers die §§ 987 ff. BGB unter Ausschluss der §§ 823 ff. BGB anwenden wollte, so stünde der rechtmäßige Besitzer schlechter als der unrechtmäßige Besitzer, weil ersterer bei Verletzungshandlungen ohne Weiteres aus § 823 BGB haftet, während der gutgläubige, unverklagte und nicht-pönale (dh nicht unter § 992 BGB fallende) Besitzer keiner Schadensersatzhaftung ausgesetzt ist.

2. Argument
Der innere Grund für den Ausschluss der Haftung – nämlich der Quasi-rem-suam-neglexit-Gedanke – fehlt beim Fremdbesitzer. Die gesetzgeberische Entscheidung für eine Verdrängung des Deliktsrechts durch das Eigentümer-Besitzer-Verhältnis bedarf insoweit einer Korrektur (teleologische Reduktion des Exklusivitätsdogmas bzw. des § 993 I Hs. 2 BGB, der die Sperrwirkung des Eigentümer-Besitzer-Verhältnisses gegenüber dem Deliktsrecht zum Ausdruck bringt).

3. Argument (gegen Theorie III)
Eine völlige Freigabe des Deliktsrechts bei Fremdbesitzern, wie sie die Eigenbesitzertheorie postuliert, wäre mit den Wertungen des Eigentümer-Besitzer-Verhältnisses unvereinbar. Auch der Fremdbesitzer verdient den Schutz seines Vertrauens auf den Bestand seines (vermeintlichen) Besitzrechts und der diesem entsprechenden Einwirkungsbefugnisse. Er soll, mit anderen Worten, nur für den Exzess haften.

4. Argument (gegen Theorie I)
Die Bösgläubigkeitstheorie will den Fremdbesitzer, der den Befugnisrahmen des unwirksamen Vertrages objektiv überschreitet, ohne Weiteres einem bösgläubigen unrechtmäßigen Besitzer gleichstellen. Das ist nicht angemessen: Der sein vermeintliches Besitzrecht schuldlos überschreitende Fremdbesitzer sollte nicht allein deshalb den besonderen Sorgfaltspflichten des gesetzlichen Schuldverhältnisses unterworfen werden.

5. Argument (gegen Theorie II)
Die analoge Anwendung des § 991 II BGB erscheint gekünstelt, da diese Norm eindeutig auf dreigliedrige Verhältnisse zugeschnitten ist und dabei die Haftung des unmittelbaren Besitzers gegenüber dem Eigentümer an seine Haftung aus einem wirksamen Vertrag mit dem mittelbaren Besitzer anknüpft. Sie kann daher nicht auf zweigliedrige Beziehungen übertragen werden, in denen eine solche vertragliche Haftungsgrundlage gerade fehlt.

VI. Theorie der freien Anspruchskonkurrenz zwischen vindikatorischen und deliktischen Schadensersatzansprüchen

Es gibt kein besonderes Problem des Fremdbesitzerexzesses. Auch der redliche und unverklagte unrechtmäßige Besitzer haftet immer nach den §§ 823 ff. BGB, wenn deren Voraussetzungen vorliegen.

Vertreten von:
Vgl. Problem Nr. 10, Theorie III.

Fallbeispiele:

1. Im Ausgangsfall besteht zwischen E und B ein Eigentümer-Besitzer-Verhältnis, wenn man nicht der Lehre von der Subsidiarität der Vindikation gegenüber der Leistungskondiktion folgt (s. Problem Nr. 1, Theorie I, Meinung B). Vertragliche Ansprüche scheiden danach aus. Die Voraussetzungen der im Eigentümer-Besitzer-Verhältnis geregelten Schadensersatzansprüche liegen ebenfalls nicht vor. Theorie I würde aber eine Haftung analog §§ 990 I, 989 BGB annehmen. Theorie II würde die Schadensersatzpflicht demgegenüber mit einer Analogie zu § 991 II BGB begründen. Theorie III–VI kämen mit unterschiedlicher Begründung zu einem Schadensersatzanspruch aus § 823 I BGB. Einzelne Autoren (Baur/Stürner, Köbl) würden die Ansprüche analog §§ 991 II, 823 I BGB und gem. § 823 I BGB (in unmittelbarer Anwendung) nebeneinander gewähren.

2. Der 17-jährige B mietet von E ein Moped, wobei er schuldlos von einer (in Wirklichkeit nicht gegebenen) Einwilligung seiner Eltern ausgeht. B verursacht schuldhaft einen Unfall, bei dem das Moped beschädigt wird. Die Eltern des B verweigern die Genehmigung zum Abschluss des Vertrages. Ansprüche des E gegen B?

In diesem Fall sind vertragliche Ansprüche nicht gegeben. Auch ein Anspruch nach den §§ 990 I, 989 BGB liegt nicht vor, da weder B noch seine Eltern beim Besitzerwerb bösgläubig waren. Theorie I müsste einen Schadensersatzanspruch analog §§ 990 I, 989 BGB in Betracht ziehen. Ob dieser wirklich angenommen werden kann, hängt dann davon ab, welche Stellung im Streit um die Relevanz der eigenen Kenntnis des minderjährigen Besitzers im unmittelbaren Anwendungsbereich des § 990 BGB bezogen wird (s. dazu Soergel/Thöne BGB § 990 Rn. 25; Staudinger/Thole, 2019, BGB § 990 Rn. 85 ff.). Die wohl hM will die eigene Bösgläubigkeit des Minderjährigen im Falle seiner Deliktsfähigkeit beachten. Theorie II hat keinen rechten Ansatz, um die Minderjährigkeit des B zu berücksichtigen. Die Theorien III–VI würden die §§ 823 I, 828 II BGB direkt anwenden.

3. D verpfändet dem P eine Sache, die dem E gestohlen worden ist. P übersieht dabei leicht fahrlässig Umstände, die gegen die Eigentümerstellung des D sprechen. Bei

Fälligkeit der gesicherten Forderung verwertet P die Sache durch Pfandveräußerung (§§ 1233, 1235 BGB). Der dabei erzielte Erlös liegt unter dem Sachwert. E verlangt nun von P Schadensersatz.

Ein Anspruch aus § 823 I BGB wegen fahrlässiger Eigentumsverletzung ist hier tatbestandsmäßig gegeben. Mangels Überschreitung des vermeintlichen Besitzrechts wäre der Anspruch jedoch nach Theorien I, II und V aus Konkurrenzgründen, nämlich wegen der Sperrwirkung des Eigentümer-Besitzer-Verhältnisses (vgl. § 993 I Hs. 2 BGB), zu verneinen; die von Theorie V bejahte Ausnahme für den Fremdbesitzerexzess griffe nicht ein und die Voraussetzungen für eine analoge Anwendung der §§ 990 I, 989 BGB (Theorie I) bzw. von § 991 II BGB (Theorie II) wären mangels einer Überschreitung des angenommenen Besitzrechts zu verneinen. Nur wenn man die Anwendung der §§ 987 ff. BGB (Theorie IV) prinzipiell auf Eigenbesitzer beschränkt bzw. (jedenfalls) die Haftungsprivilegien der §§ 987 ff. BGB (Theorie III) ausschließlich dem Eigenbesitzer zukommen lässt oder der Lehre von der freien Anspruchskonkurrenz zwischen Eigentümer-Besitzer-Verhältnis und Deliktsrecht (Problem Nr. 10, Theorie III) folgt, kann man den deliktischen Schadensersatzanspruch bejahen.

S. ergänzend Czeguhn/Ahrens SachenR Fall 13; Falk/Schneider Klausurenkurs II Fall 13; Lange/Schiemann Fälle SachenR Fall 16; Hofmann/John JuS 2011, 515.

12. Problem
Beurteilt sich die Redlichkeit bei Besitzerwerb (§ 990 I BGB) nach der Person des Besitzers oder nach der seines Gehilfen?

Ausgangsfall:

Der Angestellte A der Firma B kauft von X Messgeräte für die Firma, die aus Diebstählen des X in der Fabrik Z herrühren. A war Leiter der Einkaufsabteilung und hätte wegen des niedrigen Preises die zweifelhafte Herkunft der Geräte erkennen müssen. Die Firma B verschleudert die Geräte in Asien (nach BGHZ 32, 53 = NJW 1960, 860). Kann Z von B nach den §§ 989, 990 I 1 BGB Schadensersatz verlangen?

Ausgangspunkt:

§ 990 I 1 BGB setzt voraus, dass der Besitzerwerber nicht in gutem Glauben (§ 932 II BGB analog) bezüglich seines Besitzrechts ist. Probleme tauchen auf, wenn der Besitzerwerb durch einen Gehilfen erfolgt. Die Fallgestaltung, in der Besitzherr und Besitzdiener (§ 855 BGB) beide entweder gut- oder bösgläubig sind, bereitet keine Schwierigkeiten. Auch der Fall, in dem der Besitzherr bösgläubig, der Besitzdiener jedoch gutgläubig ist, wird nach allgemeiner Ansicht so entschieden, dass es hier auf den Besitzherrn ankommt (BGHZ 16, 259 (263) = NJW 1955, 866; s. auch Soergel/Thöne BGB § 990 Rn. 16; aA noch Schulze Gruchot 64 (1920), 400 (414)). Umstritten ist lediglich, ob die Bösgläubigkeit des Besitzdieners dem gutgläubigen Besitzherrn zugerechnet werden kann.

§ 278 BGB muss hierbei außer Betracht bleiben, denn § 278 BGB kann grundsätzlich nur innerhalb bestehender Schuldverhältnisse Anwendung finden. Das gesetzliche Schuldverhältnis der §§ 987 ff. BGB wird aber erst durch den Besitzerwerb begründet. Auch eine direkte Anwendung des § 166 I BGB muss ausscheiden (aA noch RG SeuffArch 79 (1925), Nr. 186), weil die §§ 164 ff. BGB nur die Abgabe von Willenserklärungen betreffen, der Besitzerwerb aber die Erlangung der tatsächlichen Gewalt über eine Sache bedeutet (Realakt). § 831 BGB regelt unmittelbar nur die Haftung des Geschäftsherrn für unerlaubte Handlungen des Verrichtungsgehilfen, sodass auch diese Norm für die Frage der Zurechnung der Bösgläubigkeit beim Besitzer nicht unmittelbar herangezogen werden kann (Anspruchsgrundlage, nicht aber Zurechnungsnorm).

Dies hat in der wissenschaftlichen Diskussion des vorliegenden Problems zu einem sehr breit gefächerten Meinungsspektrum geführt. Die folgende Darstellung konzentriert sich daher auf die wesentlichen der heute noch vertretenen Auffassungen.

I. Theorie der analogen Anwendung des § 831 BGB

Ob dem persönlich gutgläubigen unrechtmäßigen Besitzer die Kenntnis bzw. grob fahrlässige Unkenntnis einer beim Besitzerwerb beteiligten Hilfsperson zugerechnet werden kann, richtet sich (ausschließlich) nach der analog anzuwendenden Vorschrift des § 831 BGB.

Vertreten von:
Baur/Stürner SachenR § 5 Rn. 15, § 8 Rn. 8; Erman/Ebbing BGB § 990 Rn. 24; Harms SachenR S. 59; Heck SachenR § 69, 6; Hübner, Allgemeiner Teil des Bürgerlichen Gesetzbuches, 2. Aufl. 1996, Rn. 1213 (modifiziert: für Einschränkung der Exkulpationsmöglichkeit); Jauernig/Berger BGB § 990 Rn. 2 (bb); Koppensteiner/Kramer Ungerechtfertigte Bereicherung S. 146; Medicus/Petersen BürgerlR Rn. 581; MüKoBGB/Medicus, 4. Aufl. 2004, § 990 Rn. 12; Petersen JURA 2002, 255 (258); Soergel/Leptien, 12. Aufl. 1988, BGB § 166 Rn. 16; Staudinger/Dilcher, 1979, BGB § 166 Rn. 9; Westerhoff, Organ und gesetzlicher Vertreter, 1993, S. 57 ff.; H. Westermann JuS 1961, 79 (82); ähnlich auch Wilhelm AcP 183 (1983), 1 (24); L. Birk JZ 1963, 354; iErg ähnlich, aber unter gleichzeitiger Berufung auf die §§ 831 und 166 BGB und mit im Widerspruch zu § 831 BGB stehender Beweislastverteilung BGHZ 16, 259 (262 ff.) = NJW 1955, 866.

1. Argument
Die §§ 990, 989 BGB begründen einen deliktsähnlichen, gestreckten Haftungstatbestand (erst unredlicher Erwerb, dann schuldhafte Vereitelung der Herausgabe). Schon die bösgläubige Besitzbegründung als solche steht dabei einem Delikt zumindest nahe. Deshalb passt § 831 BGB als Grundlage für die Zurechnung der Bösgläubigkeit von Hilfspersonen des Besitzerwerbers besser als § 166 I BGB.

2. Argument
Es geht (regelmäßig) um die Zurechnung der Bösgläubigkeit von Besitzdienern. Die Weisungsabhängigkeit des Besitzdieners entspricht mehr der Gebundenheit des Verrichtungsgehilfen. Eine solche Weisungsabhängigkeit ist zwar auch beim Vertreter möglich, aber weder nötig noch typisch.

3. Argument
Für die Fälle des Besitzerwerbs durch Straftat oder schuldhaft verbotene Eigenmacht hebt § 992 BGB die grundsätzliche Sperrwirkung des Eigentümer-Besitzer-Verhältnisses gegenüber dem Deliktsrecht auf. Damit ist eine Haftungsverschärfung beabsichtigt. Wendet man nun im Rahmen des § 990 BGB den § 166 I BGB entsprechend an, so würde dies zu einer strengeren Haftung des Besitzers (keine Exkulpationsmöglichkeit!) führen als im Falle der haftungsverschärfenden Norm des § 992 BGB, da bei Letzterer § 831 BGB jedenfalls anwendbar ist (Baur).

4. Argument
§ 166 I BGB kommt als Zurechnungsvorschrift schon deshalb nicht infrage, weil die Rechtsfolge der Norm nicht passt: § 166 I BGB verleiht der Bewusstseinslage des Stellvertreters Einfluss auf die rechtlichen Folgen einer Willenserklärung. Bei § 990 BGB geht es aber nicht um die Wirksamkeit eines Rechtsgeschäfts, sondern um Haftungsfragen.

5. Argument
Der Lösungsweg über die analoge Anwendung des § 166 I BGB führt für gleichgelagerte Fälle zu schwer verständlichen Unterschieden. Beschädigt der bösgläubige Besitzdiener die Sache vor der Besitzbegründung, gilt für den Besitzherrn § 831 BGB. Beschädigt er sie jedoch gleich nach Besitzerlangung, so würde der Besitzer nach § 990 I 1 BGB iVm §§ 166 I, 989 BGB haften (Medicus).

6. Argument
Im umgekehrten Fall, wo der Besitzherr bösgläubig und der Besitzdiener gutgläubig ist, findet § 166 BGB auch keine entsprechende Anwendung.

7. Argument
Auch im Falle des gutgläubigen Erwerbs (§ 932 BGB) kann die Bösgläubigkeit des nur zur Entgegennahme eingeschalteten Besitzdieners dem Besitzherrn nicht angelastet werden.

II. Enge Theorie der analogen Anwendung des § 166 I BGB

Die Bösgläubigkeit einer beim Besitzerwerb beteiligten Hilfsperson kann dem Besitzer nur in Analogie zu § 166 I BGB zugerechnet werden. Dies setzt voraus, dass die betreffende Hilfsperson entweder wirklich Stellvertreter des gegenwärtigen Besitzers war oder jedenfalls eine einem Stellvertreter vergleichbare freie Stellung hatte, also mit selbstständiger Entscheidungskompetenz und Verantwortung für die Erwerbshandlung ausgestattet war. Fehlt es an dieser freien Stellung, ist die Bösgläubigkeit der Hilfsperson für die Frage der Haftung des Besitzers aus § 990 BGB irrelevant.

Vertreten von:
BGHZ 32, 53 = LM § 166 BGB Nr. 4; BGHZ 41, 17 (21 f.) = NJW 1964, 1277; BGHZ 55, 307 (311) = NJW 1971, 1702; BGHZ 135, 202 (203 ff.) = NJW 1997, 1917; BGH WM 1974, 154 (155); 1974, 1040; OLG München WM 1977, 1036 (1038); Brehm/Berger SachenR Rn. 8.17; Enders, Der Besitzdiener – ein Typusbegriff, 1991, S. 94 ff., 110; Erman/Hefermehl, 10. Aufl. 2000, BGB § 990 Rn. 4; Flume, Allgemeiner Teil des Bürgerlichen Rechts, Bd. II, Das Rechtsgeschäft, 3. Aufl. 1979, S. 875 Fn. 42; Gursky Klausurenkurs SachenR Rn. 208 ff.; Gursky JZ 1997, 1154 (1159); Jacoby/v. Hinden BGB § 990 Rn. 2; Kiefner JA 1984, 189 (193); Kindl JA 1996, 115 (116); Knütel JuS 1989, 208 (214); Limbach JuS 1983, 291 (293 f.); Musielak/Mayer EK BGB Rn. 672; Neuner SachenR Rn. 149 f.; Pinger MDR 1974, 184 (186 f.); Rabe, Die Behandlung der Bösgläubigkeit des Besitzdieners beim Besitzerwerb, 1970, S. 160 ff., 172 f.; Raiser JZ 1961, 26 (27), Reinhardt GS Rudolf Schmidt, 1966, 115 (117 ff., 124 f.); Richardi AcP 169 (1969), 385 (394); RGRK/Pikart BGB § 990 Rn. 21; RGRK/Steffen BGB § 166 Rn. 16; Schapp/Schur SachenR Rn. 105; Schilken, Wissenszurechnung im Zivilrecht, 1983, S. 270 ff., 278; Schmolke JA 2007, 101 (103); K. Schreiber JURA 1992, 356 (361 f.); Soergel/Thöne BGB § 990 Rn. 17; Staudinger/Gursky, 2013, BGB § 990 Rn. 46 ff.; Staudinger/Schilken, 2019, BGB § 166 Rn. 11; Weber SachenR I § 16 Rn. 22 ff.; Westermann/Pinger SachenR § 32 II 2c; Wolff/Raiser SachenR § 13 II; Waltermann AcP 192 (1992), 181 (202 ff.); wohl auch Berg JuS 1965, 190 (194); NK-BGB/Schanbacher § 990 Rn. 12.

1. Argument
Ratio legis des § 166 I BGB ist die Erwägung, dass jemand, der „sich im Rechtsverkehr fremder Hilfe bedient und die Wirkung fremden Handelns für sich in Anspruch nimmt, auch die Nachteile daraus [dh aus der Bösgläubigkeit seiner Hilfsperson] in Kauf nehmen muß und sich nicht der eigenen sauberen Hände rühmen darf, wenn andere sie sich für ihn schmutzig gemacht haben“ (Raiser). Diese Überlegung trifft auf den Besitzerwerb durch Besitzdiener genauso zu, wenn der Besitzdiener wie ein rechtsgeschäftlicher Stellvertreter „nicht in einen schematischen Organisationsablauf

starr eingegliedert“ ist, sondern zu selbstständigem Handeln berufen und mit freier Entscheidungsgewalt ausgestattet ist (Raiser).

2. Argument
Nur durch die Analogie zu § 166 I BGB lässt sich verhindern, dass beim Erwerb einer unterschlagenen Sache durch einen bösgläubigen Besitzdiener/Stellvertreter die Frage der Gut- oder Bösgläubigkeit des Geschäftsherrn für die Anwendung des § 932 BGB anders entschieden werden muss als für die des § 990 I 1 BGB (BGHZ 32, 53 (59 f.) = NJW 1960, 860).

3. Argument
Die Lösung über die Analogie zu § 166 I BGB entspricht einer aktuellen Entwicklungstendenz der Zivilrechtsdogmatik, da ein an § 166 I BGB angelehntes allgemeines Zurechnungsprinzip der Wissensvertretung immer klarere Konturen gewinnt.

4. Argument
Wenn der Besitzdiener/Stellvertreter den Besitz nach § 854 II BGB erwerben würde, käme § 166 I BGB sogar unmittelbar zur Anwendung. Von dem Zufall, ob der Besitzerwerb nach § 854 I oder II BGB stattfindet, kann die Zurechnung des bösen Glaubens aber nicht abhängig sein (Prütting, der aber Theorie III vertritt).

5. Argument (gegen Theorie I, Arg. 5)
Der Vorwurf, der Lösungsweg über die Analogie zu § 166 I BGB müsse zwischen dem Handeln des Besitzdieners vor und nach der Besitzbegründung einen schwer verständlichen Unterschied machen, liegt neben der Sache. Ein solcher Unterschied ist unvermeidbar und folgt einfach daraus, dass das eine Mal außerhalb, das andere Mal innerhalb einer Sonderverbindung für fremdes Verhalten gehaftet wird.

6. Argument
Um die Haftung des Besitzherrn aus § 990 I BGB bei Bösgläubigkeit des Besitzdieners bejahen zu können, brauchen wir nur eine Norm, die klarstellt, dass dieser sich die Kenntnis oder grobe Fahrlässigkeit des Besitzdieners wie eine eigene (entsprechende) Bewusstseinslage zurechnen lassen muss. Die Rechtsfolgenseite des § 166 I BGB – die Zurechnung der Kenntnis oder des Kennenmüssens eines anderen – entspricht genau dem in § 990 I BGB noch fehlenden Tatbestandsteilstück. Die Rechtsfolge des § 831 BGB ist aber eine ganz andere: nämlich die Verpflichtung des Besitzherrn zum Schadensersatz (für eine fremde, objektiv widerrechtliche Handlung). Diese Rechtsfolge passt selbst dann nicht, wenn man auch noch die Rechtsfolgenseite des § 990 BGB hinzunimmt: Der bösgläubige Besitzerwerb als solcher löst nur verschärfte Sorgfaltsanforderungen für den Besitzer aus, begründet aber noch keine Schadensersatzpflicht.

7. Argument
Die analoge Anwendung des § 831 BGB passt nicht, weil die §§ 989 ff. BGB nicht ein Delikt betreffen, sondern Leistungsstörungsansprüche wegen Vereitelung des Vindikationsanspruchs darstellen (Pinger). Im Übrigen ist zu beachten, dass sich die Frage der Haftungsverschärfung wegen Bösgläubigkeit eines Besitzdieners nicht nur für die Schadensersatzpflicht aus § 990 BGB, sondern auch für die Erweiterung der Nutzungsherausgabepflicht des Vindikationsgegners und die Reduzierung seiner Ver-

wendungsersatzansprüche stellt. Jedenfalls für die letzteren Bereiche liegt die Heranziehung von § 831 BGB (mangels Deliktsähnlichkeit) sehr fern. Und die Frage sollte für alle drei Konstellationen einheitlich entschieden werden (Brehm/Berger).

8. Argument
§ 831 BGB ist auf den Besitzerwerb auch nicht entsprechend anwendbar, da der Besitzerwerb als solcher keine Unrechtshandlung ist. Dies lässt sich daran nachweisen, dass von einem deliktischen Verschulden, solange die Sache unversehrt bleibt (also die zusätzlichen Voraussetzungen des § 989 BGB nicht erfüllt sind), nicht gesprochen werden kann (Raiser).

9. Argument
Die Heranziehung des § 831 BGB müsste zu dem unbefriedigenden Ergebnis führen, dass sich Großbetriebe wegen ihrer hierarchischen Struktur angesichts der Anerkennung eines sog. dezentralisierten Entlastungsbeweises besonders leicht exkulpieren können.

10. Argument (gegen Theorie I, Arg. 3)
Es kann keine Rede davon sein, dass der Besitzer bei dem Weg über § 166 I BGB im Rahmen des § 990 BGB strenger haften müsste als in den schwereren Fällen des § 992 BGB. In § 992 BGB geht es um das unmittelbar haftungsauslösende deliktische Verhalten. In § 990 BGB geht es dagegen nur um den Verlust eines Haftungsprivilegs für die Folgezeit; erst die dem bösgläubigen Besitzerwerb nachfolgende schuldhafte Vindikationsvereitelung löst hier ja die Schadensersatzhaftung aus (MüKoBGB/Schramm, 6. Aufl. 2012, § 166 Rn. 51 und ähnlich MüKoBGB/Schubert § 166 Rn. 52).

11. Argument
Im Normalfall hat ein Stellvertreter einen gewissen Entscheidungsspielraum. Deshalb wird man die analoge Anwendung des § 166 BGB auf solche Hilfspersonen beschränken müssen, die eine ähnliche freie Stellung haben und in eigener Verantwortung über den Besitzerwerb entscheiden. Auch rechtspolitisch wäre es unangemessen, dem Besitzer nur wegen der Zufallskenntnis jeder Hilfsperson, zB seines Lkw Fahrers oder seiner Abladearbeiter, mit einer strengeren Haftung zu belasten.

III. Weite Theorie der analogen Anwendung des § 166 I BGB

Im Rahmen von § 990 BGB wird dem Besitzer die Bösgläubigkeit der am Besitzerwerb beteiligten Hilfspersonen immer in Analogie zu § 166 BGB zugerechnet. Es kommt nicht darauf an, ob die Hilfsperson ihrer Stellung nach einem Stellvertreter vergleichbar ist.

Vertreten von:
Hoche JuS 1961, 73 (76); S. Lorenz JZ 1994, 549 (552); Wetzel, Die Zurechnung des Verhaltens Dritter, 1971, S. 60 ff., 68; Wieling SachenR I § 12 II 3c (s. auch Fn. 62); Westermann/Staudinger SachenR Rn. 304.

1.–10. Argument
Wie Theorie II (mit Abweichungen bei Arg. 1; s. insoweit aber sogleich Arg. 11).

11. Argument
Es besteht kein Anlass, die analoge Anwendung von § 166 I BGB auf Besitzdiener mit Entscheidungsfreiheit zu beschränken. Es gibt nun einmal auch Stellvertreter mit gebundener Marschroute (vgl. § 166 II BGB).

12. Argument
Auch das zufällige Wissen von Lkw-Fahrern und Abladearbeitern, die beim Besitzerwerb mitwirken, ist durchaus relevant. Wenn ein solcher Arbeitnehmer die fragliche Sache als fremdes Gut erkennt, ist er seinem Arbeitgeber gegenüber zu einem entsprechenden Hinweis verpflichtet. Unterlässt er diese Aufklärung, so ist es nicht unbillig, wenn der Arbeitgeber sich das Wissen seines Besitzdieners zurechnen lassen muss (Wieling).

IV. (hier sog.) **Theorie der zweifachen Zurechnungsmöglichkeit**

Die Bösgläubigkeit einer beim Besitzerwerb beteiligten Hilfsperson kann dem Besitzer sowohl analog § 166 I BGB als auch analog § 831 BGB zugerechnet werden. Es kann aber immer nur eine der beiden Vorschriften zur entsprechenden Anwendung gelangen.

Untergliederung: Diese Theorie kann in zwei Spielarten untergliedert werden:

Meinung A
Die entsprechende Anwendung des § 166 I BGB ist geboten, wenn der bösgläubige Besitzdiener im Rahmen der ihm übertragenen Kompetenzen selbstständig über den Besitzerwerb entschieden hat. Fehlt es an dieser selbstständigen Stellung, kann § 831 BGB analog angewandt werden; danach muss dem Besitzherrn auch die Bösgläubigkeit von Besitzdienern ohne eigenen Entscheidungsspielraum zugerechnet werden, sofern der Besitzherr sich nicht exkulpieren kann (Selbstständigkeit als Abgrenzungskriterium).

Vertreten von:
MüKoBGB/Schramm, 6. Aufl. 2012, § 166 Rn. 46 (mittlerweile aber aufgegeben); Müller SachenR, 4. Aufl. 1997, Rn. 474 ff.; Grüneberg/Herrler BGB § 990 Rn. 6; RGRK/Pikart BGB § 990 Rn. 21; Prütting SachenR Rn. 73.

1.–4. Argument
Wie Theorie II, Arg. 1–4.

5. Argument
Die Belastung des Besitzers mit der verschärften vindikatorischen Haftung ist auch dann rechtspolitisch angemessen, wenn die bei seinem Besitzerwerb mitwirkende bösgläubige Hilfsperson keine einem Stellvertreter vergleichbare Entscheidungskompetenz hatte. Dies gilt insbesondere dann, wenn die Nichtweitergabe der Information durch den Besitzdiener auf ungenügender Instruktion und/oder Überwachung beruht.

Meinung B
Falls sich der Besitzerwerb im Rahmen eines Rechtsgeschäftes vollzieht, muss die Kenntnis oder grob fahrlässige Unkenntnis einer beim Besitzerwerb mitwirkenden Hilfsperson über die Analogie zu § 166 I BGB erfolgen, beim Besitzerwerb ohne

rechtsgeschäftlichen Hintergrund dagegen über die entsprechende Anwendung von § 831 BGB (rechtsgeschäftlicher Bezug als Abgrenzungskriterium).

Vertreten von:
Habersack SachenR Rn. 108; Schiemann JA 1981, 631 (640 f.); Schreiber SachenR Rn. 222; Wellenhofer SachenR § 22 Rn. 9; ähnlich Soergel/Mühl, 12. Aufl. 1990, BGB § 990 Rn. 19 (grundsätzlich § 166 BGB, lediglich bei rein mechanischer Tätigkeit des Angestellten § 831 BGB); Hönn JA 1988, 529 (537).

Argument
Bei einem abgeleiteten und im Rahmen eines Rechtsgeschäfts erfolgten Besitzerwerb muss der Erwerber mit der Zurechnung des Vertreterwissens nach § 166 I BGB rechnen. Das muss auf die Haftungssituation ausstrahlen. Vollzieht sich der Erwerb des Besitzes dagegen außerhalb eines Rechtsgeschäfts, so geht es um Vorgänge, die ohne die Sonderregelung des Eigentümer-Besitzer-Verhältnisses nach Deliktsrecht zu beurteilen wären. Deshalb ist die Heranziehung des § 831 BGB in diesen Fällen sachgerecht.

Fallbeispiele:

1. Im Ausgangsbeispiel könnte dem B nach Theorie I die Bösgläubigkeit des A zugerechnet werden, wenn B bei der Auswahl und Überwachung des A nicht die erforderliche Sorgfalt beachtet hat. Dies wird allerdings vermutet, sodass B den Exkulpationsbeweis führen müsste (vgl. § 831 I 2 BGB „tritt nicht ein, wenn"). Nach den übrigen Theorien muss B dagegen in analoger Anwendung von § 166 I BGB ohne Weiteres für die Bösgläubigkeit seines Angestellten einstehen.

2. N ist mit der Haushaltsauflösung seines gerade verstorbenen Onkels O beschäftigt. In dieser Wohnung steht ein großer alter Schrank, den N telefonisch dem Antiquitätenhändler A anbietet. A ist interessiert und lässt den Schrank durch seinen Fahrer F und weitere Hilfspersonen abholen. F kommt bei dieser Gelegenheit mit anderen Hausbewohnern ins Gespräch und erfährt dabei, dass der betreffende Schrank gar nicht dem O gehörte, sondern von diesem als Sicherheit für ein Darlehen an eine Bank übereignet worden war. Dennoch nimmt er den Schrank mit und gibt die erhaltene Information auch nicht an seinen Arbeitgeber weiter. Dieser kauft den Schrank daraufhin an.

Nach Theorie I müsste dem A die Bösgläubigkeit des F analog § 831 BGB zugerechnet werden, wenn er den Entlastungsbeweis nicht führen kann. Theorie II würde die Zurechnung auf dem Wege der analogen Anwendung des § 166 I BGB prüfen und im Ergebnis wegen der unselbstständigen Stellung des F verneinen. Theorie III würde die Zurechnung analog § 166 I BGB trotz der fehlenden Entscheidungskompetenz des F bejahen. Theorie IV würde gerade wegen der unselbstständigen Stellung des F § 831 BGB entsprechend anwenden.

S. ergänzend Czeguhn/Ahrens SachenR Fall 10; Gieseler/Berthold Examinatorium SachenR § 14 Fall 7; Gursky Klausurenkurs SachenR Fall 12; Vieweg/Röthel SachenR Fall 16.

13. Problem
Ist die Umwandlung von berechtigtem Fremdbesitz in unberechtigten Eigenbesitz ein Besitzerwerb iSd § 990 I 1 BGB?

Ausgangsfall:

Als sein am Waldrand liegendes Ferienhaus durch einen außer Kontrolle geratenen Waldbrand gefährdet wird, transportiert der A neben seinen eigenen Möbeln auch die seines gerade nicht anwesenden Nachbarn E ab, um sie in Sicherheit zu bringen. Beide Häuser werden in der Tat ein Opfer der Flammen. A regt sich darüber so auf, dass er einen tödlichen Herzinfarkt erleidet. Sein Neffe und Alleinerbe B erkennt grob fahrlässig nicht, dass ein Teil der abtransportierten Möbel nicht zum Nachlass gehört. Es gelingt ihm, die Möbel für drei Monate an seinen Nachbarn N zu vermieten, dem das Mobiliar aus seiner Ferienwohnung gestohlen worden ist und der nun die Lieferzeit für neue Möbel überbrücken muss. N zahlt dem B eine Miete von 150 EUR monatlich; der übliche und angemessene Mietzins hätte nur 100 EUR monatlich betragen. Nachdem N die Möbel zurückgegeben hat, erfährt E vom Verbleib des Mobiliars. Er verlangt nun von B außer der Herausgabe seiner auf dem Dachboden des B abgestellten Möbel auch die Abführung der von B eingenommenen Miete iHv 450 EUR. Zu Recht?

Ausgangspunkt:

Das Problem hat seinen Ursprung in der Doppelgestaltigkeit der Bösgläubigkeit im Rahmen von § 990 I BGB: Während beim Besitz*erwerb* selbst bereits grobe Fahrlässigkeit des Besitzers die Haftungsverschärfung auslöst (S. 1), schadet dem Besitzer *später*, dh nach dem Zeitpunkt der Besitzerlangung, nur noch positive Kenntnis (S. 2). Auch wenn der ursprünglich redlich gewesene Besitzer nachträglich Indizien übersieht, die mit auffallender Deutlichkeit gegen sein Eigentum bzw. seine Besitzberechtigung sprechen, tritt die verschärfte Vindikationshaftung damit nicht ein. Die Außerachtlassung der (nachträglichen) groben Fahrlässigkeit erscheint aber problematisch, wenn der unrechtmäßige Besitzer seinen Besitz auf eine völlig neue Grundlage stellt, insbesondere, wenn der ursprüngliche *Fremd*besitzer sich nachträglich zum *Eigen*besitzer iSd § 872 BGB macht („aufschwingt"). Insofern wird verschiedentlich erwogen, einen solchen Wechsel der Besitzart im Hinblick auf § 990 I 1 BGB wie den Erwerb neuen Besitzes zu behandeln.

Diese Problematik stellt sich natürlich nur, wenn spätestens im Zeitpunkt des Wechsels der Besitz„farbe" (Ausdruck von Heck) die Vindikationslage entsteht. Bleibt der bisherige Fremdbesitzer trotz der Begründung von Eigenbesitz zum Besitz berechtigt – wie etwa ein Mieter, der sich plötzlich als Eigentümer geriert, sein Besitzrecht allerdings erst durch Kündigung verliert – so ist für die Anwendung der Nebenfolgen der Vindikation und damit des § 990 BGB kein Raum („Nicht-so-Berechtigter"). Daneben stellt sich das Problem auch dann nicht, wenn der bisherige Fremdbesitzer bei dem Wechsel der Besitzfarbe genau weiß, dass er nicht Eigentümer der Sache ist: Hier führt (auch bei Nichtanwendung von § 990 I 1 BGB) jedenfalls § 990 I 2 BGB zur verschärften Haftung.

I. (hier sog.) **Weite Besitzbegründungstheorie**

Besitzerwerb iSv § 990 I 1 BGB ist nicht nur die erstmalige Begründung der Sachherrschaft, sondern auch die Umwandlung des zunächst gegebenen Fremdbesitzes in Eigenbesitz. Begründet der unrechtmäßige Fremdbesitzer nachträglich Eigenbesitz, so löst dies nach § 990 I 1 BGB die verschärften Sorgfaltspflichten eines unrechtmäßigen Besitzers aus, wenn die neue Überzeugung von der eigenen Eigentümerstellung auf grober Fahrlässigkeit beruht. Entsprechendes gilt in den seltenen Fällen, in denen sich ein bisher rechtmäßiger Besitzer in grob fahrlässiger Verkennung der Eigentumslage zum Eigenbesitzer macht und gerade dadurch automatisch das bisherige Besitzrecht verliert.

Vertreten von:
BGHZ 31, 129 (133) = LM § 990 Nr. 8; Ebenroth/Frank JuS 1996, 794 (801 f.); Ernst, Eigenbesitz und Mobiliarerwerb, 1992, S. 50 ff.; Grüneberg/Herrler BGB vor §§ 987 ff. Rn. 11; Knütel FS Hermann Lange, 1992, 903 (924) Fn. 91; MüKoBGB/Medicus, 4. Aufl. 2004, § 990 Rn. 7; MüKoBGB/Raff § 990 Rn. 15; NK-BGB/Schanbacher § 990 Rn. 8; RGRK/Pikart BGB § 990 Rn. 17; Söllner JuS 1967, 449; Soergel/Thöne BGB vor §§ 987 ff. Rn. 12, § 990 Rn. 9; Staudinger/Thole, 2019, BGB § 990 Rn. 41; Westermann SachenR § 31 III 2b; Westermann/Gursky/Eickmann SachenR § 31 Rn. 7; ähnlich Blanke JuS 1968, 263 ff.; s. auch Erman/Ebbing BGB § 990 Rn. 9.

1. Argument
Das Gesetz kennt zwei Arten von Besitz, den Fremd- und den Eigenbesitz, die sich ihrem Wesen nach grundsätzlich voneinander unterscheiden. Auch bei der Auslegung des § 990 I 1 BGB können sie nicht ohne Weiteres gleichgesetzt werden.

2. Argument
Das Leitmotiv der §§ 987 ff. BGB ist die Haftungsfreistellung des redlichen Besitzers. Die Regelung ist dabei primär auf den Eigenbesitzer zugeschnitten, denn nur er kann sich ja für befugt halten, mit der Sache nach Belieben zu verfahren. Dann liegt es aber nahe, auch die Umwandlung von Fremdbesitz in Eigenbesitz als „Erwerb des Besitzes" iSv § 990 I 1 BGB zu qualifizieren.

3. Argument
Die abgestufte Regelung der Bösgläubigkeit in § 990 I 1 und § 990 I 2 BGB bedeutet, dass die §§ 987 ff. BGB dem beim Besitzerwerb nicht grob fahrlässig gewesenen Vindikationsgegner keinerlei weitere Nachforschungen über die Rechtsgrundlage seines Besitzes zumuten. Diese Regelung passt aber überhaupt nur, wenn der Besitzer wenigstens weiterhin auf den beim Besitzerwerb angenommenen Rechtsgrund vertraut (bzw. vertrauen darf), nicht dagegen, wenn er ihn von Fremdbesitz in Eigenbesitz umwandelt. Wessen Besitz nur unverändert fortdauert, von dem wird man in der Tat nicht erwarten können, dass er sich ständig Gedanken über die Berechtigung dieses Besitzes macht. Wer dagegen vom Fremdbesitz zum Eigenbesitz übergeht, dem sind solche Gedanken ebenso zumutbar, wie einem Besitzerwerber (Medicus).

4. Argument
Für die erweiternde Auslegung des § 990 I 1 BGB besteht auch ein erhebliches Bedürfnis. Zwar ist die Aufgabe des Fremdgeschäftsführungswillens wohl der einzig denkbare Fall, in dem die Umwandlung des bisherigen berechtigten Fremdbesitzes in

Eigenbesitz das Besitzrecht als solches entfallen lässt und damit den Weg für die Anwendung der §§ 987 ff. BGB öffnet. Aber die erweiternde Auslegung muss natürlich auch in solchen Fällen gelten, in denen ein von Anfang an unrechtmäßiger Fremdbesitzer sich in grob fahrlässiger Verkennung der Rechtslage zum Eigenbesitzer aufschwingt und anschließend die Sache beschädigt oder verliert. In diesen Fällen könnte die Lehre vom Fremdbesitzerexzess (s. Problem Nr. 11) seine Haftung nicht begründen, denn im Zeitpunkt der potenziell haftungsbegründenden Handlung ist ein Fremdbesitz nicht mehr gegeben. Nur die ausdehnende Auslegung von § 990 I 1 BGB kann hier zu einem angemessenen Ergebnis führen.

II. (hier sog.) **Enge Besitzerwerbtheorie**

Mit dem Ausdruck „Erwerb des Besitzes" verweist § 990 I 1 BGB auf § 854 I und II BGB. Besitzerwerb im Sinne dieser Vorschrift ist damit lediglich die erstmalige Erlangung der tatsächlichen Sachherrschaft, nicht auch die spätere Umwandlung von Fremd- in Eigenbesitz. Grobe Fahrlässigkeit im Zeitpunkt der Umwandlung (rechtmäßigen oder unrechtmäßigen) Fremdbesitzes in unrechtmäßigen Eigenbesitz kann dem Besitzer wegen der in § 990 I 2 BGB ausdrücklich vorgesehenen Beschränkung der *mala fides superveniens* (nachträgliche Bösgläubigkeit) auf positive Kenntnis nicht schaden.

Vertreten von:
Baur/Stürner SachenR § 11 Rn. 27; Berg JuS 1971, 310 (311 f.); Emmerich Nebenfolgen der Vindikation S. 53 f.; Gerhardt MobiliarsachenR S. 86; Habersack SachenR Rn. 106; Harms SachenR S. 51 f.; Jauernig/Berger BGB vor §§ 987 ff. Rn. 7; Köbl EBV S. 105; Krause Haftung S. 108; Musielak/Mayer EK BGB Rn. 675; Raiser JZ 1961, 125 f.; K. Schreiber JURA 1992, 356 (364); Müller/Gruber SachenR Rn. 677; Westermann/Pinger SachenR § 32 I 3; Wieling SachenR I § 12 II 3c Fn. 51; Wilhelm SachenR Rn. 1287; in der Tendenz auch Eckert SachenR Rn. 213; Prütting SachenR Rn. 540; H. Roth JuS 1997, 518 (521) (aber jeweils ausschließlich zur Konkurrenzproblematik argumentierend); s. auch Kindl JA 1996, 23 (26) Fn. 27.

1. Argument
Eigen- und Fremdbesitz sind nicht wesensverschiedene Besitzarten, sondern bloße „Farben" des Besitzes, welcher in jeder Ausprägung im Wesentlichen Sachherrschaft ist.

2. Argument
Die Exzesshandlung (Umwandlung) kann nicht ohne Weiteres zum Fortfall des bisherigen Rechtsgrundes führen (Raiser).

3. Argument
Die „weite Besitzbegründungstheorie" würde dazu führen, dass jeder vertraglich gebundene Besitzer sich durch einfache Willensänderung oder Vergesslichkeit den übernommenen vertraglichen oder gesetzlichen Verpflichtungen entziehen und sich den angenehmeren §§ 987 ff. BGB unterstellen könnte.

4. Argument
Eine andere Auslegung widerspricht dem klaren Wortlaut des § 990 I 1 BGB, der mit Besitzerwerb dasselbe meint wie § 854 I BGB, nämlich die (erstmalige) Erlangung der tatsächlichen Gewalt über die Sache (Emmerich).

5. Argument (gegen Theorie I, Arg. 3)
Theorie I argumentiert, die Freistellung des ursprünglich redlichen unrechtmäßigen Besitzers von jeder Verpflichtung zur erneuten Überprüfung seines Besitzrechts überzeuge nicht, wenn der Besitzer selbst seinem Besitz einen neuen Grund gebe. Diese Begründung passt jedoch nur für einen Besitzer, der sich der Neuheit des Grundes überhaupt bewusst ist, also etwa denjenigen, der statt seines Vermieters nunmehr eine andere (objektiv ebenfalls nichtberechtigte) Person als Eigentümer ansieht und nunmehr von dieser mietet. In Konstellationen wie der von BGHZ 31, 129 = NJW 1960, 192 fehlt es aber an einer solchen bewussten Entscheidung für eine neue Grundlage des Besitzes (Wilhelm).

Fallbeispiele:

1. Im Ausgangsfall hatte A zunächst als berechtigter Geschäftsführer ohne Auftrag den Besitz der Möbel des E erlangt (§§ 677, 683 S. 1 BGB); A war damit zunächst rechtmäßiger Besitzer dieser Möbel. Sein Erbe B trat nach dem Grundsatz der erbrechtlichen Universalsukzession (§§ 1922, 1967, 857 BGB) in diese Rechtsposition ein; das Besitzrecht aus Geschäftsführung ohne Auftrag endete aber spätestens in dem Moment, in dem B die Möbel des E an N vermietete und damit deutlich machte, dass er die fraglichen Möbel als sein Eigentum behandeln wollte; denn damit fehlte ihm erkennbar der Fremdgeschäftsführungswille, der notwendige Grundvoraussetzung jeder echten GoA ist. Der bereits bestehende Herausgabeanspruch des Geschäftsherrn E gegen den bisherigen Fremdgeschäftsführer B aus §§ 677, 683 S. 1, 681 S. 2, 667 BGB entfiel dadurch nicht. Ein etwaiger zusätzlicher Anspruch des E auf Mitherausgabe der Mieteinnahmen aus §§ 677, 683 S. 1, 681 S. 2, 667 BGB scheitert aber daran, dass B im Zeitpunkt der Vermietung erkennbar nicht mehr mit Fremdgeschäftsführungswillen gehandelt hat; neue Ansprüche zwischen E und B konnten nach dem Wegfall des Fremdgeschäftsführungswillens nicht mehr entstehen.

Ein bereicherungsrechtlicher Anspruch des E gegen B auf Abführung der gesamten Mieteinnahmen könnte sich allenfalls aus einer analogen Anwendung von § 816 I 1 BGB ergeben (vgl. insofern Gursky/Linardatos, 20 Probleme aus dem Bereicherungsrecht, 7. Aufl. 2023, Problem Nr. 11); die hM lehnt eine solche Analogiemöglichkeit indes ab. Selbst wenn man sie aber zuließe, scheiterte sie vorliegend an der abschließenden Regelung der Nutzungsherausgabepflicht des unrechtmäßigen Besitzers durch die §§ 987 ff. BGB (vgl. Staudinger/Thole, 2019, BGB vor §§ 987 ff. Rn. 119 – s. aber auch zur grundsätzlichen Anwendbarkeit des § 816 I 1 BGB bei Veräußerung, Rn. 114 ff. (hier: Zuweisung des Sachwertes an Eigentümer)).

B haftet dem E aber möglicherweise nach den §§ 990 I, 987 I, 99 III BGB auf Herausgabe der eingenommenen Mietbeträge, denn bei diesen handelt es sich um mittelbare Früchte, die B als unrechtmäßiger Besitzer aus den dem E gehörenden Möbeln gezogen hat. B hatte beim Tode des A nach § 857 BGB den Besitz des A fortgesetzt und war zudem in das gesetzliche Schuldverhältnis der berechtigten Geschäftsführung ohne Auftrag als Rechtsnachfolger des A eingetreten, also zunächst wie dieser berechtigter Geschäftsführer ohne Auftrag und damit auch berechtigter Besitzer gewesen. Die Vindikationslage entstand aber, als er sich durch die im eigenen Interesse vorgenommene Vermietung der Möbel als deren Eigentümer gerierte und damit das Fehlen des Fremdgeschäftsführungswillens zum Ausdruck brachte. In diesem Augenblick hat er grob fahrlässig seine fehlende Besitzberechtigung übersehen. Fraglich ist jedoch, ob dies geeignet ist, die Bösgläubigkeit des B zu begründen. Theorie I würde das bejahen, weil nach ihr grobe Fahrlässigkeit dem Vindikationsgegner nicht nur beim eigentlichen Besitzerwerb, sondern in analoger Anwendung von § 990 I 1 BGB auch bei der nachträglichen Umwandlung des bisherigen (rechtmäßigen oder unrechtmäßigen) Fremdbesitzes in unrechtmäßigen Eigenbesitz schadet. Theorie II würde dies hingegen verneinen und insofern positive Kenntnis von der fehlenden Besitzberechtigung verlangen.

2. Die Stadt S erhielt von dem Fabrikanten und bekannten Sammler F als langfristige Leihgabe für ihre Kunsthalle ein Bild, das F einige Monate zuvor im Kunsthandel gekauft hatte. Das Bild stand aber im Eigentum des E, dem es zwei Jahre zuvor bei einem Einbruch entwendet worden war. S hatte bei der Entgegennahme des Bildes keinerlei Anlass, an der Eigentümerstellung des F zu zweifeln. Nach drei Jahren geriet F in wirtschaftliche Schwierigkeiten. Er signalisierte der S deshalb, dass er zur Verbesserung seiner Liquidität den Leihvertrag kündigen und das Gemälde veräußern müsse. Die S kaufte ihm daraufhin selbst das Gemälde ab. Bei der Entscheidung für den Ankauf setzte sie sich leichtfertig über inzwischen aufgetauchte Indizien hinweg, die dafür sprachen, dass es sich bei dem fraglichen Gemälde um Diebesgut handeln könnte. Schon bald nach dem Ankauf ließ die S das Gemälde für 6.000 EUR von einem selbstständigen Fachmann restaurieren. Diese Maßnahme war zwar nicht zur Verhinderung einer Verschlechterung des Gemäldes erforderlich, führte aber zu einer entsprechenden Wertsteigerung des Bildes. Nach Abschluss der Restaurierung erfuhr der E vom Verbleib des Bildes und verlangte nun von S dessen Herausgabe. Die S meint, sie sei zur Herausgabe nur Zug um Zug gegen Erstattung der Restaurierungskosten verpflichtet.

Indem die Stadt S das dem E gehörende Gemälde restaurieren ließ, hat sie als unrechtmäßige Besitzerin Verwendungen auf dieses Gemälde getätigt. Ob sie für die dafür ausgegebenen 6.000 EUR von E Ersatz verlangen kann, richtet sich nach den §§ 994 ff. BGB. Ein ebenfalls denkbarer bereicherungsrechtlicher Anspruch ist – nach hM – durch die Sonderregelung des Eigentümer-Besitzer-Verhältnisses ausgeschlossen (vgl. Problem Nr. 17). Da die Restaurierung nicht zur Erhaltung des Bildes erforderlich war, handelt es sich bei den Kosten dieser Maßnahme nicht um notwendige Verwendungen iSv § 994 I BGB. Für nicht notwendige Verwendungen erhält der unrechtmäßige Besitzer einer fremden Sache nach § 996 BGB aber überhaupt nur dann Ersatz, wenn er im Zeitpunkt der Verwendungsvornahme noch gutgläubig und unverklagt war. Als S den unmittelbaren Besitz des Bildes von F erhielt, besaß sie, ohne dass man ihr grobe Fahrlässigkeit vorwerfen könnte, keine Kenntnis von der Unrechtmäßigkeit ihres Besitzes; die Voraussetzungen der Bösgläubigkeit nach § 990 I 1 BGB lagen daher nicht vor. Nachträglich kann der Vindikationsgegner gem. § 990 I 2 BGB aber nur bösgläubig werden, wenn er später positive Kenntnis von seiner fehlenden Besitzberechtigung erlangt; dies war vor der Restaurierung (noch) nicht anzunehmen. Es liegt deshalb nahe, die im Zeitpunkt der Verwendungsvornahme noch fortdauernde Gutgläubigkeit der S zu bejahen und dieser deshalb einen Verwendungsersatzanspruch aus § 996 BGB zuzubilligen. Theorie I würde jedoch darauf abstellen, dass die Stadt S die Eigentumslage des Bildes grob fahrlässig verkannt hat, als sie sich dieses von F übereignen ließ und damit ihren bisherigen (unrechtmäßigen) Fremdbesitz in (ebenso unberechtigten) Eigenbesitz umwandelte; danach würde dieser Zeitpunkt in erweiternder Auslegung des § 990 I 1 BGB dem des Besitzerwerbs gleichgestellt und S deshalb ab diesem Zeitpunkt als bösgläubig iSv § 990 I 1 BGB behandelt, sodass ein Ersatzanspruch der S wegen der von ihr vorgenommenen nicht notwendigen Verwendungen entfiele. Nach Theorie II, die die Umwandlung des ursprünglichen Fremdbesitzes in Eigenbesitz nicht als Besitzerwerb iSv § 990 I 1 BGB anerkennt, wäre dagegen mangels Bösgläubigkeit im Zeitpunkt der Verwendungsvornahme ein Verwendungsersatzanspruch der S aus § 996 BGB gegeben.

3. Abwandlung (von Fall 2): Der sonst so zuverlässig arbeitende selbstständige Restaurator R hat infolge einer Ehekrise zu trinken begonnen und unsorgfältig gearbeitet. Der Wert des Bildes ist deshalb durch seine Arbeit nicht erhöht, sondern um 5.000 EUR verringert worden. E verlangt deshalb von S neben der Herausgabe des Bildes auch eine Schadensersatzleistung in Höhe der Wertverringerung.

Ein deliktischer Schadensersatzanspruch des E gegen S kommt hier nicht in Betracht. § 823 I BGB greift schon deshalb nicht ein, weil S mit einer Beschädigung des Bildes durch den sonst so sorgfältig arbeitenden Restaurator nicht rechnen musste. Ein Anspruch aus § 831 I BGB scheitert offensichtlich schon daran, dass der Restaurator als selbstständiger Handwerker kein Verrichtungsgehilfe der S sein kann. Im Übrigen wäre jedenfalls nach ganz hM ohnehin das Deliktsrecht durch die Sonderregelung des Eigentümer-Besitzer-Verhältnisses gesperrt (s. oben Problem Nr. 10). Denkbar ist dagegen ein Anspruch nach den §§ 990 I 1, 989, 278 BGB. Theorie I würde diesen bejahen, Theorie II müsste ihn dagegen verneinen, da sie die spätere Umwandlung des ursprünglichen unrechtmäßigen Fremdbesitzes in ebenso unrechtmäßigen Eigenbesitz nicht als Besitzerlangung iSv § 990 I 1 BGB anerkennt.

S. ergänzend Pajunk JuS 2001, 42; Vieweg/Röthel SachenR Fall 18; vgl. ferner Rodi JURA 2018, 319.

14. Problem
Kann § 991 II BGB zu einer Zufallshaftung des gutgläubigen und unverklagten unrechtmäßigen Fremdbesitzers gegenüber dem Eigentümer führen?

Ausgangsfall:

E wird ein wertvolles Buch gestohlen. Der Dieb veräußert dieses an einen Antiquar, dieser an den gutgläubigen K. K verleiht das Buch an B, wobei vereinbart wird, dass B bei einem Verlust des Buches ganz unabhängig von einem etwaigen Verschulden dem K den Wert des Buches erstatten muss. Nun wird dem B das Buch gestohlen, ohne dass eine eigene Nachlässigkeit des B im Spiel wäre. E verlangt daraufhin von B Schadensersatz.

Ausgangspunkt:

§ 991 II BGB trifft eine Teilregelung für die (in Problem Nr. 11) behandelte Problematik des Fremdbesitzerexzesses: nämlich für diejenigen Fälle, in denen der gutgläubige und unverklagte unrechtmäßige Fremdbesitzer nicht den Eigentümer, sondern einen Dritten als Oberbesitzer anerkennt (*Dreipersonenverhältnis*). In derartigen Fällen weiß der Fremdbesitzer genau, dass die betreffende Sache im Eigentum eines Dritten steht und von ihm deshalb sorgfältig behandelt werden muss; er irrt sich nur über die Person des Eigentümers. Unter diesen Umständen verdient der Fremdbesitzer die völlige Haftungsfreistellung nicht. Er wird deshalb durch § 991 II BGB im Ausgangspunkt einem auf Herausgabe verklagten unrechtmäßigen Besitzer gleichgestellt, der ja nach § 989 BGB für jede von ihm verschuldete Beschädigung oder Zerstörung der Sache oder sonstige verschuldete Unmöglichkeit ihrer Herausgabe einstehen muss. Andererseits sieht das Gesetz auch das Vertrauen des unrechtmäßigen Fremdbesitzers auf den Bestand des (vermeintlichen) Besitzrechts und die diesem entsprechenden Einwirkungsbefugnisse als schutzwürdig an; es möchte verhindern, dass der unrechtmäßige Fremdbesitzer auch für ein Verhalten haften muss, zu dem er nach dem angenommenen Besitzrecht befugt gewesen wäre. Aus diesem Grunde macht § 991 II BGB die Haftung des unrechtmäßigen Fremdbesitzers für den eingetretenen Schaden davon abhängig, dass er hierfür auch „dem mittelbaren Besitzer verantwortlich" ist. An diese Formulierung (im Zusammenspiel mit dem Passus „den im § 989 bezeichneten Schaden") knüpft sich die Streitfrage, ob eine zwischen dem unmittelbaren Fremdbesitzer und dem mittelbaren Besitzer vereinbarte oder infolge Verzuges nach § 287 S. 2 BGB eingetretene Zufallshaftung über § 991 II BGB auch dem Eigentümer zugutekommt.

I. Theorie der Zufallshaftung

Wenn der gutgläubig unverklagte unrechtmäßige Fremdbesitzer seinem Oberbesitzer auch für Zufall haftet, kommt diese Haftungserweiterung über § 991 II BGB auch dem Eigentümer zugute.

Vertreten von:
Dimopoulos-Vosikis, Die bereicherungs- und deliktsrechtlichen Elemente der §§ 987–1003 BGB, 1966, S. 170 (nur im Ergebnis und nur für die Zufallshaftung aus § 287 S. 2 BGB); Emmerich Nebenfolgen der Vindikation S. 80; Erman/Ebbing BGB § 991 Rn. 14 (nur vereinbarte Zufallshaftung, § 287 S. 2 BGB wird nicht erwähnt); Gernhuber BürgerlR § 44 IV 1b (erwähnt nur die vertraglich erweiterte Haftung ausdrücklich, nicht § 287 S. 2 BGB); Hagen, Die Drittschadensliquidation, 1971, S. 207 ff.; MüKoBGB/Medicus, 4. Aufl. 2004, § 991 Rn. 10; MüKoBGB/Raff § 991 Rn. 13 (mit Ausnahme des Verzögerungsschadens); Müller-Laube AcP 183 (1983), 215 (234) Fn. 35; Soergel/Thöne BGB § 991 Rn. 5; Westermann SachenR § 32 V 3; Westermann/Pinger SachenR § 32 IV 1a; Wieling SachenR I § 12 III 4c.

1. Argument
Die Formulierung „den im § 989 bezeichneten Schaden" meint nach Wortlaut und Sinn nur den Gegenstand der Ersatzpflicht (Sachverschlechterung, Sachuntergang oder sonstiges Unvermögen zur Herausgabe) (Medicus).

2. Argument
Die Bezugnahme des § 991 II BGB auf „den im § 989 bezeichneten Schaden" unterscheidet sich deutlich von der in § 990 BGB verwandten Formulierung („so haftet er ... nach den §§ 987, 989"). § 990 BGB verweist eindeutig auch auf das Verschuldensmoment des § 989 BGB und ersetzt nur das zusätzliche Tatbestandsmerkmal der Rechtshängigkeit durch die Voraussetzung der „Bösgläubigkeit". Die abweichende Formulierung in § 991 II BGB spricht mithin dafür, dass die Verweisung einen anderen Inhalt haben soll. Und das kann nur bedeuten, dass hier gerade der Verantwortlichkeitsmaßstab ausgeklammert werden soll.

3. Argument
Der Gesetzgeber hat die Haftung gegenüber dem Eigentümer aus der (tatsächlichen oder hypothetischen) Haftung gegenüber dem Oberbesitzer abgeleitet. Eine inhaltliche Begrenzung der Bezugnahme – nämlich, dass diese *nur* zur Limitierung der Haftung erfolgt – ist der Norm nicht zu entnehmen. Es ist auch rechtspolitisch angemessen, den Eigentümer am Vorteil der zwischen Oberbesitzer und unmittelbarem Fremdbesitzer bestehenden, haftungsverschärfenden Zufallshaftung partizipieren zu lassen, weil er auf der anderen Seite auch den Nachteil einer haftungsbeschränkenden Abrede in diesem Verhältnis tragen muss.

4. Argument (gegen Theorie II, Arg. 3)
Diese Lösung führt auch nicht zu dem Ergebnis, dass der gutgläubige Fremdbesitzer unter Umständen schlechter haftet als im Falle der Bösgläubigkeit. § 991 II BGB muss selbstverständlich auf den bösgläubigen Fremdbesitzer entsprechend angewandt werden (Hagen).

5. Argument
Die Erstreckung der Zufallshaftung auf das Verhältnis zum Eigentümer verletzt auch keine schützenswerten Belange des unrechtmäßigen Fremdbesitzers: Dieser wird ja rechtlich genauso gestellt, wie er erwarten konnte. Es wird lediglich dafür gesorgt, dass er nicht aus dem ihm unbekannten Fehlen eines Besitzrechts und dem ihm eben-

so unbekannten Umstand, dass sein Vertragspartner nicht der Eigentümer der Sache ist, einen unverdienten Vorteil zieht.

II. (hier sog.) **Haftungsbeschränkungstheorie**

Auch wenn im Verhältnis des unrechtmäßigen Fremdbesitzers zu seinem Oberbesitzer eine Zufallshaftung besteht, haftet er im Rahmen des § 991 II BGB nur für eigenes Verschulden und das Verschulden seiner (Bewahrungs-)Gehilfen.

Vertreten von:
Eckert SachenR Rn. 207; Eichler Institutionen SachenR II 1 205 Fn. 97; v. Gierke, Sachenrecht, 4. Aufl. 1959, § 39 V 1a; HK-BGB/Schulte-Nölke § 991 Rn. 3 (nur bezüglich § 287 S. 2 BGB); Jauernig/Berger BGB § 991 Rn. 3 (nur bezüglich § 287 S. 2 BGB); NK-BGB/Schanbacher § 991 Rn. 16; Grüneberg/Herrler BGB § 991 Rn. 3; RGRK/Pikart BGB § 991 Rn. 10; Staudinger/Thole, 2019, BGB § 991 Rn. 25, 27; Westermann/Gursky/Eickmann SachenR § 31 Rn. 25; E. Wolf SachenR S. 258; bereits sehr früh Biermann BGB § 991 Anm. 2b; Crome, Das System des deutschen bürgerlichen Rechts, Bd. III, 1905, § 417 Fn. 24; Endemann, Lehrbuch des bürgerlichen Rechts, Bd. II, 1, 8./9. Aufl. 1905, § 92 Anm. 1c; Goldmann/Lilienthal, Das Bürgerliche Gesetzbuch Bd. II, 2. Aufl. 1912, § 51 Fn. 12; Kunze, Die Haftung des Schuldners für den Schaden des Drittbeteiligten, 1909, S. 112; Planck/Brodmann BGB § 991 Anm. 3c.

1. Argument
Die Formulierung „den im § 989 bezeichneten Schaden" meint nicht nur den Gegenstand der Ersatzpflicht, sondern nimmt auch den Verantwortlichkeitsmaßstab des § 989 BGB in Bezug; damit wird die Haftung aus § 991 II BGB auf solche Vindikationsvereitelungen oder Sachbeschädigungen beschränkt, die der unrechtmäßige Fremdbesitzer nach den §§ 276, 278 BGB zu vertreten hat.

2. Argument
Der Kontext des Eigentümer-Besitzer-Verhältnisses spricht dafür, dass § 991 II BGB nur das allgemeine Haftungsprivileg für gutgläubig-unverklagte unrechtmäßige Besitzer für die besondere Konstellation des Fremdbesitzers teilweise zurücknimmt. Das Gesetz sieht Fremdbesitzer wegen ihrer Kenntnis der Verantwortlichkeit gegenüber dem Oberbesitzer auch im Verhältnis zum Eigentümer als nicht des vollen Vertrauensschutzes würdig, sondern gleichsam als „partiell bösgläubig" an. Gerade deshalb werden sie für den Regelfall (dh bei Fehlen eines besonderen Haftungsprivilegs im Verhältnis zum Oberbesitzer) einem bösgläubigen oder verklagten Besitzer gleichgestellt. Die mit „insoweit" eingeleitete Bezugnahme auf die Haftung gegenüber dem Oberbesitzer am Ende von § 991 II BGB grenzt diese prinzipielle Gleichstellung mit einem bösgläubigen oder verklagten unrechtmäßigen Besitzer anschließend wiederum ein, sorgt also dafür, dass die vindikatorische Verwalterhaftung auf den im Innenverhältnis zum Oberbesitzer gegebenen Haftungsrahmen zurückgeschraubt wird.

3. Argument
Die Gegenauffassung führt zu dem befremdlichen Ergebnis, dass der gutgläubige unrechtmäßige Fremdbesitzer gegenüber dem Eigentümer unter Umständen schärfer haftet, als er im Falle der Bösgläubigkeit haften würde.

4. Argument (gegen Theorie I, Arg. 4)
Dieser Wertungswiderspruch lässt sich auch nicht dadurch ausräumen, dass man § 991 II BGB einfach bei Bösgläubigkeit des Fremdbesitzers analog anwendet. Der Hs. 1 des § 991 II BGB enthält ein klares Analogieverbot; die Verfasser des BGB haben mit § 991 II BGB ersichtlich nur die Haftung des *gutgläubigen* unrechtmäßigen Fremdbesitzers regeln wollen.

5. Argument
Die Übertragung der Zufallshaftung in das Verhältnis zum Eigentümer lässt sich auch nicht mit der Erwägung rechtfertigen, dass sich auf diese Weise nur eine Gesamtgläubigerstellung von Eigentümer und Oberbesitzer ergibt, der unrechtmäßige Fremdbesitzer durch das Hinzukommen eines zweiten Schadensersatzgläubigers im Ergebnis daher gar nicht belastet wird. Denn ein eigener Schadensersatzanspruch des Oberbesitzers wird in vielen Fällen mangels eigenen Schadens gar nicht bestehen. Zwar billigt eine Reihe von Autoren (s. einerseits Staudinger/Thole, 2019, BGB § 991 Rn. 44 und andererseits Soergel/Thöne BGB § 991 Rn. 5 – jeweils mwN) dem unrechtmäßigen mittelbaren Besitzer auch die Möglichkeit zu, den Schaden des Eigentümers im Wege einer Klage auf Leistung an den Eigentümer geltend zu machen. Das Gesetz bietet dafür jedoch keinerlei Anhaltspunkt. Für eine solche atypische Form der Drittschadensliquidation besteht angesichts des eigenen Anspruchs des Eigentümers aus § 991 II BGB auch gar kein Bedürfnis.

6. Argument
Eine Ausdehnung der im Verhältnis zum Oberbesitzer nach § 287 S. 2 BGB eingetretenen Zufallshaftung auf die Beziehung zum Eigentümer verträgt sich nicht damit, dass der *gutgläubige* Vindikationsgegner mit der dinglichen Herausgabepflicht nach § 990 II BGB gar nicht in Verzug geraten kann.

Fallbeispiele:

1. Da B gutgläubiger unverklagter Besitzer des dem E gehörenden Buches war, kann sich seine Haftung nicht aus § 989 oder § 990 BGB ergeben. Auch aus § 823 I BGB wäre ein Schadensersatzanspruch des E schon wegen des fehlenden Verschuldens (des B) nicht herzuleiten; zudem wäre die Norm nach ganz hM durch die Sonderregelung des Eigentümer-Besitzer-Verhältnisses verdrängt (s. Problem Nr. 10). Nach Theorie I würde jedoch § 991 II BGB zu einem verschuldensunabhängigen Schadensersatzanspruch des E gegen B führen, weil B seinem eigenen Oberbesitzer K (vereinbarungsgemäß) auch für den unverschuldeten Verlust des Buches haftet. Theorie II würde die Anerkennung der Haftungsprivilegierung und in der Folge auch das Bestehen eines Schadensersatzanspruchs verneinen.

2. E veräußert sein Kraftfahrzeug unter Eigentumsvorbehalt an K. Da K mit den Kaufpreiszahlungen in Verzug gerät, tritt E nach ergebnisloser Fristsetzung vom Kaufvertrag zurück und fordert K mehrfach zur Rückgabe des Fahrzeugs auf. K seinerseits verleiht nun das Fahrzeug für zwei Tage an X, der K für den Eigentümer des Kraftfahrzeuges hält. X behält das Fahrzeug abredewidrig für einen weiteren Tag. Als er es zu K zurückbringen will, kommt es infolge Alleinverschuldens eines nicht mehr zu ermittelnden anderen Fahrers zu einem Unfall, bei dem das Kraftfahrzeug zerstört wird. Kann E von X Ersatz des Wertes des Kraftfahrzeuges verlangen?

Im zweiten Fall ist X seinem Oberbesitzer K gegenüber in Verzug geraten (§ 286 BGB); die für den Verzug grundsätzlich erforderliche Mahnung war nach § 286 II Nr. 1 BGB wegen der exakten Festlegung des Termins für die Rückgabe des Fahrzeuges entbehrlich. X haftete also seinem Oberbesitzer K gegenüber nach den §§ 604, 280 I, III, 283, 287 S. 2 BGB trotz fehlenden Verschuldens. Theorie I würde aus § 991 II BGB deshalb auch die Haftung des X gegenüber E herleiten. Theorie II würde gegenteilig entscheiden – im Ergebnis müsste E aber auch nach dieser Auffassung von der Zufallshaftung des X gegenüber K profitieren. Schließlich haftete auch der K gegenüber E wegen Verzuges für Zufall (§§ 323 I, 346 I, IV, 280 I, III, 283, 287 S. 2 BGB). Dementsprechend hat K infolge des von X nach § 287 S. 2 BGB zu vertretenden Untergangs des Fahrzeugs einen eigenen Schaden, welcher in der Belastung mit der Schadensersatzforderung des E besteht. K kann also von X Schadensersatz in der Form der Befreiung von seiner eigenen Schadensersatzverbindlichkeit gegenüber E verlangen (Naturalrestitution nach § 249 I BGB). Diesen schadensersatzrechtlichen Befreiungsanspruch könnte E nach Erstreitung eines vollstreckbaren Urteils über seine Schadensersatzforderung gegen K pfänden und sich überweisen lassen. Andere Gläubiger des K könnten dagegen auf diesen auf Leistung an einen Dritten gerichteten Schadensersatzanspruch nicht im Vollstreckungswege zugreifen (§ 851 I ZPO iVm § 399 Var. 1 BGB).

15. Problem
Muss in § 992 BGB die verbotene Eigenmacht schuldhaft begangen worden sein?

Ausgangsfall:

B zieht beim Verlassen der Gastwirtschaft „Zum Eber“ versehentlich den Mantel des E an, der das gleiche Modell besitzt. B hatte keinen Anlass, mit der Möglichkeit zu rechnen, dass dies ein fremder Mantel sein könnte, denn bei seiner Ankunft war der Mantel des E bereits von darüber hängenden, anderen Mänteln verdeckt gewesen und in der Zwischenzeit ist sein eigener Mantel von einem anderen Gast mitgenommen worden. Auf der Straße stutzt B dann, weil er in der Manteltasche nicht mehr den Brief vorfindet, den er auf dem Rückweg in den Briefkasten einwerfen wollte, sagt sich dann aber, dass er den Brief wohl unterwegs verloren haben müsste und setzt den Weg fort. Bald darauf stürzt er infolge Unachtsamkeit und beschädigt den Mantel. Kann E nun von B Schadensersatz verlangen?

Ausgangspunkt:

Hintergrund des vorliegenden Streits ist die grundsätzliche Wesensverschiedenheit der Haftungsverschärfungsgründe in § 992 BGB (der die grundsätzliche Sperrwirkung des § 993 I Hs. 2 BGB aufhebt). Während die verbotene Eigenmacht (Var. 1) kein Element subjektiver Vorwerfbarkeit in sich trägt (vgl. § 858 I BGB), setzt die Straftat (Var. 2) stets ein Verschulden voraus (vgl. § 15 StGB – in der Regel ist sogar allein vorsätzliches Handeln strafbar). Dies kann im Rahmen der Eröffnung deliktischer Haftung zu Wertungswidersprüchen führen, wenn die verbotene Eigenmacht schuldlos begangen werden und mit der Zufallshaftung des § 848 BGB zusammentreffen kann (s. dazu aber Soergel/Thöne BGB § 992 Rn. 6), sodass einige Autoren bestrebt sind, § 992 BGB (neben der Variante der Besitzverschaffung „durch eine Straftat“) im Wege teleologischer Reduktion auf den Fall der schuldhaften verbotenen Eigenmacht zu beschränken.

I. (hier sog.) **Verschuldenstheorie**

§ 992 Var. 1 BGB verlangt entgegen dem Gesetzeswortlaut eine schuldhafte verbotene Eigenmacht.

Vertreten von:
LG Münster VRS 4, 76; BeckOK BGB/Fritzsche § 992 Rn. 6; Baur/Stürner SachenR § 11 Rn. 8; Canaris, Die Feststellung von Lücken im Gesetz, 1964, S. 81; Eichler Institutionen S. 205 f. Fn. 98; Erman/Ebbing BGB § 992 Rn. 6; Erman/Hefermehl, 10. Aufl. 2000, BGB § 992 Rn. 2; Grüneberg/Herrler BGB § 992 Rn. 2; Gursky Klausurenkurs SachenR Rn. 215 mit Fn. 42; Jauernig/Berger BGB § 992 Rn. 2; Müller/Gruber SachenR Rn. 908; Müller JuS 1983, 516 (519 f.); Lange SachenR § 11 A II 6b; Michalski FS Gitter, 1995, 577 (606); Neuner SachenR Rn. 111; Prütting SachenR Rn. 541; Schiemann JURA 1981, 631 (637); Schmolke JA 2007, 101 (104); Schreiber SachenR Rn. 223; K. Schreiber JURA 1992, 356 (360); Staudinger/Thole, 2019, BGB § 992 Rn. 18 f.; Westermann SachenR § 32 IV 2a; Westermann/Staudinger SachenR

Rn. 308; Wolf/Wellenhofer SachenR, 28. Aufl. 2013, § 22 Rn. 33 ff.; Wolff/Raiser SachenR § 85 II 4 mit Fn. 18; wohl auch Schapp/Schur SachenR Rn. 120 f.

Untergliederung: Diese Theorie gliedert sich in zwei Varianten auf.

Meinung A
Das Verschulden bezieht sich auf die verbotene Eigenmacht, nicht aber darauf, dass sich die verbotene Eigenmacht gegen den Eigentümer richtet. Dementsprechend kann auch derjenige, der sich schuldlos selbst für den Eigentümer hält, schuldhaft verbotene Eigenmacht üben. In diesem Fall ist der Besitzer (für die Folgezeit) nicht mehr durch die grundsätzliche Sperrwirkung des Eigentümer-Besitzer-Verhältnisses gegenüber dem Deliktsrecht geschützt; er haftet vielmehr auf Schadensersatz, wenn er nunmehr ein vollständiges zivilrechtliches Delikt begeht. Das wiederum setzt ein gegen das fremde Eigentum gerichtetes Verschulden voraus, und dieses ist wiederum nur denkbar, wenn er in der Zwischenzeit von der wirklichen Eigentumslage oder von entsprechenden Umständen Kenntnis erlangt hat, die gegen seine Eigentümerstellung sprechen.

Vertreten von:
Staudinger/Gursky, 2013, BGB § 992 Rn. 1; Staudinger/Thole, 2019, BGB § 992 Rn. 18 f.; BeckOK BGB/Fritzsche § 992 Rn. 6 und (implizit) wohl die Mehrzahl der Anhänger der Verschuldenstheorie.

1. Argument
Schon bei § 990 BGB ergibt sich ein Teil des Vorwurfs aus der Unredlichkeit beim Erwerb. Erst recht muss dann der nach § 992 BGB schärfer haftende Besitzer am Beginn seiner Besitzerstellung schuldhaft gehandelt haben (Schiemann).

2. Argument
In § 992 BGB sind die Merkmale „verbotene Eigenmacht" und „Staftat" alternative Tatbestandsmerkmale. Eine strafbare Handlung setzt aber immer Verschulden voraus (vgl. § 15 StGB). Da der verbotenen Eigenmacht die gleiche Bedeutung für die Haftungsverschärfung zukommt wie der strafbaren Handlung, darf zwischen den Merkmalen in einer so grundlegenden Frage wie der des Verschuldens nicht unterschiedlich geurteilt werden.

3. Argument (gegen Theorie II)
Das vorige Argument könnte es nahelegen, sogar eine vorsätzlich begangene verbotene Eigenmacht zu verlangen, denn fahrlässig begangene Straftaten sind bei § 992 BGB kaum denkbar. Es darf jedoch auch nicht übersehen werden, dass die §§ 823, 848 BGB doch offenbar von der Vorstellung ausgehen, dass bereits die leicht fahrlässige Entziehung einer fremden Sache zur Zufallshaftung führt. Es wäre erstaunlich, wenn diese Entscheidung durch § 992 BGB so weit zurückgenommen werden sollte, dass nur die vorsätzlich eigenmächtige oder strafbare Besitzentziehung ausreicht. So erweist sich im Ergebnis die von der herrschenden Meinung vorgenommene Ergänzung des § 992 BGB um das ungeschriebene Tatbestandsmerkmal des Verschuldens bei der verbotenen Eigenmacht als der wohl bestmögliche Ausgleich konträrer Wertungsgesichtspunkte (Staudinger/Thole, 2019, BGB § 992 Rn. 16 ff.).

Meinung B
Das in § 992 BGB zu ergänzende Verschulden muss gegen das fremde Eigentum gerichtet sein. Erforderlich ist eine schuldhafte Eigentumsverletzung durch Sachentziehung, also ein vollständiges zivilrechtliches Delikt. Der pönale Besitzer haftet für eine nachfolgende Beschädigung oder Zerstörung der fremden Sache nach den §§ 992, 823 I, 848 BGB ohne Verschulden.

Vertreten von:
K. Schreiber JURA 1992, 356 (363).

Begründung:
§ 992 BGB beruht auf der Erwägung, dass eine in der Besitzverschaffung selbst liegende unerlaubte Handlung des Besitzers, die sich gegen das fremde Eigentum richtet, durch die Sperrwirkung des Eigentümer-Besitzer-Verhältnisses nicht betroffen werden kann. Auf eine solche Besitzverschaffung muss daher das Recht der unerlaubten Handlungen anwendbar sein (K. Schreiber).

II. (hier sog.) **Vorsatztheorie**

§ 992 Var. 1 BGB setzt eine vorsätzliche verbotene Eigenmacht voraus.

Vertreten von:
Wieling SachenR I § 12 III 5c; Wieling MDR 1972, 645 (649); Wacke FS H. Hübner, 1984, 669 (685).

1. Argument
Wie Theorie I, Meinung A, Arg. 2.

2. Argument
Fahrlässig begangene Straftaten kommen bei § 992 BGB praktisch nicht in Betracht. Die gebotene Gleichbehandlung der beiden alternativen Haftungsverschärfungsgründe ist deshalb nur erreicht, wenn auch für § 992 Var. 1 BGB Vorsatz verlangt wird.

3. Argument
Bei bloß fahrlässiger Besitzentziehung (zB Verwechselung von Mänteln an den Garderobehaken einer Gastwirtschaft) wäre die Zufallshaftung nicht angemessen. Ihr Zweck, von einer eigenmächtigen Besitzentziehung abzuschrecken, versagt, wenn der Handelnde den Eingriff in die fremde Besitzsphäre gar nicht bemerkt (Wacke).

III. (hier sog.) **Widerrechtlichkeitstheorie**

Der Wortlaut des § 992 BGB bedarf keiner Korrektur. Die Aufhebung der Sperrwirkung des Eigentümer-Besitzer-Verhältnisses setzt nur eine objektiv verbotene Eigenmacht voraus. Das Verschuldenserfordernis ergibt sich erst aus § 823 I BGB selbst. Das Verschulden kann bereits bei der Besitzentziehung gegeben sein; dann greift für die Folgezeit die Zufallshaftung aus § 848 BGB ein. Es kann aber genauso gut erst bei dem späteren „Verwaltungsdelikt", also der zur Beschädigung bzw. Zerstörung oder zum Verlust der Sache führenden Handlung oder Unterlassung, gegeben sein.

Vertreten von:
AK-BGB/Joerges § 992 Rn. 2; BeckOGK/Spohnheimer, 1.5.2023, BGB § 992 Rn. 9, 9.3; Brox JZ 1965, 516 (517); Dietz, Anspruchskonkurrenz bei Vertragsverletzung und Delikt, 1934, S. 197 Fn. 33; Emmerich Nebenfolgen der Vindikation S. 60; Habersack SachenR Rn. 117 mit Fn. 47; Harms SachenR S. 42 f.; Köbl EBV S. 166; Krause Haftung S. 63; MüKoBGB/Raff § 992 Rn. 5; NK-BGB/Schanbacher § 992 Rn. 5; Prütting/Wegen/Weinreich/K. Englert/F. Englert BGB § 992 Rn. 2; RGRK/Pikart BGB § 992 Rn. 11; Soergel/Thöne BGB § 992 Rn. 6; Wilhelm SachenR Rn. 1293, 1295; zu Unrecht für diese Auffassung zitiert wird BGH WM 1960, 1148.

1. Argument
Das Gesetz verlangt nur Besitzerwerb durch verbotene Eigenmacht, die wiederum nach § 858 I BGB lediglich die objektive Widerrechtlichkeit des Eingriffs voraussetzt. Das ist kein Redaktionsversehen: Die Gesetzesmaterialien (Prot. III 348) zeigen, dass die Verfasser der Norm bewusst auf die Einfügung eines Verschuldenselements verzichtet haben (Brox).

2. Argument
Die Haftungsprivilegien des Eigentümer-Besitzer-Verhältnisses können nur Vorgänge betreffen, die sich nach der Entstehung des Eigentümer-Besitzer-Verhältnisses ereignen. Wenn schon der Erwerb des Besitzes ein Delikt darstellt, muss ein deliktischer Herausgabeanspruch (§ 823 I oder II BGB iVm § 249 I BGB) ganz unabhängig von der die Sperrwirkung des Eigentümer-Besitzer-Verhältnisses gegenüber dem Deliktsrecht wieder aufhebenden Norm des § 992 BGB gegeben sein, weil er gleichzeitig mit der Vindikationslage entstanden ist (und dann natürlich auch die Zufallshaftung aus § 848 BGB nach sich zieht). Dann ergibt es aber keinen Sinn, § 992 BGB durch die Einfügung des Verschuldenserfordernisses praktisch auf die Konstellation des Besitzerwerbs durch vollständiges zivilrechtliches Delikt zu beschränken, in der eine Konkurrenzentscheidung zwischen Eigentümer-Besitzer-Verhältnis und Deliktsrecht gar nicht erforderlich ist (Harms).

Fallbeispiele:

1. Im Ausgangsfall hat B den Besitz (am Mantel) durch schuldlose verbotene Eigenmacht erworben. Als er den Brief in der Manteltasche vermisste, hätte er aber Anlass für eine Überprüfung gehabt, ob er wirklich den richtigen Mantel „erwischt" hat. Ab diesem Zeitpunkt war seine fortdauernde Überzeugung, Eigentümer des Mantels zu sein, als leicht fahrlässig zu qualifizieren. Die nachfolgende Beschädigung des Mantels bedeutet deshalb eine fahrlässige Eigentumsverletzung iSv § 823 I BGB. Nach Theorie I und II wäre diese jedoch wegen der Sperrwirkung des Eigentümer-Besitzer-Verhältnisses gegenüber dem Deliktsrecht irrelevant; die Voraussetzungen des § 992 Var. 1 BGB, der diese Sperrwirkung aufhebt, wären nach Theorie I wegen des fehlenden Verschuldens bzw. nach Theorie II wegen des fehlenden Vorsatzes bei der Besitzbegründung zu verneinen. Nach Theorie III wäre hingegen gegenteilig zu entscheiden, weil nach ihr das der objektiv verbotenen Eigenmacht nachfolgende Verschulden bei der Beschädigung ausreicht.

2. Abwandlung des Ausgangsfalls: B bemerkt das Fehlen des Briefes nicht.

In der Abwandlung müsste auch Theorie III zur Ablehnung der Haftung gelangen. Da B schuldlos nicht gemerkt hat, dass er einen fremden Mantel trägt, kann die durch Unvorsichtigkeit herbeigeführte Beschädigung des Kleidungsstücks keine schuldhafte Verletzung fremden Eigentums darstellen.

3. B hält sich schuldlos für den Eigentümer einer dem E gehörenden Sache und den E für einen Nichtberechtigten. Auf Grundlage dieser (fehlerhaften) Einschätzung nimmt er dem E die fragliche Sache eigenmächtig weg. Zwar häufen sich in der Folgezeit Umstände, die gegen eine Eigentümerstellung des B sprechen, doch zieht dieser daraus nicht den sich eigentlich aufdrängenden Schluss (fremder Eigentümerschaft). Infolge Nachlässigkeit des B kommt es später zu einem Wohnungsbrand, bei dem die fragliche Sache zerstört wird.

Hier wäre § 992 Var. 1 BGB nach Theorie I, Meinung A, und Theorie II anwendbar, weil jedenfalls die verbotene Eigenmacht als solche schuldhaft (vorsätzlich) begangen worden ist; Theorie I, Meinung B, müsste gegenteilig entscheiden, weil das Verschulden sich nicht gegen das Eigentum richtet, beim Besitzerwerb also noch kein vollständiges zivilrechtliches Delikt gegeben ist. Nach Theorie III wäre ein Schadensersatzanspruch nach den §§ 992 Var. 1, 823 I BGB zu bejahen, weil objektiv verbotene Eigenmacht danach zur Haftungsbegründung ausreicht, wenn die nachträgliche Eigentumsverletzung ihrerseits schuldhaft ist.

S. ergänzend Gursky Klausurenkurs SachenR Fall 12; Meder/Flick JuS 2011, 160; Müller/Schmitt JA 2019, 887.

D. Verwendungsersatz nach den §§ 994 ff. BGB

16. Problem
Was ist unter Verwendungen iSd §§ 994 ff. BGB zu verstehen?

Ausgangsfall:

A errichtet auf dem bisher unbebauten Grundstück des B ein Gebäude. Hat er damit Verwendungen iSd §§ 994 ff. BGB auf dieses Grundstück getätigt?

Ausgangspunkt:

Den Hintergrund der Diskussion um die Weite des Verwendungsbegriffes bildet das Nebeneinander verschiedener Aussgleichssysteme – einerseits die §§ 994 ff. BGB, andererseits § 951 BGB mit dem Bereicherungsrecht –, die einmal mehr den Eigentümer und einmal mehr den Besitzer privilegieren (s. hierzu Thöne JuS 2021, 809 (811–814)), sodass die vorliegende Frage stets (auch) im Zusammenhang mit Problem Nr. 17 zu betrachten ist.

I. (hier sog.) Enge Verwendungsbegriffstheorie

Unter Verwendungen sind nur solche Maßnahmen zu verstehen, die darauf abzielen, eine Sache als solche zu erhalten, zu verbessern oder wiederherzustellen, ohne sie in ihrem Bestand grundlegend zu verändern. Insbesondere eine Gebäudeerrichtung auf einem bisher unbebauten Grundstück fällt deshalb nicht unter die §§ 994 ff. BGB.

Vertreten von:
BGHZ 10, 171 (177 ff.) = NJW 1953, 1466; BGH LM § 946 BGB Nr. 6 = NJW 1954, 265; BGHZ 41, 157 (160 f.) = LM § 996 BGB Nr. 5 m. Anm. Rothe; BGHZ 41, 341 (345 f.) = NJW 1964, 1791; BGH WM 1962, 1086 (1087); 1965, 1028 (1029); 1967, 1147 (1148); 1969, 295 (296); wohl auch BGH NJW 1996, 52; offen gelassen aber in BGH NJW-RR 2013, 1318 (1320); NJW 2015, 229 (230); ebenso für einen engen Verwendungsbegriff OLG Hamm NJW-RR 1997, 847 (848); Eckert SachenR Rn. 241, 252; Eichler Institutionen S. 229; Eichler JuS 1965, 479 (480); Esser, Schuldrecht Besonderer Teil, Teilbd. II, 4. Aufl. 1971, § 69 II 2; Huber JuS 1970, 515 (519); Neumann-Duesberg BlGBW 1965, 101 ff.; Palandt/Bassenge, 58. Aufl. 1999, BGB vor §§ 994 ff. Rn. 5 f.; Pinger EBV S. 100 ff.; RGRK/Pikart BGB § 994 Rn. 26, 28; Schapp/Schur SachenR Rn. 145, 259; Schellhammer SachenR Rn. 181, 200; E. Schneider JurBüro 1966, 15 (17 ff.); Waltjen AcP 175 (1975), 109 (135 ff.); Westermann/Pinger SachenR § 33 I 2; wohl auch NK-BGB/Schanbacher § 994 Rn. 4.

1. Argument
Wenn durch eine Maßnahme eine Sache grundlegend verändert wird, liegt schon nach dem (allgemeinen) Sprachgebrauch keine Verwendung vor.

2. Argument
Müsste der Eigentümer auch Umgestaltungsaufwendungen des unrechtmäßigen Besitzers vergüten, so würde dies regelmäßig zu einer erheblichen Störung seiner eigenen wirtschaftlichen Dispositionsfreiheit führen. Der enge Verwendungsbegriff verhindert hier die Belastung des Eigentümers mit einer Vergütungspflicht für die ihm aufgedrängte Bereicherung (und die damit einhergehende Entwertung der Eigentumsposition).

3. Argument
Durch den weiten Verwendungsbegriff (Theorie II) würde der Anwendungsbereich der §§ 994 ff. BGB in einer Weise erweitert, die nicht mehr dem Zweck der gesetzlichen Regelung entspräche und für die auch kein vernünftiges wirtschaftliches Bedürfnis besteht (BGHZ 41, 157 (161) = NJW 1964, 1125).

4. Argument
Die §§ 987–1003 BGB gelten für bewegliche und unbewegliche Sachen. Deshalb ist auch der Verwendungsbegriff einheitlich für beide Sachen zu bestimmen. Eine völlige Umgestaltung einer beweglichen Sache stellt aber eine Verarbeitung iSd § 950 BGB dar und wird nicht als Verwendung bezeichnet.

II. (hier sog.) **Weite Verwendungsbegriffstheorie**

Unter Verwendungen sind alle Vermögensaufwendungen zu verstehen, die einer bestimmten Sache zugutekommen sollen.

Vertreten von:
AK-BGB/Joerges § 994 Rn. 14; Baur/Stürner SachenR § 11 Rn. 55; Bechtloff, Gesetzliche Verwertungsrechte, 2003, S. 219; BeckOGK/Spohnheimer, 1.5.2023, BGB § 994 Rn. 36; BeckOK BGB/Fritzsche § 994 Rn. 18; Breetzke NJW 1954, 171 f.; Brehm/Berger SachenR Rn. 8.57; Canaris JZ 1996, 344 (348); Diderichs, Der Ausschließlichkeitsgrundsatz, 1973, S. 166 ff.; Feiler, Aufgedrängte Bereicherung bei den Verwendungen des Mieters und Pächters, 1968, S. 43 ff.; Gerhardt MobiliarsachenR S. 75; Gottwald PdW SachenR S. 106 ff.; Greiner, Die Haftung auf Verwendungsersatz, 2000, S. 308 f.; Grüneberg/Herrler BGB § 994 Rn. 2, 4; Grunsky NJW 1969, 496 (497); Gursky Klausurenkurs SachenR Rn. 173; G. Haas AcP 176 (1976), 1 (16); Habersack SachenR Rn. 124; Harms SachenR S. 81; Hönn JA 1988, 529 (536); Jakobs AcP 167 (1967), 350 (354); Kindl JA 1996, 201 (202); Klauser NJW 1965, 513 (514); Koch/Löhnig Fälle SachenR S. 98 f.; Kohler, Die Rückabwicklung gescheiterter Austauschverträge, 1989, S. 504 Fn. 199; Larenz/Canaris SchuldR II 2 § 70 II, § 72 IV 3b aE, § 74 I 3; Medicus/Petersen BürgerlR Rn. 877; Michalski FS Gitter, 1995, 577 (626); MüKoBGB/Füller § 951 Rn. 38; MüKoBGB/Medicus, 4. Aufl. 2004, § 994 Rn. 10; Müller/Gruber SachenR Rn. 952, 966 ff.; Musielak/Mayer EK BGB Rn. 699, 712; Neuner SachenR Rn. 167; Prütting SachenR Rn. 555; Reuter/Martinek Ungerechtfertigte Bereicherung S. 528 ff., 539; H. Roth JuS 1997, 1087 (1089); H. Roth JuS 2003, 937 (942); Schindler AcP 165 (1965), 499 (505) Fn. 23; Schiemann JURA 1981, 631 (643 f.); K. Schreiber JURA 1992, 533 (535 f.); Soergel/Thöne BGB vor §§ 994 ff. Rn. 12 f., § 994 Rn. 2; Staudinger/Thole, 2019, BGB vor §§ 994 ff. Rn. 44; Thöne JuS 2021, 809 (813); Weber SachenR I § 16 Rn. 67 f.; Wellenhofer SachenR § 23 Rn. 12; Wernecke, Abwehr und Ausgleich „aufgedrängter Bereicherung“ im Bürgerlichen

Recht, 2004, S. 37 und insbesondere S. 479 ff., 509, 526; Westermann/Gursky/Eickmann SachenR § 32 Rn. 4; Wieling SachenR I § 12 V 3c; Wilhelm SachenR Rn. 1097 ff., 1307 ff.; E. Wolf SachenR S. 277; M. Wolf AcP 166 (1966), 188 (193 ff.); s. schließlich noch RGZ 152, 100 (102).

1. Argument
Aus den Motiven, die auf eine gesetzliche Definition verzichtet und auf den gemeinrechtlichen Verwendungsbegriff Bezug genommen haben, ergeben sich keine Anhaltspunkte für eine restriktive Auslegung des Verwendungsbegriffes (M. Wolf AcP 166 (1966), 188 (195)). Im Gegenteil, für die Verfasser des BGB war es ganz selbstverständlich, dass auch eine Gebäudeerrichtung eine Verwendungsvornahme bedeutet (vgl. Mot. II 394; Prot. III 353).

2. Argument (gegen Theorie I, Arg. 1)
Die Berufung auf den allgemeinen Sprachgebrauch kann nicht überzeugen. Der Ausdruck „Verwendungen machen" kommt außerhalb der juristischen Fachsprache praktisch nicht vor.

3. Argument
Der enge Verwendungsbegriff birgt die Gefahr, dass der einheitliche Begriff der Verwendungen im BGB aufgespalten wird (vgl. § 2022 BGB). Der BGH verknüpft in unzulässiger Weise den Schutz des Eigentümers mit dem Begriff der Verwendungen. Dem Schutz des Eigentümers vor aufgedrängter Bereicherung dienen aber die §§ 1001, 1002 BGB (Soergel/Thöne).

4. Argument
Die Lage des gutgläubigen Besitzers zeigt, dass das vom BGH geleugnete wirtschaftliche Bedürfnis für die Anwendung der §§ 994 ff. BGB auch dann besteht, wenn die Sache durch die Aufwendungen des Besitzers grundlegend verändert wird (M. Wolf AcP 166 (1966), 188 (195)).

5. Argument
Auch der Zweck der gesetzlichen Regelung macht eine extensive Auslegung des Verwendungsbegriffes notwendig, da andernfalls der von den §§ 994 ff. BGB gewollte angemessene Ausgleich zwischen den Interessen des Besitzers und denen des Eigentümers in Fällen, in denen die Sache grundlegend verändert wird, nicht mehr gewährleistet ist (M. Wolf AcP 166 (1966), 188 (195)).

6. Argument
Legt man den engen Verwendungsbegriff zugrunde, wird der Besitzer allein auf ein wirtschaftlich meist wertloses Wegnahmerecht (§ 997 BGB) verwiesen. Das erscheint aber nicht sachgerecht, da Umbauten, die auch nach der engen Verwendungsbegriffstheorie Verwendungen iSd §§ 994 ff. BGB darstellen, und Neubauten von der Interessenlage der Beteiligten her nicht verschieden sind. Die Kosten eines aufwendigen Gebäudeausbaus können die eines bescheidenen Neubaus weit übersteigen (Thöne).

7. Argument
Die Frage ist aus der Regelungsfunktion der §§ 994 ff. BGB zu beantworten. Alle Vermögensaufwendungen, die der Sache zugutekommen, sind Verwendungen, solange

durch sie nicht die Vindikationslage entfällt. Das ist namentlich der Fall, wenn durch Verarbeitung gem. § 950 BGB das Eigentum weggefallen ist.

Fallbeispiele:

1. Nach der „engen Verwendungsbegriffstheorie" kommen die §§ 994 ff. BGB im Ausgangsfall nicht zur Anwendung, weil keine Verwendungen im technischen Sinne vorliegen. Durch den Neubau wird die Zweckbestimmung des Grundstückes und damit das Grundstück in seinem Bestand grundlegend verändert (bezüglich der Bereicherungsansprüche vgl. Problem Nr. 17). Nach der „weiten Verwendungsbegriffstheorie" liegen hingegen Verwendungen vor, weil der Bau des Hauses dem Grundstück zugutekommen soll und seinen Wert erhöht; die §§ 994 ff. BGB finden somit Anwendung.

2. A baut auf dem Trümmergrundstück des B das durch einen Brand völlig zerstörte Haus wieder auf. Handelt es sich dabei um eine Verwendung?

Hier ist nach beiden Meinungen eine Verwendungsvornahme gegeben. Da das Grundstück vor der Vornahme der Verwendung schon einmal bebaut gewesen war, wird es nicht in seinem Bestand oder seiner Zweckbestimmung geändert (vgl. BGH WM 1967, 1147 (1148)).

3. A schützt das abschüssige Grundstück des B durch den Bau einer Stützmauer vor dem Abgleiten. Liegt eine Verwendung vor?

Auch in diesem Fall finden die §§ 994 ff. BGB nach beiden Theorien Anwendung, da der Bau der Stützmauer objektiv der Erhaltung der Sache dient.

S. ergänzend Czeguhn/Ahrens SachenR Fall 15; Koch/Löhnig Fälle SachenR Fall 8; Laurini JA 2015, 581.

17. Problem
Ist die Anwendung der §§ 951, 812 ff. BGB durch die §§ 994 ff. BGB ausgeschlossen?

Ausgangsfall:

A errichtet als gutgläubig-unrechtmäßiger Besitzer auf dem bisher unbebauten Grundstück des E ein Mietshaus (nach BGHZ 41, 157 = NJW 1964, 1125). Kann A von E nach Rückgabe des Grundstücks (Verwendungs-)Ersatz für die Kosten der Baumaßnahme verlangen?

Ausgangspunkt:

Das vorliegende Problem setzt gewissermaßen den Streit um die Weite des Verwendungsbegriffes fort, geht es doch bei beiden Fragen um den sachgerechten Interessenausgleich zwischen nichtbesitzendem Eigentümer und verwendendem Besitzer. Sofern man für einen weiten Verwendungsbegriff eintritt (vgl. Problem Nr. 16), relativiert sich die vorliegende Problematik, da in diesem Fall auch Umgestaltungsaufwendungen unter die §§ 994 ff. BGB zu fassen sind und der unrechtmäßige Besitzer im Ausgangsfall, der Gebäudeerrichtung auf fremdem Grund, grundsätzlich einen Ausgleichsanspruch aus § 996 BGB erlangen kann. Wenn man dagegen den engen Verwendungsbegriff bevorzugt und mit der Rspr. das Vorliegen einer Verwendung verneint, vermag der vorliegenden Frage nach der Ausschließlichkeit der §§ 994 ff. BGB eine weitreichende Bedeutung zukommen (§ 993 I Hs. 2 BGB findet insofern keine Anwendung; stattdessen ist auf Wortlaut und Systematik der §§ 994 ff. BGB abzustellen).

I. (hier sog.) **Strenge Ausschlusstheorie**

Die Vorschriften der §§ 994–1003 BGB regeln im Verhältnis zwischen Eigentümer und nichtberechtigtem Besitzer den Ersatz von Verwendungen erschöpfend und schließen die Anwendbarkeit des allgemeinen Bereicherungsrechts (einschließlich des § 951 I 1 BGB) aus. Dieser Ausschluss des Bereicherungsrechts erfasst auch Umgestaltungsaufwendungen, die keine Verwendungen iSd §§ 994 ff. BGB darstellen. – Einem Bereicherungsanspruch aus § 812 I 2 Var. 2 BGB (*condictio ob rem*) steht dieses Verständnis indes nicht engegen (BGH NJW 1996, 52 f.).

Vertreten von:
BGHZ 41, 157 ff. = NJW 1964, 1125; BGHZ 41, 341 (346 ff.) = NJW 1964, 1791; BGH NJW 1996, 52; 2001, 3118 (3119); AnwK-BGB/v. Plehwe, Bd. 3, 2004, § 951 Rn. 11; Jauernig/Berger BGB § 951 Rn. 23; Neumann-Duesberg BlGBW 1965, 101 (102 f.); RGRK/Pikart BGB § 994 Rn. 7; E. Schneider JurBüro 1966, 15 (17 ff.); K. Schreiber JURA 1992, 533 (535 f., 539); Waltjen AcP 175 (1975), 109 (132 ff.) (mit teilweiser Korrektur über § 242 BGB).

1. Argument
Die §§ 994–1003 BGB enthalten eine abschließende Sonderregelung für das Verhältnis zwischen Eigentümer und unrechtmäßigem Besitzer; sie gehen den Vorschriften

des Bereicherungsrechtes vor. § 951 BGB ist eine bereicherungsrechtliche Vorschrift, da seine Rechtsfolgen nur eintreten, wenn die Voraussetzungen des § 812 BGB vorliegen (Rechtsgrundverweisung (hM)). Als Unterfall des allgemeinen Bereicherungsrechts kann daher § 951 BGB neben den Ansprüchen der §§ 994 ff. BGB nicht angewendet werden (BGHZ 41, 157 (159) = NJW 1964, 1125).

2. Argument
Die §§ 994 ff. BGB treffen für den Ersatz von Verwendungen des unrechtmäßigen Besitzers eine ausbalancierte Lösung, die dem bösgläubigen oder bereits auf Herausgabe verklagten Besitzer den Ersatz rigoros versagt. Diese differenzierende Regelung würde unterlaufen, wenn der unrechtmäßige Besitzer neben den §§ 994 ff. BGB auch Bereicherungsansprüche geltend machen dürfte.

3. Argument
Würde der unrechtmäßige Besitzer auf eine Verwendungskondiktion ausweichen können, so wären auch die in den §§ 1000 ff. BGB enthaltenen Beschränkungen für die Geltendmachung der Verwendungsersatzansprüche praktisch ausgeschaltet.

4. Argument
Durch die erschöpfende Sonderregelung des Eigentümer-Besitzer-Verhältnisses wird auch ein Bereicherungsausgleich für Umgestaltungsaufwendungen ausgeschlossen. Dass diese nicht unter den zutreffenden engen Verwendungsbegriff fallen, ändert daran nichts. Die vom Gesetzgeber gewollte Ausschlusswirkung der §§ 994 ff. BGB würde praktisch aufgehoben, wenn sie nur für die Fälle gelten sollte, in denen eine Verpflichtung zum Verwendungsersatz besteht. Entfällt die Ersatzpflicht im konkreten Fall wegen Fehlens einer der gesetzlichen Voraussetzungen, insbesondere weil – wie hier – keine „Verwendungen" iSd §§ 994 ff. BGB vorliegen, muss es vielmehr gleichwohl bei dem Ausschluss der Bereicherungsvorschriften bleiben. Die weiteren Rechtsfolgen bestimmen sich auch in solchen Fällen allein nach den für das Eigentümer-Besitzer-Verhältnis geltenden Regeln (BGHZ 41, 157 (162) = NJW 1964, 1125).

II. (hier sog.) **Modifizierte Ausschlusstheorie**

Die vindikatorische Verwendungsersatzregelung verdrängt tatbestandsmäßig gegebene Bereicherungsansprüche des unrechtmäßigen Besitzers wegen seiner Verwendungen nur innerhalb ihres eigenen Anwendungsbereichs. Für Aufwendungen, die keine Verwendungen iSd §§ 994 ff. BGB sind, kann diesem ein Bereicherungsanspruch nach den §§ 951 I 1, 812 ff. BGB bzw. eine allgemeine Verwendungskondiktion zustehen.

Vertreten von:
Eichler JuS 1965, 479 (480); Erman/Hefermehl, 10. Aufl. 2000, BGB vor §§ 994 ff. Rn. 13 (mit Einschränkungen); U. Huber JuS 1970, 515 (519); Mühl AcP 176 (1976), 396 (424); Schapp/Schur SachenR Rn. 145, 259 ff.; Schreiber SachenR Rn. 191, 234; Stoll, Grundriß des Sachenrechts, 1983, S. 91; Waltjen AcP 175 (1975), 109 (123 ff., 133 ff.); Weitnauer DNotZ 1972, 377; Westermann SachenR § 33 I 3b, § 54 1.

1.–3. Argument
Wie Theorie I.

4. Argument
Der Ausschluss der Vorschriften der §§ 812 ff. BGB durch die sachenrechtliche Sonderregelung der §§ 994 ff. BGB setzt voraus, dass überhaupt eine Verwendung vorliegt. In Fällen, bei denen bestandsändernde Maßnahmen, also keine Verwendungen im rechtstechnischen Sinne, vorliegen, stellt sich die Frage einer Konkurrenz zwischen Eigentümer-Besitzer-Verhältnis und bereicherungsrechtlichen Ansprüchen überhaupt nicht. Für Fälle, die die Regelung des Eigentümer-Besitzer-Verhältnisses gar nicht erfasst, kann es auch keine abschließende Regelung darstellen wollen. Eine Sperrwirkung außerhalb des eigenen Anwendungsbereichs bzw. eine überschießende Exklusivität gibt es nicht.

5. Argument
Die strenge Ausschlusstheorie (Theorie I) bevorzugt den Grundstückseigentümer unbillig, weil er das mit fremden Mitteln errichtete Gebäude behalten kann, ohne Wertausgleich leisten zu müssen. Das Wegnahmerecht des Erbauers (§ 997 BGB), dessen Ausübung meistens mit sehr hohen Kosten verbunden sein wird, stellt keinen ausreichenden Schutz dar.

III. Kombination von Ausschließlichkeitsdogma und weitem Verwendungsbegriff

Die Regelung der §§ 994 ff. BGB schließt Bereicherungsansprüche wegen Verwendungen nach den §§ 951, 812 ff. BGB bzw. die allgemeine Verwendungskondiktion aus § 812 I 1 Var. 2 BGB aus. Dies gilt auch für Aufwendungen des unrechtmäßigen Besitzers, die die Sache in ihrem Bestand grundlegend verändern.

Vertreten von:
OLG Düsseldorf ZMR 2005, 802 (803); Baur/Stürner SachenR § 11 Rn. 55; BeckOK BGB/Fritzsche § 994 Rn. 18, 36; Brehm/Berger SachenR Rn. 8.62 f.; G. Haas AcP 176 (1976), 1 (16 ff.); Habersack SachenR Rn. 124; Harms SachenR S. 80 f.; Kindl JA 1996, 201 (202, 207 f.); Köbl EBV S. 299 ff., 305 ff.; Michalski FS Gitter, 1995, 577 (623, 626); Müller/Gruber SachenR Rn. 952, 966 ff., 1120; MüKoBGB/Füller § 951 Rn. 40; Neuner SachenR Rn. 167, 173; Grüneberg/Herrler BGB § 951 Rn. 23, § 994 Rn. 4; Prütting SachenR Rn. 555, 567; Reuter/Martinek Ungerechtfertigte Bereicherung S. 528 ff., 539; H. Roth JuS 1997, 1087 (1089 f.); H. Roth JuS 2003, 937 (942); Soergel/Thöne BGB vor §§ 994 ff. Rn. 14 ff., 18; Staudinger/Thole, 2019, BGB vor §§ 994 ff. Rn. 44, 83 ff.; Westermann/Gursky/Eickmann SachenR § 32 Rn. 4, 37; Wieling SachenR I § 11 II 5b mit § 12 V 6; Wellenhofer SachenR § 23 Rn. 26; Wilhelm SachenR Rn. 1092 ff., 1103 ff.; M. Wolf AcP 166 (1966), 188 (199 ff., 206). Für Verdrängung der Verwendungskondiktion ohne Stellungnahme zur Reichweite des Verwendungsbegriffs: Jauernig/Stadler BGB vor §§ 812 ff. Rn. 9; HK-BGB/Wiese § 812 Rn. 20; HK-BGB/Schulte-Nölke § 951 Rn. 6; iErg auch Wernecke, Abwehr und Ausgleich „aufgedrängter Bereicherung“ im Bürgerlichen Recht, 2004, S. 573.

1.–3. Argument
Wie Theorie I.

4. Argument
Die Verdrängung des Bereicherungsrechts durch die §§ 994 ff. BGB tritt auch bei Umgestaltungsaufwendungen des Besitzers ein, da diese richtiger Ansicht nach ebenfalls unter den Verwendungsbegriff fallen (s. Problem Nr. 16, Theorie II).

5. Argument
Wie Theorie II, Arg. 5.

6. Argument (gegen Theorie IV)
Die Theorie der Anspruchskonkurrenz gibt auch dem bösgläubigen unrechtmäßigen Besitzer, dem § 996 BGB jeglichen Verwendungsersatz versagt, einen Bereicherungsanspruch. Diese Ansicht ist daher entschieden abzulehnen. Die aus den Materialien ersichtliche Absicht der Gesetzesverfasser, dem verschärft haftenden Vindikationsgegner jeden Ausgleich für nicht notwendige Verwendungen zu versagen, ist im Text des § 996 BGB („nur") ganz deutlich zum Ausdruck gekommen. Diese Entscheidung ist verbindlich.

7. Argument (gegen Theorie IV, Arg. 1)
Die Behauptung, die Annahme einer Verdrängung des Bereicherungsrechts durch die §§ 994 ff. BGB bedeutete eine Schlechterstellung des besitzenden gegenüber dem nichtbesitzenden Verwender, ist unzutreffend. Diese Argumentation übersieht, dass auch der bereicherungsrechtliche Verwendungsersatzanspruch des Nichtbesitzers nicht (vollständig) außer Zweifel steht, sondern auch durch einen Erst-recht-Schluss aus § 996 BGB ausgeschlossen werden könnte. Im Übrigen sind ohnehin kaum Situationen vorstellbar, in denen ein Nichtbesitzer auf eine fremde Sache Verwendungen macht, ohne als Geschäftsführer ohne Auftrag zu handeln oder eine Leistung zu erbringen.

8. Argument (gegen Theorie IV, Arg. 6)
Die Behauptung, die §§ 812 ff. BGB und die §§ 994 ff. BGB hätten voneinander abweichende Regelungsziele, überzeichnet die Unterschiede zwischen beiden Normbereichen: Die §§ 994 ff. BGB wollen nicht nur den Ausgleich der Vermögenseinbuße beim Besitzer regeln, sondern entscheiden gleichzeitig auch über die Abschöpfung der infolge dieser Aufwendungen beim Eigentümer eingetretenen Bereicherung.

IV. (hier sog.) **Anspruchskonkurrenztheorie**

Die Regelung der vindikatorischen Verwendungsersatzansprüche schließt tatbestandlich erfüllte Bereicherungsansprüche des unrechtmäßigen Besitzers wegen seiner Verwendungen *nicht* aus. Vielmehr treten der Anspruch aus den §§ 951 I 1, 812 ff. BGB bzw. die allgemeine Verwendungskondiktion (§ 812 I 1 Var. 2 BGB) „ungestört" neben die Verwendungsersatzansprüche aus den §§ 994 ff. BGB.

Vertreten von:
AK-BGB/v. Sachsen Gessaphe § 812 Rn. 99; Ballerstedt FS Schilling, 1973, 289 (305); BeckOK BGB/Wendehorst § 812 Rn. 161 (Verwendungskondiktion aus § 951 I 1 BGB zulässig, allgemeine Aufwendungskondiktion unzulässig); Brox/Walker, Besonderes Schuldrecht, 47. Aufl. 2023, § 42 Rn. 12 ff.; Canaris JZ 1996, 344 (346 ff.); Ellger, Bereicherung durch Eingriff, 2002, S. 207 ff.; Esser/Weyers, Schuldrecht Besonderer Teil, Teilbd. II, 8. Aufl. 2000, § 54 I 4c; Feiler, Aufgedrängte Bereicherung bei den Verwendungen des Mieters und Pächters, 1968, S. 47 (nur für Verwendungen des Fremdbesitzers); G. Hager JuS 1987, 877 (880); Koppensteiner/Kramer Ungerechtfertigte Bereicherung S. 207 ff.; Larenz/Canaris SchuldR II 2 § 74 I 3; Loewenheim, Bereicherungsrecht, 3. Aufl. 2007, S. 118 f.; Medicus/Petersen BürgerlR Rn. 897;

Medicus/Lorenz, Schuldrecht II, 18. Aufl. 2018, § 66 Rn. 5; MüKoBGB/Medicus, 4. Aufl. 2004, § 996 Rn. 9 ff.; Pinger EBV S. 110 ff.; Reeb, Grundprobleme des Bereicherungsrechts, 1975, S. 88; Reimer, Die aufgedrängte Bereicherung, 1990, S. 205 ff.; Schildt JuS 1995, 953 (956 f.); E. Schmidt AcP 175 (1975), 165 (172); Verse, Verwendungen im Eigentümer-Besitzer-Verhältnis, 1999, S. 159 f.; Westermann/Pinger SachenR § 33 I 3; E. Wolf SachenR S. 270 ff., 278; s. hierzu auch Staudinger/Lorenz, 2007, BGB vor §§ 812 ff. Rn. 42 f.

1. Argument
Die Ausschlusstheorien führen dazu, dass der besitzende Verwender wesentlich schlechter steht als der nichtbesitzende, für den ein entsprechender Kondiktionsausschlussgrund nicht existiert. Für eine solche Ungleichbehandlung fehlt ein einleuchtender Grund (Medicus).

2. Argument
Durch den Ausschluss des Bereicherungsrechts wird ein angemessener Interessenausgleich nicht erreicht. Dies gilt auch mit Blick auf das Interesse des Eigentümers an einem Schutz vor aufgedrängter Bereicherung. Dieses Problem ist ein allgemeines bereicherungsrechtliches Problem. Es kann deshalb auch nicht durch eine Verdrängung der bereicherungsrechtlichen Ansprüche, sondern nur innerhalb des Bereicherungsrechts sachgerecht gelöst werden, dh bei der Bemessung des Bereicherungsausgleichs und den Modalitäten des Bereicherungsanspruchs.

3. Argument
Lässt man einen Bereicherungsanspruch wegen der Verwendungen des unrechtmäßigen Besitzers zu, so entsteht dadurch kein Widerspruch zu den §§ 994–996 BGB. Die §§ 994 ff. BGB bestimmen nämlich nur, was der Besitzer vom Eigentümer gegen Herausgabe der Sache (jedenfalls) verlangen kann, während das Bereicherungsrecht die Frage regelt, was der Eigentümer an den Verwender leisten muss, wenn er den Verwendungserfolg nutzen will (Medicus/Petersen).

4. Argument
Die §§ 994 ff. BGB beinhalten lediglich die Privilegierung des Besitzers in bestimmten Fällen; es ist hieraus aber nicht zu entnehmen, dass der Besitzer außerhalb dieser Normen schlechter stehen soll als der nichtbesitzende Kondiktionsgläubiger. Daher ist ein genereller Ausschluss der §§ 812 ff. BGB durch die §§ 994 ff. BGB nicht interessengerecht (Pinger).

5. Argument
Der Ausschluss des Besitzers vom Bereicherungsausgleich wäre eine unangebrachte „Privatstrafe“ (Medicus).

6. Argument
Die §§ 812 ff. BGB und die §§ 994 ff. BGB haben unterschiedliche Regelungsziele: Das Bereicherungsrecht zielt auf Abschöpfung einer rechtsgrundlosen Vermögensmehrung beim Bereicherten. Demgegenüber kommt es für den Verwendungsersatzanspruch der §§ 994 ff. BGB auf eine Bereicherung nicht an, vielmehr soll hierdurch eine Vermögensminderung beim Verwender ausgeglichen werden (Koppensteiner/Kramer).

7. Argument
§ 951 II 1 BGB geht ersichtlich davon aus, dass Bereicherungsansprüche wegen Verwendungen nicht durch die §§ 994 ff. BGB verdrängt werden. Die gesetzliche Aussage, dass die §§ 994 ff. BGB unberührt bleiben, würde keinen Sinn ergeben, wenn der Anspruch aus einer Verwendungskondiktion durch Verwendungen eines unrechtmäßigen Besitzers überhaupt nicht ausgelöst würde (Ellger).

Fallbeispiele:

1. Im Ausgangsfall liegt nach der vom engen Verwendungsbegriff ausgehenden Theorie I keine Verwendung iSd §§ 994 ff. BGB vor. Ein Ersatzanspruch aus dem Eigentümer-Besitzer-Verhältnis scheidet hiernach deshalb aus. Ein Anspruch des A auf Ersatz der Materialien und des Arbeitsaufwandes nach den §§ 951 I 1, 812 I 1 Var. 2, 818 II BGB (zur einheitlichen wirtschaftlichen Betrachtungsweise vgl. BGHZ 10, 173 (179)) lehnt Theorie I ab; stattdessen verweist sie den A auf sein Wegnahmerecht nach § 997 BGB. Theorie II würde ebenfalls eine Verwendungsvornahme verneinen, aber gerade darum einen Bereicherungsanspruch aus §§ 951 I, 812 I 1 Var. 2, 818 II BGB nicht ausschließen. Nach Theorie III ergibt sich auf der Grundlage des weiten Verwendungsbegriffs ein Anspruch aus § 996 BGB; § 951 I 1 BGB ist daneben unanwendbar. Nach Theorie IV wäre jedenfalls ein Bereicherungsanspruch gegeben; ob daneben auch ein Anspruch aus § 996 BGB bejaht würde, hängt von der Bewertung des Streits zwischen engem und weitem Verwendungsbegriff ab; (wohl) die Mehrzahl der Anhänger von Theorie IV folgt dem weiten Verwendungsbegriff, würde hier also ebenfalls einen Verwendungsersatzanspruch aus § 996 BGB bejahen. Der nähere Inhalt des von dieser Theorie dem Grunde nach bejahten Bereicherungsanspruchs hinge dann weiterhin davon ab, welche Modifikationen zum Schutze des Kondiktionsschuldners vor aufgedrängter Bereicherung für erforderlich gehalten werden (vgl. dazu Gursky/Linardatos, 20 Probleme aus dem Bereicherungsrecht, 7. Aufl. 2023, Problem Nr. 18).

2. A ist bösgläubiger unrechtmäßiger Besitzer eines dem E gehörenden Grundstücks, auf dem früher ein Wohnhaus gestanden hatte, das vor 10 Jahren durch einen Brand zerstört worden war. A baut dieses Wohnhaus nun wieder auf.

Hier würde auch Theorie I eine Verwendungsvornahme bejahen (vgl. Problem Nr. 16, Fallbeispiel Nr. 2) und deshalb (ausschließlich) § 996 BGB anwenden. A erhielte demnach infolge seiner Bösgläubigkeit keinen Ersatz. Theorie II und III kämen zum gleichen Ergebnis. Theorie IV würde dagegen einen Bereicherungsanspruch nach den §§ 951 I 1, 812 ff. BGB bejahen.

S. ergänzend Czeguhn/Ahrens SachenR Fall 15; Falk/Schneider Klausurenkurs II Fall 13; Gursky Klausurenkurs SachenR Fall 10; Koch/Löhnig Fälle SachenR Fall 11; Lange/Schiemann Fälle SachenR Fall 14; vgl. auch Fezer/Obergfell, Klausurenkurs zum Schuldrecht BT, 10. Aufl. 2020, S. 330 f.

18. Problem
Können die §§ 994 ff. BGB bei Verwendungen von unrechtmäßigen Fremdbesitzern unmodifiziert angewandt werden?

Ausgangsfall:

A verpfändet für eine Schuld seines Freundes S iHv 20.000 EUR dem Gläubiger G ein altes Gemälde im Wert von 15.000 EUR. G lässt dieses Gemälde nach Eintritt der Pfandreife ohne Rücksprache mit A für 500 EUR durch den Restaurator R gründlich reinigen, weil er sich davon eine Steigerung des Erlöses erhofft. Nunmehr stellt sich heraus, dass das Gemälde dem E gestohlen und vom Dieb an den ahnungslosen A verkauft worden war. E verlangt von G die Herausgabe des Gemäldes; G macht ein Zurückbehaltungsrecht gem. §§ 1000 S. 1, 996 BGB geltend. Wie ist die Rechtslage?

I. (hier sog.) **Restriktionstheorie**

Die §§ 994 ff. BGB können auf unrechtmäßige Fremdbesitzer nur mit den Einschränkungen angewandt werden, die sich aus dem vermeintlichen Besitzrecht ergeben.

Vertreten von:
BGH LM § 994 BGB Nr. 4 = MDR 1956, 599; NJW 1959, 528 (529); BB 1959, 214; NJW 1979, 716; 2015, 229 Rn. 18; OLG Köln NJW 1968, 304; Baur/Stürner SachenR § 11 Rn. 56 f.; Beuthien, Verwendungsersatzansprüche des Werkunternehmers, 1959, S. 90 f.; Beuthien JR 1962, 255 (257); Brehm/Berger SachenR Rn. 8.73; Erman/Ebbing BGB vor §§ 994 ff. Rn. 39; Gernhuber BürgerlR § 44 I 4; Gürich JZ 1957, 429 (430 f.); Habersack SachenR Rn. 115; Imlau MDR 1957, 263 f.; Kaysers, Der Verwendungsersatzanspruch des Besitzers bei vertraglichen Leistungen, 1968, S. 77 (für Zweipersonenverhältnisse); Möhrenschlager, Der Verwendungsersatzanspruch des Besitzers, 1971, S. 163 ff.; NK-BGB/Schanbacher § 994 Rn. 10; RGRK/Pikart BGB § 994 Rn. 19; Soergel/Mühl, 12. Aufl. 1990, BGB vor §§ 994 ff. Rn. 6; Weber SachenR I § 16 Rn. 64 ff.; Wieling SachenR I § 12 V 2g; Wolff/Raiser SachenR § 86 II.

1. Argument
Die §§ 994 ff. BGB sind auf die Situation des Eigenbesitzers zugeschnitten. Die Ausdehnung auf Fremdbesitzer ist erst relativ spät bei den Vorarbeiten zum BGB erfolgt und von den Gesetzesverfassern nicht genügend bedacht worden.

2. Argument
Ein unrechtmäßiger Fremdbesitzer darf nicht mehr Verwendungsersatz erhalten, als er bei Existenz des angenommenen Besitzrechts erhalten hätte. Es wäre unvernünftig, wenn ein unrechtmäßiger Besitzer bessergestellt würde als der rechtmäßige.

3. Argument
Der Fremdbesitzer wäre bei schlichter Anwendung der §§ 994 ff. BGB überprivilegiert; er wäre in einem weit höheren Maße geschützt, als er es verdient. Er ist schließlich, auch wenn er ohne grobe Fahrlässigkeit auf sein vermeintliches Recht zum Besitz vertraut, in gewissem Sinne partiell bösgläubig: Er weiß nämlich, dass er eine fremde Sache werterhöhend verändert und damit dem Eigentümer eine nicht erbetene vermögenswerte „Leistung“ aufdrängt, die dieser nicht in Natur herausgeben kann.

4. Argument
Wenn der unrechtmäßige Fremdbesitzer Verwendungen tätigt, die er auch bei Existenz des angenommenen Besitzrechts nicht ersetzt erhielte, überschreitet er den Rahmen seines vorgestellten Besitzrechts. Er ist daher insoweit nicht mehr als gutgläubig anzusehen (Pikart).

II. Notordnungstheorie

Die §§ 994 ff. BGB gelten auch für (unberechtigte) Fremdbesitzer ohne Modifikationen.

Vertreten von:
Emmerich Nebenfolgen der Vindikation S. 155 f.; Jauernig/Berger BGB vor §§ 994 ff. Rn. 2; Köbl EBV S. 270 f.; MüKoBGB/Medicus, 4. Aufl. 2004, § 994 Rn. 31; Pinger EBV S. 105 f.; Raiser JZ 1958, 681 (685); Reuter/Martinek Ungerechtfertigte Bereicherung S. 528; Verse, Verwendungen im Eigentümer-Besitzer-Verhältnis, 1999, S. 160; Westermann SachenR § 33 I 3a; Westermann/Pinger SachenR § 33 I 5a; nur hilfsweise Westermann/Gursky/Eickmann SachenR § 32 Rn. 8.

1. Argument
Die §§ 994 ff. BGB enthalten eine „Notordnung" für das Verhältnis des unberechtigten Besitzers zum Eigentümer. Diese kann weder durch den Inhalt eines unwirksamen Vertragsverhältnisses des Besitzers mit dem Eigentümer selbst noch durch die Regelung eines mit einem nichtberechtigten Dritten geschlossenen Vertrages beeinflusst werden.

2. Argument
Man gelangt zwangsläufig zu unangemessenen Ergebnissen, wenn man die kraft Vertrages oder Gesetzes im Verhältnis des Fremdbesitzers zu seinem vom Eigentümer verschiedenen Oberbesitzer geltende Begrenzung des Verwendungsersatzes bzw. die im Zweipersonenverhältnis mit dem Eigentümer selbst unwirksam vereinbarte oder bei unterstellter Existenz des Besitzrechts kraft Gesetzes geltende Einschränkung des Verwendungsersatzes als Obergrenze für den Verwendungsersatz des Fremdbesitzers gem. §§ 994 ff. BGB einsetzt. Die vertragliche oder gesetzliche Beschränkung des Verwendungsersatzes wird damit nämlich aus ihrem wirtschaftlichen Zusammenhang gerissen (und andere Absprachen/Regelungen bleiben unbeachtet).

3. Argument
Wer als Mieter beim Abschluss eines langfristigen Mietvertrages auf Verwendungsersatz trotz geplanter Investitionen verzichtet, weil der Mietzins niedrig bemessen wird oder weil sich die Investitionen angesichts der langen Vertragsdauer ohnehin für ihn rentieren, darf an dieser Verzichtsklausel nicht festgehalten werden, wenn der Vertrag sich als nichtig oder der Vertragspartner als Nichtberechtigter erweist.

4. Argument
Der Satz, der unrechtmäßige Fremdbesitzer dürfe nicht besser stehen, als er bei Existenz des angenommenen Besitzrechts stünde, kann (zumindest als rechtspolitisches Postulat) durchaus akzeptiert werden. Es muss dann aber die reale Rechtslage des unrechtmäßigen Fremdbesitzers mit der hypothetischen, bei Existenz des Besitzrechts bestehenden Lage umfassend verglichen werden. Denn ein punktueller, nur auf

die Verwendungsersatzregelung beschränkter Vergleich wäre irreführend; bei einem umfassenden Vergleich wird man aber regelmäßig nicht sagen können, dass der unrechtmäßige Fremdbesitzer bei wörtlicher Anwendung des Gesetzes insgesamt bessergestellt ist: Der dem unrechtmäßigen Fremdbesitzer möglicherweise zustehende höhere Verwendungsersatz wird durch den Nachteil der sofortigen Herausgabepflicht mehr als aufgewogen.

5. Argument
Die von Theorie I vorgenommene Gesetzeskorrektur ebnet den Unterschied zwischen berechtigten und nichtberechtigten Besitzern in bedenklicher Weise ein.

III. Modifizierte Restriktionstheorie

Die Verwendungsersatzansprüche des unrechtmäßigen Fremdbesitzers aus den §§ 994 ff. BGB bedürfen einer Obergrenze: Der Verwendungsersatz darf den wirtschaftlichen Gesamtnutzen nicht übersteigen, den die vorgenommene Investition dem Fremdbesitzer bei Wirksamkeit seines Besitzrechts gebracht hätte. Dieser Gesamtnutzen setzt sich aus dem Betrag des Verwendungsersatzes, der dem Besitzer bei Existenz des Besitzrechts zustünde, sowie dem Wert der Nutzungen, die er in diesem Falle aus dem Verwendungserfolg hätte ziehen können, zusammen. Für solche Verwendungen, die der Fremdbesitzer nach dem angenommenen Besitzrechtsverhältnis gar nicht hätte machen dürfen, erhält er keinen Ersatz.

Vertreten von:
BeckOGK/Spohnheimer, 1.5.2023, BGB § 994 Rn. 16.4 ff.; Ermann/Ebbing BGB vor §§ 994 ff. Rn. 24; Grüneberg/Herrler BGB vor §§ 994 ff. Rn. 5; Kindl JA 1996, 201 (204 f.); Staudinger/Thole, 2019, BGB vor §§ 994 ff. Rn. 24; Soergel/Thöne BGB vor §§ 994 ff. Rn. 6; Westermann/Gursky/Eickmann SachenR § 32 Rn. 8; ähnlich BeckOK BGB/Fritzsche § 994 Rn. 56; tendenziell ähnlich auch Prütting SachenR Rn. 556 sowie Musielak/Mayer EK BGB Rn. 704 f.

1.–3. Argument
Wie Theorie I.

4. Argument
Die Erwägung, dass der unrechtmäßige Fremdbesitzer durch die Verwendungsersatzansprüche nicht bessergestellt werden dürfe, als er bei der angenommenen Rechtslage stünde, legt eine Restriktion der §§ 994 ff. BGB nahe, die eine Überprivilegierung des unrechtmäßigen Fremdbesitzers verhindern soll. Der Verwendungsersatz darf den Gesamtnutzen, den der Fremdbesitzer im Falle der Existenz des Besitzrechts aus seiner Investition gezogen hätte, nicht übersteigen.

5. Argument
Man darf deshalb nicht isoliert auf die Verwendungsersatzregelung abstellen, die im Falle der Wirksamkeit des Besitzrechtsverhältnisses gegolten hätte. Vielmehr muss zugunsten des unrechtmäßigen Fremdbesitzers auch berücksichtigt werden, dass er die von ihm geschaffenen Einrichtungen oder sonstigen werterhöhenden Sachverbesserungen bei Wirksamkeit seines Besitzrechts immerhin für dessen vertraglich vorgesehene oder nach den gesetzlichen Kündigungsfristen zumindest mögliche Dauer

hätte nutzen können und dass ihm diese Nutzungen infolge der Unwirksamkeit des Vertrages und das Herausgabeverlangen des Eigentümers entgehen. Der Wert dieses entgangenen Eigengebrauchs lässt sich auf die gleiche Art und Weise erfassen, mit der im Rahmen der verschiedenen Nutzungsherausgabevorschriften der Wert gezogener Gebrauchsvorteile berechnet wird, nämlich anhand der dafür üblicherweise zu zahlenden Vergütung. Der Wert der Gebrauchsvorteile, die der Fremdbesitzer bei Existenz des angenommenen Besitzrechts aus dem von ihm geschaffenen Verwendungserfolg während der Laufzeit des Besitzrechts hätte ziehen können, entspricht deshalb der Erhöhung des objektiven Mietwertes der Sache während des fraglichen Zeitraums.

6. Argument

Nur bei der beschriebenen Einschränkung der §§ 994, 996 BGB bleibt es stimmig, dass das fehlende Recht zum Besitz auch bei Fremdbesitzern den Bezugspunkt der (Un-) Redlichkeit bildet, die wiederum über die Gewährung oder Nichtgewährung eines Ausgleichs entscheidet. Ginge es bei diesem Ausgleich um die Auskehrung des gesamten Betrages der durch die Verwendung herbeigeführten Wertsteigerung der Sache, dann dürfte eigentlich nur das fehlende oder vorhandene Aufdrängungsbewusstsein das entscheidende Kriterium bilden, und dieses Aufdrängungsbewusstsein würde bei einem Fremdbesitzer fast immer als Parallelwertung in der Laiensphäre gegeben sein. Wenn aber die (eingeschränkten) §§ 994, 996 BGB im Ergebnis nur das Vertrauen auf eine Konsequenz des angenommenen Rechts zum Besitz schützen, ist es durchaus sachgemäß, dass die subjektiven Merkmale an dieses Recht zum Besitz anknüpfen.

Fallbeispiele:

1. Im Ausgangsfall wäre nach Theorie II ein Verwendungsersatzanspruch aus § 996 BGB zu bejahen (und damit auch das Zurückbehaltungsrecht nach § 1000 S. 1 BGB), weil die vindikatorische Verwendungsersatzregelung nach dieser Ansicht unmodifiziert zur Anwendung käme. Nach Theorie I wäre der Ersatzanspruch dagegen auf den Betrag zu begrenzen, den G bei Existenz des Pfandrechts von dem (seiner Meinung nach mit dem Eigentümer identischen) Verpfänder hätte verlangen können. Das wiederum hätte sich aus § 1216 BGB ergeben, der seinerseits auf die GoA-Regeln verweist. Da das Gemälde für eine fremde und zudem den Wert des Gemäldes übersteigende Schuld verpfändet worden war, hätte die Verwendungsvornahme dem Verpfänder ersichtlich keinen Nutzen bringen können und somit weder nach den §§ 1216, 683 S. 1, 670 BGB noch nach den §§ 1216, 684 S. 1, 812 ff. BGB einen Verwendungsersatzanspruch auslösen können. Dementsprechend wäre (auch) der dem Grunde nach zu bejahende Verwendungsersatzanspruch gegen den Eigentümer E aus § 996 BGB auf Null zu reduzieren. Theorie III müsste den Verwendungsersatzanspruch aus § 996 BGB bejahen, wenn und soweit sich bei Wirksamkeit des Pfandrechts die Aufwendungen für die Reinigung voraussichtlich über einen entsprechend höheren Versteigerungserlös für A amortisiert hätten.

2. E veräußert sein Hausgrundstück an den unerkennbar geisteskranken K, der es nach kurzer Zeit auf zehn Jahre an M vermietet. Der Mietvertrag sieht vor, dass M das Dachgeschoss ausbauen darf, dafür aber keinen Verwendungsersatz vom Vermieter erhalten soll. Nachdem der Dachgeschossausbau fertiggestellt worden ist, erfährt E von der Geisteskrankheit des K und verlangt nun von M die Herausgabe des Grundstücks.

E steht gegenüber M ein Herausgabeanspruch gem. § 985 BGB zu; sofern man nicht der Lehre von der Subsidiarität der Vindikation gegenüber der Leistungskondiktion (s. Problem Nr. 1, Theorie I, Meinung B) folgt. Nach Theorie II könnte M seinerseits von E Verwendungsersatz in Höhe der durch den Dachausbau bewirkten und noch vorhandenen Wertsteigerung des Grundstücks aus § 996 BGB verlangen. Theorie I müsste diesen Anspruch verneinen, weil der M auch bei Wirksamkeit des Mietvertrages und Eigentümerstellung des K keinen Verwendungsersatz erhalten hätte. Theorie III würde den Anspruch auf den Wert der Gebrauchsvorteile begrenzen, die der M bei Wirksamkeit des Mietvertrages und Eigentümerstellung des K aus dem Verwendungserfolg (also dem ausgebauten Dachgeschoss) hätte ziehen können.

S. ergänzend Wiedemann JA 2016, 494.

19. Problem
Kann ein Werkunternehmer durch die Reparatur einer dem Besteller nicht gehörenden Sache einen Verwendungsersatzanspruch aus den §§ 994 ff. BGB gegen den Eigentümer erwerben?

Ausgangsfall:

Der seit kurzem geisteskranke E vermietet seinen Lkw an den M. M verursacht einen Unfall und lässt den dabei beschädigten Lkw durch U reparieren. Der mittlerweile ernannte Betreuer des E verlangt von U die Herausgabe des Lkw. U will seine Reparaturkosten ersetzt bekommen. Steht ihm ein Zurückbehaltungsrecht nach den §§ 1000 S. 1, 994 I BGB zu?

Ausgangspunkt:

Gerade wenn ein Werkunternehmer aufgrund eines mit einem Nichteigentümer geschlossenen Werkvertrages Arbeiten ausführt, kann es vorkommen, dass der Besteller sich als zahlungsunfähig erweist oder die zur Reparatur übergebene Sache nicht „auslöst“ (dh gegen Bezahlung abholt). In solchen Fällen kommt es dann zu der Frage, ob dem Werkunternehmer zusätzlich zu seinem vertraglichen Anspruch gegen den Werkbesteller noch ein Verwendungsersatzanspruch nach den §§ 994 ff. BGB gegen den Eigentümer der reparierten Sache zusteht. Ein solcher Anspruch kommt (selbstverständlich) nur dann in Betracht, wenn der Werkunternehmer als nichtberechtigter Besitzer der reparierten Sache dem Vindikationsanspruch des Eigentümers ausgesetzt ist. Daher spielt es (vorgelagert) eine entscheidende Rolle, ob der Werkunternehmer das zum Besitz berechtigende gesetzliche Werkunternehmerpfandrecht (§ 647 BGB) erworben hat. Die hM verneint jedoch die Möglichkeit eines gutgläubigen Erwerbs eines solchen Pfandrechts an bestellerfremden Sachen (vgl. Gursky, 20 Probleme aus dem Sachenrecht, 8. Aufl. 2014, Problem Nr. 18). Aber selbst, wenn man diese Frage mit der Mindermeinung anders entscheiden wollte, bliebe das vorliegende Problem bestehen, wenn der gutgläubige Erwerb im Einzelfall an § 935 BGB scheiterte. Vielfach sichern sich Werkstätten in ihren AGB auch durch die Aufnahme einer Klausel zur Vereinbarung eines vertraglichen Pfandrechts ab (vgl. zum gutgläubigen Erwerb, BGHZ 68, 323 = NJW 1977, 1240). Im Regelfall gewinnt die Problematik des Verwendungsersatzes für den Werkunternehmer darüber hinaus noch dadurch an Komplexität, dass der Werkunternehmer zur Zeit der Reparatur noch berechtigter Besitzer war und sein Besitzrecht erst nach Beendigung der Arbeiten verloren hat. Dieser Aspekt bleibt hier zunächst ausgeklammert und dem folgenden Problem (Nr. 20) vorbehalten. Vorliegend geht es mithin ausschließlich um Fälle, in denen der vom Eigentümer verschiedene Werkbesteller entweder bei der Erteilung des Reparaturauftrags bereits selbst kein Recht zum Besitz hatte oder aber jedenfalls zur Weitergabe der Sache an den Werkunternehmer nicht befugt war, der Letztere also bereits bei der Durchführung der Reparatur einem Vindikationsanspruch des Eigentümers ausgesetzt war.

I. (hier sog.) **Alte Theorie**

Der Verwendungsersatzanspruch des Besitzers (hier: Werkunternehmer U) kann durch einen Vertrag des Besitzers mit einem Dritten (hier: Besteller M) nicht ausgeschlossen werden. Nur ein schuldrechtliches Verhältnis zwischen Eigentümer und Besitzer könnte die Verwendungsersatzansprüche verdrängen. Dem Besitzer stehen somit bei der Reparatur bestellerfremder Sachen neben seinen vertraglichen Ansprüchen gegen den Werkbesteller auch die Verwendungsersatzansprüche gem. §§ 994 ff. BGB gegen den Eigentümer zu, ohne dass es auf die Vindikationslage ankäme.

Vertreten von:
RGZ 142, 417 (422); OLG Celle NJW 1953, 1470 (1472); OLG Köln NJW 1957, 224; Staudinger/Berg, 11. Aufl. 1956, BGB § 994 Anm. 2; Eichler Institutionen S. 228 Fn. 219; Hassinger NJW 1957, 1268; weitere Nachweise finden sich bei Kaysers, Der Verwendungsersatzanspruch des Besitzers bei vertraglichen Leistungen, 1968, S. 25 (Fn. 25 u. 26).

Da diese Ansicht wegen ihres undifferenzierten Ausgangspunktes bezüglich der Vindikationslage heute kaum noch vertreten wird, erübrigt sich jedoch eine Auseinandersetzung mit ihr in der Klausur.

II. Theorie der Ablehnung von Verwendungsersatzansprüchen

Der von einem Nichteigentümer beauftragte Werkunternehmer kann durch die auftragsgemäße Reparatur oder Bearbeitung der Sache keine Verwendungsersatzansprüche nach den §§ 994 ff. BGB gegen deren Eigentümer erwerben.

Untergliederung: Die Ablehnung der Ansprüche beruht jedoch nicht auf einem Begründungsansatz, sondern fächert sich in verschiedene, mitunter erheblich voneinander abweichende Sichtweisen auf (die teilweise durch den Fortgang der wissenschaftlichen Diskussion bereits überholt sind). Im Folgenden soll die Darstellung deshalb auf die beiden heute noch vertretenen Spielarten beschränkt werden.

Meinung A
Der Werkunternehmer erbringt eine vertragliche Leistung an den Besteller. Eine Leistung (im technischen Sinne) kann aber nicht gleichzeitig eine Verwendung darstellen.

Vertreten von:
Beuthien JuS 1987, 841 (847); Dimopoulos-Vosikis, Die bereicherungs- und deliktsrechtlichen Elemente der §§ 987–1003 BGB, 1966, S. 289 ff.; Reuter/Martinek Ungerechtfertigte Bereicherung S. 518 ff.; M. Wolf AcP 166 (1966), 188 (206 ff., 221 ff.); ähnlich Verse, Verwendungen im Eigentümer-Besitzer-Verhältnis, 1999, S. 6 ff., 166 f.

1. Argument
Leistungen (im Sinne des Bereicherungsrechts) müssen aus dem Verwendungsbegriff herausgenommen werden: Andernfalls würde bei einem nichtigen Werkvertrag mit dem Eigentümer die sachgerechte Rückabwicklung mithilfe der Leistungskondiktion durch eine zusätzliche Anwendung der §§ 994 ff. BGB gestört. Die unterschiedliche Behandlung von Leistung und Verwendung rechtfertigt sich dabei durch die unterschiedliche Willensrichtung. Der Leistende erstrebt die Mehrung fremden Vermö-

gens, der Verwendende dagegen erbringt Vermögensopfer, die der Sache als solcher zugutekommen sollen (M. Wolf).

2. Argument
Bei den §§ 994 ff. BGB handelt es sich um spezielle Bereicherungsvorschriften. Deshalb müssen bereicherungsrechtliche Grundsätze Anwendung finden. Der Unternehmer, der im Rahmen eines Werkvertrages tätig wird, nimmt eine bewusste und zweckgerichtete Vermehrung des Vermögens seines Vertragspartners vor, dh, er erbringt eine Leistung an den Besteller. Vermögensverschiebungen durch Leistung können jedoch ausschließlich im Leistungsverhältnis selbst rückgängig gemacht werden (Dimopoulos-Vosikis).

3. Argument
Bei den §§ 994 ff. BGB ist wie im Bereicherungsrecht der Versionsgedanke (= Durchgriff auf alle mittelbar durch einen Bereicherungsvorgang begünstigten Personen, ausführlich hierzu HKK/Schäfer BGB §§ 812–822 Rn. 129 ff.) ausgeschlossen (M. Wolf).

Meinung B
Nicht der Werkunternehmer, sondern der Werkbesteller ist Verwender iSd §§ 994 ff. BGB.

Vertreten von:
BeckOK BGB/Fritzsche § 994 Rn. 28; Emmerich Nebenfolgen der Vindikation S. 172 ff., 178 ff.; Grüneberg/Herrler BGB vor §§ 994 ff. Rn. 10; Gursky Klausurenkurs SachenR Rn. 270 ff.; Habersack SachenR Rn. 194; Kaysers, Der Verwendungsersatzanspruch des Besitzers bei vertraglichen Leistungen, 1968, S. 125 ff.; Kindl JA 1996, 201 (205); Kress JW 1932, 198; Medicus/Petersen BürgerlR Rn. 591; Müller/Gruber SachenR Rn. 974, 976; MüKoBGB/Medicus, 4. Aufl. 2004, § 994 Rn. 28; Neuner SachenR Rn. 134, 204; Schiemann JURA 1981, 631 (641 f.); Schwerdtner JURA 1988, 251 (254); Soergel/Thöne BGB vor §§ 987 ff. Rn. 16 Fn. 103, vor §§ 994 ff. Rn. 8 f., § 994 Rn. 7; Staudinger/Thole, 2019, BGB vor §§ 994 ff. Rn. 63 ff.; Stoll, Grundriß des Sachenrechts, 1983, S. 96; Thöne JuS 2021, 809 (815); ähnlich auch Baring SächsArch 14 (1904), 459 (467); Westermann/Gursky/Eickmann SachenR § 32 Rn. 6 ff.

1. Argument
Im BGB kann an verschiedenen Stellen der Rechtsgedanke nachgewiesen werden, „dass eine bestimmte Handlung oder ein bestimmter Zustand nicht dem den Vorgang Ausführenden, sondern dem zugerechnet wird, der den Vorgang steuert" (Kaysers, Der Verwendungsersatzanspruch des Besitzers bei vertraglichen Leistungen, 1968, S. 117). Beispiele stellen insofern die Zurechnung tatsächlicher Gewalt bei der Besitzdienerschaft und beim mittelbaren Besitz sowie das Zurechnungsprinzip bei der Verarbeitung nach § 950 BGB dar.

2. Argument
Anknüpfend an das vorangegangene Argument (1): Die Vornahme von Verwendungen auf eine Sache weist ganz besondere Ähnlichkeiten zur Verarbeitung auf. Man könnte die Verwendung geradezu als schwächere Form der Verarbeitung bezeichnen. Deshalb muss auch der Ausgleich für die Vermögensminderung (der bei der Verwendung durch die Zubilligung des Ersatzanspruchs, bei der Verarbeitung dagegen durch den Eigen-

tumserwerb erfolgt) einheitlich entschieden werden. Für § 950 BGB ist aber im Wesentlichen unstreitig, dass nicht der Werkunternehmer, sondern der Werkbesteller als derjenige, der „herstellen lässt", als Hersteller iSv § 950 BGB qualifiziert werden muss.

3. Argument
Ein unrechtmäßiger Besitzer einer fremden Sache, der diese durch einen Werkunternehmer reparieren lässt, muss dadurch genauso einen Verwendungsersatzanspruch erwerben können, als wenn er sie selbst reparieren würde. Also muss jedenfalls er „Verwender" sein. Behandelt man aber auch den Werkunternehmer als Verwender, so droht dem Eigentümer eine doppelte Inanspruchnahme (s. Gursky Klausurenkurs SachenR Rn. 270 f. mit ausführlicher Begründung).

4. Argument
Die §§ 994 ff. BGB passen schon typologisch nicht für Werkleistungen des besitzenden Werkunternehmers, da sie auf solche Vermögensopfer zugeschnitten sind, die durch den Besitz der Sache veranlasst werden. Der Verwendende macht diese Ausgaben, um den Gebrauchswert der Sache zu erhalten oder um die Sache besser nutzen zu können. Die Leistungen des Werkunternehmers sind aber nicht in diesem Sinne durch den Besitz der Sache veranlasst, sondern sie werden um der vertraglich vereinbarten Gegenleistung des Bestellers willen erbracht; sie sind mit anderen Worten nicht sachbezogen, sondern entgeltbezogen.

5. Argument
Ein Vergleich mit dem Bereicherungsrecht zeigt, dass die hier vertretene Ansicht nicht unbillig ist. Leistungen können bei Fehlen oder Unwirksamkeit eines zugrunde liegenden Vertragsverhältnisses immer nur beim Leistungsempfänger selbst kondiziert werden. Ersatzansprüche wegen Bereicherung in sonstiger Weise können daneben gegenüber Dritten nicht geltend gemacht werden. Dies gilt selbst dann, wenn die Leistung reflexweise auch oder vielleicht sogar vor allem dem Dritten zugutegekommen ist. Es kann unter diesen Umständen nicht unbillig sein, wenn ein Werkunternehmer bei der Reparatur bestellerfremder Sachen auf seine vertraglichen Ansprüche beschränkt wird und keine zusätzlichen Verwendungsersatzansprüche gegen den Eigentümer hat.

6. Argument
Die Gegenauffassung kommt zu einer willkürlichen Ungleichbehandlung gleichgelagerter Sachverhalte: Der Werkunternehmer, der eine Reparatur oder sonstige Arbeit ohne Besitzerwerb an einer bestellerfremden Sache ausführt (wie etwa der Elektriker, der eine Reparatur in einer Mietwohnung im Auftrag des Mieters durchführt) bliebe auf seine vertraglichen Ansprüche gegen den Werkbesteller beschränkt, während derjenige, dem zur Durchführung der Reparatur der Besitz übertragen werden muss, zusätzliche Verwendungsersatzansprüche gegen den Eigentümer erwerben könnte. Eine solche Differenzierung erscheint nicht sachgerecht.

7. Argument
Auch wenn der Unternehmer sich wegen seiner Ansprüche nur an den Besteller halten darf, so steht er dem Eigentümer doch nicht völlig schutzlos gegenüber. Im Normalfall kann nämlich der Besteller seinerseits gegen den Eigentümer Ersatzansprüche geltend machen, die sich wiederum auf Befreiung von der Werklohnforderung richten

(vgl. § 257 S. 1 BGB). Diesen Anspruch kann der Werkunternehmer pfänden und sich überweisen lassen, um dann unter den Voraussetzungen des § 1001 BGB Leistung an sich zu verlangen. Andere Gläubiger können dagegen auf diesen Anspruch nicht zugreifen, weil er auf Leistung an einen Dritten gerichtet ist (§ 851 I ZPO iVm § 399 Var. 1 BGB) (Kaysers).

III. Vindikationstheorie

Ein von einem Nichteigentümer beauftragter Werkunternehmer kann durch die auftragsgemäße Reparatur oder Bearbeitung der ihm übergebenen Sache zusätzlich zu seinem vertraglichen Werklohnanspruch auch Verwendungsersatzansprüche gegen den Eigentümer erlangen; entscheidend ist danach (allein), ob er der Vindikation des Eigentümers unterliegt.

Vertreten von:
BGHZ 34, 122 (131) = NJW 1961, 499; BGHZ 51, 250 = NJW 1969, 606; BGHZ 131, 220 (222) = NJW 1996, 921; BGH NJW 2002, 2875; OLG Karlsruhe Justiz 1963, 138; OLG Köln NJW 1968, 304; Berg JuS 1970, 12 ff.; Erman/Hefermehl, 10. Aufl. 2000, BGB vor §§ 994 ff. Rn. 6, 9; Firsching AcP 162 (1963), 440 (451); G. Hager JuS 1987, 877 (881 f.); Helling BB 1969, 854 (856 f.); Köbl EBV S. 327 ff., 363; Möhrenschlager, Der Verwendungsersatz des Besitzers, 1971, S. 143 ff., 154 ff.; MüKoBGB/Raff § 994 Rn. 64 f.; Musielak/Mayer EK BGB Rn. 706 ff.; RGRK/Pikart BGB § 994 Rn. 17; Schreiber SachenR Rn. 246; K. Schreiber JURA 1992, 533 (537 f.); Westermann SachenR § 33 I 3b; Wieling SachenR I § 12 V 3a; Wilhelm SachenR Rn. 1263 ff., 1306 (der Werkunternehmer ist Verwender, solange er die bearbeitete Sache nicht an den Besteller herausgibt); Wellenhofer SachenR § 23 Rn. 24.

1. Argument
Ein zwischen dem Besitzer und einem Dritten abgeschlossener schuldrechtlicher Vertrag berührt das rein sachenrechtliche Verhältnis zwischen Eigentümer und Besitzer nicht und kann demnach auch nicht die dem Besitzer kraft Gesetzes gegebenen sachenrechtlichen Ansprüche gegen den Eigentümer zu Fall bringen (BGH).

2. Argument
Um den der Vindikation ausgesetzten Besitzer nicht unbilligerweise zu benachteiligen, spricht ihm das Gesetz Verwendungsersatz zu. Denn er muss die Sache herausgeben, ohne dass er sich auf seine vertraglichen Beziehungen zu dem Dritten berufen kann.

3. Argument
Der Besitzer, der eine Leistung auf eine Sache erbracht hat, soll die Sache solange als Druckmittel behalten dürfen, bis er hierfür Ersatz erlangt hat, vgl. §§ 1000, 1001 BGB. Dies entspricht der natürlichen Anschauung, da ein Gläubiger, der Verwendungen auf die Sache gemacht hat, diese als Sicherheit für seine Ersatzansprüche ansieht (Firsching).

4. Argument
Auch wenn man Werkunternehmer und Besteller beide als Verwender betrachtet – den Werkunternehmer als unmittelbaren, den Besteller als mittelbaren – droht dem Eigentümer keine doppelte Inanspruchnahme. Wenn er bereits an einen der beiden

geleistet hat, steht ihm gegenüber dem anderen zumindest die Arglisteinrede zu (s. auch Raff (Vorteilsausgleichung)).

5. Argument
Dem Werkunternehmer die tatbestandlich gegebenen Verwendungsersatzansprüche gegen den Eigentümer abzusprechen, wäre nur berechtigt, wenn er das Risiko der Solvenz seines Auftraggebers voll auf sich genommen hätte. Das ist aber erst dann der Fall, wenn er die reparierte Sache an den Auftraggeber herausgibt, ohne auf Bezahlung des Lohnes zu bestehen (Wilhelm).

Fallbeispiele:

1. Die überkommene Theorie I würde einen Verwendungsersatzanspruch aus § 994 I BGB oder § 996 BGB und damit ein Zurückbehaltungsrecht aus § 1000 S. 1 BGB gegenüber dem Eigentümer annehmen, weil zwischen U und E keine vertraglichen Beziehungen bestehen. Theorie III würde im Ergebnis ebenso entscheiden, aber auf die Vindikationslage abstellen. Infolge der Unwirksamkeit des Mietvertrages zwischen E und M war schon M nichtberechtigter Besitzer; damit aber konnte auch U kein abgeleitetes Besitzrecht zustehen und ein eigenes Besitzrecht aus einem gutgläubig erworbenen Werkunternehmerpfandrecht wäre jedenfalls nach hM zu verneinen. Selbst wenn man aber mit der Mindermeinung einen gutgläubigen Erwerb gesetzlicher Besitzpfandrechte zulassen wollte, scheiterte dieser vorliegend an § 935 BGB: Die Weggabe einer Sache durch einen Geisteskranken macht diese zu einer abhanden gekommenen. Beide Spielarten von Theorie II würden dagegen einen Verwendungsersatzanspruch gegen den Eigentümer ausschließen.

Zu beachten ist aber, dass die Lösung des Falles auch noch von der Entscheidung zur Reichweite der Vindikation abhängt: Nach der extremen Fassung der Lehre von der Subsidiarität der Vindikation wäre diese hier durch die Leistungskondiktion des Eigentümers gegen M verdrängt (vgl. dazu oben, Problem Nr. 1, Theorie I, Meinung B).

2. E verkauft sein Fahrzeug an B. Der bringt es für eine kleine Reparatur in die Werkstatt des U, bleibt aber währenddessen im Auto sitzen und sieht den Arbeiten am Fahrzeug zu. Als diese fertiggestellt sind, muss B feststellen, dass ihm jemand kurz zuvor die Brieftasche gestohlen haben muss und er nun vorübergehend zahlungsunfähig ist. U fordert deshalb den E zur Bezahlung des Werklohns auf.

Hier wäre nach allen Theorien ein Verwendungsersatzanspruch aus den §§ 994 ff. BGB zu verneinen. Da B bei der Reparatur im Auto geblieben ist, hat er den Besitz des Fahrzeugs nicht auf U übertragen. Dieser war also jedenfalls bei der Durchführung der Reparatur noch gar nicht Besitzer des Fahrzeugs. Damit fehlt aber die Grundlage für die Anwendung der §§ 994 ff. BGB (vgl. Kaysers, Der Verwendungsersatzanspruch des Besitzers bei vertraglichen Leistungen, 1968, S. 50).

20. Problem
Erwirbt der Werkunternehmer durch die Reparatur einer dem Besteller nicht gehörenden Sache auch dann einen Verwendungsersatzanspruch gegen den Eigentümer, wenn er im Zeitpunkt der Reparatur noch zum Besitz der Sache berechtigt ist, später sein Besitzrecht aber (ohne Rückwirkung) verliert?

Ausgangsfall:

E verkauft unter Eigentumsvorbehalt einen Kleinbus an B. B ist nach dem Kaufvertrag verpflichtet, etwaige erforderlich werdende Reparaturen auf eigene Kosten durchführen zu lassen. B beschädigt bald darauf den Kleinbus bei einem selbstverschuldeten Unfall und gibt das Fahrzeug bei der Kraftfahrzeugwerkstatt des U in Reparatur. Die Rechnung des U kann B jedoch nicht begleichen. Da U ihm deshalb das Fahrzeug nicht herausgibt, zahlt B auch den restlichen Kaufpreis nicht zum vereinbarten Termin. E tritt daraufhin nach erfolgloser Fristsetzung vom Kaufvertrag zurück und verlangt von U Herausgabe des Kraftfahrzeugs. U will das Fahrzeug nur gegen Bezahlung seines Werklohns herausgeben (BGHZ 34, 122 = NJW 1961, 499 nachgebildet). Wie ist die Rechtslage?

Ausgangspunkt:

Das Problem hängt eng mit dem vorangehenden Problem zusammen. Man kommt zur vorliegenden Fragestellung erst, wenn man sich im Rahmen von Problem Nr. 19 für die (überholte) Theorie I oder die (herrschende) Theorie III entscheidet (im Übrigen kommt man zu der hier behandelten Fragestellung auch dann nicht, wenn man im Rahmen von Problem Nr. 1 der Theorie I folgt („Lehre vom Vorrang des Vertragsverhältnisses")). Sodann stellt sich die Frage, ob – im Interesse des regelmäßig vorleistenden Werkunternehmers – gegenüber dem Eigentümer Verwendungsersatzansprüche gemäß oder analog §§ 994 ff. BGB auch dann bestehen können, wenn der Besteller (§ 986 I 1 Var. 1 BGB) und der Werkunternehmer (§ 986 I 1 Var. 2 BGB) im Zeitpunkt der Verwendungsvornahme noch zum Besitz berechtigt war (Rücktritt wirkt *ex nunc*), mithin kein Eigentümer-Besitzer-Verhältnis bestand.

I. Abstellen auf den Zeitpunkt des Herausgabeverlangens

Es muss auf den Zeitpunkt der Geltendmachung des Herausgabeanspruchs abgestellt werden. Wenn zu dieser Zeit der Besitzer unrechtmäßig besitzt, sind die §§ 994 ff. BGB anwendbar, selbst wenn der Besitzer zum Zeitpunkt der Vornahme der Verwendungen zum Besitz berechtigt war. Der zum Zeitpunkt der Verwendungsvornahme noch zum Besitz berechtigte Werkunternehmer wird dabei einem gutgläubigen unrechtmäßigen Besitzer gleichgestellt. Eine Ausnahme hiervon ist nach der Rechtsprechung allerdings zu machen, sofern das das Besitzrecht begründende Rechtsverhältnis die Ansprüche auf Verwendungsersatz abweichend regelt (BGHZ 131, 220 (222) = NJW 1996, 921; BGHZ 148, 322 (327 f.) = NJW 2002, 130).

Vertreten von:
BGHZ 34, 122 (131) = NJW 1961, 499; BGHZ 75, 288 (292 f.) = NJW 1980, 833; BGHZ 100, 95 (102) = NJW 1987, 1880; BGHZ 131, 220 (222) = NJW 1996, 921; BGHZ 148, 322 (327 f.) = NJW 2002, 130; BGH WM 1971, 1268 (1270); NJW 1979, 716; 1995, 2627; 2002, 2875 f.; NJW-RR 2000, 895 (896); OLG Karlsruhe Justiz 1963, 141; OLG Köln NJW 1968, 304; OLGR Celle 1995, 65 (66); Diderichs, Der Ausschließlichkeitsgrundsatz, 1973, S. 39 ff.; Fikentscher/Heinemann SchuldR Rn. 1221; Firsching AcP 162 (1963), 440 (454); Gröbl, Das Verhältnis des Eigentumsherausgabeanspruchs zu besonderen schuldrechtlichen Rückgabeansprüchen, 1965, S. 66; Grüneberg/Retzlaff BGB § 647 Rn. 6; Habersack SachenR Rn. 104 f., 194; Harms SachenR S. 91 f.; HK-BGB/Scheuch § 647 Rn. 13; Jauernig/Mansel BGB § 647 Rn. 4; Kraft NJW 1963, 1849 (1852); Larenz SchuldR II 1 § 53 IIIe Fn. 128; Schreiber SachenR Rn. 246; Westermann SachenR § 33 I 3b; Wilhelm SachenR Rn. 1266. Für eine analoge Anwendung der §§ 994 ff. BGB: Berg JuS 1970, 12 (14 ff.); Berg JuS 1972, 323 (324 f.); Beuthien JR 1962, 255 ff.; Donau NJW 1961, 10 (12); Furtner MDR 1962, 95 ff.; Gottwald PdW SachenR S. 110 f.; G. Hager JuS 1987, 877 (882) (mit Korrekturen hinsichtlich der Redlichkeit: Die Gleichstellung mit einem gutgläubigen Besitzer erfolgt nur, wenn der Werkunternehmer den Besteller ohne grobe Fahrlässigkeit für den Eigentümer gehalten hat oder wenn er ohne grobe Fahrlässigkeit ein Einverständnis des Eigentümers mit der Reparatur annahm); Helling BB 1969, 854; Köbl EBV S. 326 f., 347 ff. (ohne Festlegung hinsichtlich einer eventuellen Modifikation der Redlichkeitsvoraussetzungen); Möhrenschlager, Der Verwendungsersatzanspruch des Besitzers, 1971, S. 151; Prütting SachenR Rn. 557; Reinicke/Tiedtke DB 1987, 2447 f.; K. Schreiber JURA 1992, 533 (538); Wellenhofer SachenR § 23 Rn. 24.

1. Argument
Es ist ohne Bedeutung, ob der Besitzer die Verwendungen bereits zu einer Zeit getätigt hat, als er noch rechtmäßiger Besitzer war, oder erst nach Eintritt der Vindikationslage. Ein unberechtigter Fremdbesitzer ist bei Gutgläubigkeit nach den §§ 994, 996 BGB berechtigt, vom Eigentümer Ersatz notwendiger und nützlicher Verwendungen zu verlangen; ein zum Besitz berechtigter Fremdbesitzer darf aber nicht schlechter gestellt werden als ein gutgläubiger, zum Besitz nicht berechtigter Fremdbesitzer in entsprechender Lage (BGHZ 34, 122 (132) = NJW 1961, 499).

2. Argument
Der Grund für die gesetzliche Regelung der §§ 994 ff. BGB ist, dass der Eigentümer zum Ersatz der letzten Endes ihm zugutekommenden Verwendungen verpflichtet sein soll, wenn der unrechtmäßige Besitzer die Sache an ihn gem. § 985 BGB herausgeben muss. Diese Sachlage ist identisch mit derjenigen, dass der Besitzer die Verwendungen als rechtmäßiger Besitzer getätigt hat, seine Besitzberechtigung aber später weggefallen ist. Daher ist nur entscheidend, ob zur Zeit der Geltendmachung der Verwendungsersatzansprüche eine Vindikationslage besteht (BGH).

3. Argument
Sofern man den gutgläubigen Erwerb des Unternehmerpfandrechtes (§ 647 BGB) ablehnt, muss dem nicht zu leugnenden Schutzbedürfnis desjenigen, der im Vertrauen auf den Besitz Aufwendungen auf die Sache gemacht hat, auf dem Weg über die §§ 994 ff. BGB Rechnung getragen werden.

4. Argument
Die Bestimmungen über das Eigentümer-Besitzer-Verhältnis enthalten Lücken. Deshalb muss man in Ausnahmefällen, in denen ein anderes Ergebnis unerträglich wäre, die Anwendung der §§ 994 ff. BGB als Korrektiv zulassen, so zum Beispiel, wenn der Besitzer zum Zeitpunkt der Verwendungsvornahme rechtmäßig, zum Zeitpunkt der Vindikationslage unrechtmäßig besitzt (Firsching).

5. Argument
Nur der Umfang der Verwendungsersatzansprüche ist in den §§ 994 ff. BGB geregelt. Für die Entstehung des Anspruchs fehlt eine klare gesetzliche Regelung. Daher muss auf den Grund des gesetzgeberischen Interessenausgleichs zurückgegangen werden. Solange der Besitzer durch sein Recht zum Besitz davor geschützt ist, die fremde Sache, für die er Aufwendungen getätigt hat, herausgeben zu müssen, besteht kein Bedürfnis, den Besitzer gem. §§ 994, 1000 BGB zu schützen. Die Ansprüche aus dem Rechtsverhältnis zwischen ihm und dem Dritten, der ihm den Besitz überlassen hat, reichen aus. Sieht sich der Besitzer aber der Vindikationsklage des Eigentümers ausgesetzt, müssen ihm die Ansprüche gem. §§ 994 ff. BGB zugebilligt werden, weil der Eigentümer andernfalls die Möglichkeit besäße, sich die durch die Verwendungen auf die Sache verursachte Wertsteigerung anzueignen. Es ergibt sich aber aus den Motiven, dass gerade derartige Vorteile des Eigentümers – eine Art ungerechtfertigter Bereicherung – verhindert werden sollen (Kraft).

6. Argument
Wollte man anders entscheiden, so hinge es von zufälligen Umständen ab (dem Zeitpunkt des Rücktritts vom Vertrag durch den Besteller), ob der verwendende Unternehmer eine Vergütung gegen Herausgabe der Sache an den Eigentümer verlangen kann; diese Zufälligkeit wird als unbefriedigend empfunden (Prütting).

7. Argument (gegen Theorie II, Arg. 2)
Dass das Fehlen eines Besitzrechts den Bezugspunkt der Bösgläubigkeit bildet, steht einer Anwendung der §§ 994 ff. BGB auch auf denjenigen Besitzer nicht entgegen, der sein Besitzrecht erst nach der Verwendungsvornahme verliert. Die Bösgläubigkeit ist schließlich kein Haftungsgrund, sondern vielmehr nur ein Ausschlussgrund für die prinzipiell mit der Verwendungsvornahme gegebene Ausgleichsberechtigung. Der bei Vornahme der Verwendungen noch berechtigte Besitzer ist nicht wegen dieses nachträglich entfallenen Besitzrechts, mit dem eine spezielle Verwendungsersatzregelung nicht verbunden war (vgl. BGHZ 131, 220 (222) = NJW 1996, 921; BGHZ 148, 322 (327 f.) = NJW 2002, 130), von der vindikatorischen Verwendungsersatzregelung auszunehmen. Vielmehr besteht gerade wegen dieses bisherigen Besitzrechts kein Grund, die prinzipielle Ausgleichsberechtigung einzuschränken oder auszuschließen (Wilhelm).

II. Abstellen auf den Zeitpunkt der Verwendungsvornahme

Die §§ 994 ff. BGB können nur eingreifen, wenn der die Verwendungen tätigende Besitzer im Zeitpunkt der Verwendungsvornahme einem Vindikationsanspruch ausgesetzt ist. Schon aus diesem Grunde scheitert ein Verwendungsersatzanspruch des Werkunternehmers bei der Reparatur bestellerfremder Sachen, wenn dem Werkunternehmer im Zeitpunkt der Reparatur noch ein vom Werkbesteller abgeleitetes Recht zum Besitz gegenüber dem Eigentümer zustand.

Vertreten von:
LG München NJW 1960, 44 (45); BeckOK BGB/Fritzsche § 994 Rn. 4, 9 f.; Baur/Stürner SachenR § 11 Rn. 29; Bechtloff, Gesetzliche Verwertungsrechte, 2004, S. 207 f.; Beuthien BB 1962, 983; Canaris JZ 1996, 344 (347); Donau NJW 1958, 2051; Erman/Ebbing BGB vor §§ 994 ff. Rn. 17, 21 (wo aber die Anwendbarkeit der §§ 994 ff. BGB auch bei Verwendungsvornahme nach Besitzrechtswegfall verneint wird); Emmerich Nebenfolgen der Vindikation S. 141 ff., 187 ff.; Gerhardt MobiliarsachenR S. 83, 84 f.; Fervers NJW 2015, 229 (232); Gernhuber BürgerlR § 44 III 1, V 4d; Grüneberg/Herrler BGB vor §§ 994 ff. Rn. 2–8; Gursky JZ 1997, 1154 (1160); Gursky JZ 2005, 385 (393 f.); Habersack SachenR Rn. 104 f., 194; Heckscher, Die Sicherung des Werkunternehmers bei Aufträgen von Nichteigentümern, 1966, S. 42 ff.; Hoche NJW 1957, 468; Jauernig/Berger BGB vor §§ 994 ff. Rn. 5 f.; Kaysers, Der Verwendungsersatzanspruch des Besitzers bei vertraglichen Leistungen, 1968, S. 25 ff.; Köbl EBV S. 94 f., 323 ff.; Mühl AcP 176 (1976), 396 (420); Müller/Gruber SachenR Rn. 666 ff.; MüKoBGB/Raff § 994 Rn. 59; K. Münzel NJW 1961, 1377 (1378); NK-BGB/Schanbacher § 994 Rn. 2; Raiser JZ 1958, 681 (682 f.); Raiser JZ 1961, 529 (530); H. Roth JuS 1997, 518 (521); Schiemann JURA 1981, 631 (643); Schönfeld JZ 1959, 301 (304); Schwerdtner JuS 1970, 64 (66); Schwerdtner JURA 1988, 251 (254); Soergel/Thöne BGB vor §§ 994 ff. Rn. 7–9, § 994 Rn. 2; Staudinger/Thole, 2019, BGB vor §§ 994 ff. Rn. 13 ff., 17; Staudinger/Peters, 2019, BGB § 647 Rn. 28 ff.; Stöber NJW 1958, 821; Thöne JuS 2021, 809 (814 f.); Völzmann JURA 2005, 264 (267); Westermann/Pinger SachenR § 33 I 5b; Westermann/Gursky/Eickmann SachenR § 32 Rn. 6 ff.; Wieling SachenR I § 12 V 2a, d; E. Wolf SachenR S. 278; wohl auch BGHZ 27, 317 (320 f.) = NJW 1958, 1345.

1. Argument
Da die §§ 994 ff. BGB Nebenfolgen der Vindikation sind, kommen sie nur zum Zuge, wenn der Eigentümer gem. § 985 BGB vindizieren kann, weil der Besitzer über kein Recht zum Besitz gem. § 986 BGB verfügt. Wer – wie der rechtmäßige Besitzer – nicht jederzeit die Vindikation und damit den Sachverlust zu befürchten hat, kann durch die Vornahme von Verwendungen keine vindikatorischen Verwendungsersatzansprüche erwerben (Schönfeld).

2. Argument
Die §§ 994 ff. BGB enthalten gewissermaßen als ungeschriebenes Tatbestandsmerkmal das Fehlen eines Besitzrechts für den Verwender. Das folgt schon daraus, dass die §§ 994, 996 BGB den Umfang des Ersatzes von der Redlichkeit des Besitzers bei Vornahme der Verwendung abhängig machen und Bezugspunkt dieses subjektiven Momentes wiederum die fehlende Besitzberechtigung ist.

3. Argument
Aus dem Aufbau der gesetzlichen Vorschriften der §§ 987–1003 BGB geht deutlich hervor, dass es für alle Ansprüche auf den Zeitpunkt des sie erzeugenden Geschehens ankommt. Da sich nach diesem Zeitpunkt die Bösgläubigkeit bzw. Gutgläubigkeit des Besitzers bestimmt, muss in ihm auch die Vindikationslage gegeben sein. Ebenso wie sich die Rechtslage nicht ändern kann, wenn der im Zeitpunkt der Nutzungsziehung oder Beschädigung der Sache noch gutgläubige und unverklagte Besitzer nachträglich bösgläubig wird, so wenig kann sich die Rechtslage bezüglich des rechtmäßigen Fremdbesitzers, der nach Vornahme der Verwendungen zum unrechtmäßigen wird, ändern (K. Münzel).

4. Argument
Nach der Theorie des Zeitpunktes des Herausgabeverlangens könnte der Fremdbesitzer, der durch die Vornahme der Verwendungen keinen Ersatzanspruch erwirbt, einen Ersatzanspruch praktisch dadurch erzwingen, dass er nach Beendigung seines Besitzrechts die Sache nicht zurückgibt, sondern die Klage des Eigentümers auf Herausgabe abwartet (K. Münzel).

5. Argument (gegen Theorie I, Arg. 1)
Die Argumentation der Theorie I, der rechtmäßige Fremdbesitzer dürfe nicht schlechter stehen als ein unrechtmäßiger und gutgläubiger Fremdbesitzer in entsprechender Lage, beruht auf einer gesetzesfernen Billigkeitserwägung. Diese „Erst-recht-Argumentation" entwertet die vom Gesetzgeber eindeutig gewollte Differenzierung zwischen rechtmäßigem und unrechtmäßigem Besitz zu einer konstruktiven, vom Ergebnis her völlig entbehrlichen Spielerei. Ein solches Gleichstellungsargument kann je nach Belieben verwendet werden, um einen Verwendungsersatzanspruch entgegen dem Gesetz zu geben oder abzuerkennen, wie die in sich widerspruchsvolle Rechtsprechung beweist (Raiser).

6. Argument (gegen Theorie I, Arg. 1)
Die Behauptung, der noch zum Besitz berechtigte Fremdbesitzer dürfe im Hinblick auf den Verwendungsersatz nicht schlechter stehen als ein gutgläubiger unberechtigter Fremdbesitzer in vergleichbarer Lage, ist inhaltslos, weil eine vergleichbare Lage des Besitzers angesichts von Besitz und Nutzungsberechtigung einerseits und sofortiger Herausgabepflicht andererseits evidentermaßen nicht gegeben ist.

7. Argument
Wenn für die Anwendbarkeit der §§ 994 ff. BGB auch die nachträgliche Entstehung der Vindikationslage ausreichen sollte, so müsste dies doch wohl auch für Zweipersonenverhältnisse gelten. Hier würden aber durch die Heranziehung der §§ 994 ff. BGB im Ergebnis alle Beschränkungen des Verwendungsersatzes der wirksamen Rechtsbeziehung zwischen Eigentümer und Besitzer aufgehoben: Es ist schließlich von vornherein sicher, dass irgendwann einmal die Besitzberechtigung des Verwenders enden und damit die Vindikationslage entstehen wird (Wieling).

8. Argument
Billigt man dem bei der Reparatur noch besitzberechtigten Werkunternehmer Verwendungsersatzansprüche zu, so wird die sich aus einer zweigliedrigen Kette wirksamer Vertragsverhältnisse ergebende Lastenverteilung unter den Beteiligten gestört (insofern ist zu berücksichtigen, dass sich der Werkunternehmer seinen Vertragspartner selbst ausgewählt hat).

9. Argument
Die §§ 994 ff. BGB passen schon für nicht zum Besitz berechtigte Fremdbesitzer kaum und können deshalb bei diesen nach überwiegender Ansicht nur mit erheblichen Korrekturen angewandt werden (vgl. oben Problem Nr. 18). Dann verbietet sich aber erst recht die systemwidrige Ausdehnung dieser Vorschriften auf noch zum Besitz berechtigte Fremdbesitzer.

10. Argument
Auch eine nur analoge Anwendung der §§ 994 ff. BGB zugunsten des bei der Reparatur noch besitzberechtigten Werkunternehmers ist nicht möglich, weil sich die Notwendigkeit einer derartigen Ausdehnung der §§ 994 ff. BGB über ihren Wortlaut hinaus nicht aus dem Normzweck ableiten lässt. Die angebliche Analogie liefe in Wirklichkeit auf eine gesetzesändernde Rechtsfortbildung hinaus. Diese wäre aber nur bei Vorliegen eines Rechtsnotstandes zulässig, der nicht ersichtlich ist. Die Kraftfahrzeugreparaturwerkstätten könnten jederzeit dazu übergehen, für Kunden, deren Eigentümerstellung ihnen nicht bekannt ist, nur gegen Vorkasse zu arbeiten.

Fallbeispiel:

Ein Zurückbehaltungsrecht des U kann sich allenfalls aus § 1000 S. 1 BGB ergeben. U kann deshalb die Herausgabe nur dann von der Bezahlung seiner Werklohnrechnung abhängig machen, wenn ihm ein entsprechender Verwendungsersatzanspruch gegenüber dem Eigentümer zusteht. Theorie I würde einen solchen Anspruch in unmittelbarer oder analoger Anwendung der §§ 994 I bzw. 996 BGB gewähren (§ 994 I BGB wäre einschlägig, wenn die Reparatur zur Wiederherstellung der Funktionsfähigkeit des Fahrzeugs erforderlich ist oder wenn sich die Beschädigung ohne die Reparatur vergrößert haben würde, vgl. Staudinger/Thole, 2019, BGB § 994 Rn. 3, 7, 11). Nach Theorie II wäre U dagegen auf seinen vertraglichen Werklohnanspruch gegen B beschränkt und könnte dem E somit kein Zurückbehaltungsrecht entgegensetzen.

Ergänzend: Eine ausführliche Falllösung, die das Zusammenspiel der Probleme Nr. 19 und 20 mit den im Sachenrechts-Problemkatalog unter den Nr. 18 und 19 behandelten Fragen des Erwerbs eines Werkunternehmerpfandrechts kraft Ermächtigung oder guten Glaubens demonstriert, findet sich bei Gursky Klausurenkurs SachenR Fall 17; s. überdies auch Czeguhn/Ahrens SachenR Fall 14; Magnus/Osterholzer/Hundsdorfer JuS 2019, 452; Vieweg/Röthel SachenR Fall 17.